ALBANESE

VOCABOLARIO

PER STUDIO AUTODIDATTICO

ITALIANO-ALBANESE

Le parole più utili
Per ampliare il proprio lessico e affinare
le proprie abilità linguistiche

9000 parole

Vocabolario Italiano-Albanese per studio autodidattico - 9000 parole

Di Andrey Taranov

I vocabolari T&P Books si propongono come strumento di aiuto per apprendere, memorizzare e revisionare l'uso di termini stranieri. Il dizionario si divide in vari argomenti che includono la maggior parte delle attività quotidiane, tra cui affari, scienza, cultura, ecc.

Il processo di apprendimento delle parole attraverso i dizionari divisi in liste tematiche della collana T&P Books offre i seguenti vantaggi:

- Le fonti d'informazione correttamente raggruppate garantiscono un buon risultato nella memorizzazione delle parole
- La possibilità di memorizzare gruppi di parole con la stessa radice (piuttosto che memorizzarle separatamente)
- Piccoli gruppi di parole facilitano il processo di apprendimento per associazione, utile al potenziamento lessicale
- Il livello di conoscenza della lingua può essere valutato attraverso il numero di parole apprese

T&P Books Publishing
www.tpbooks.com

ISBN: 978-1-78767-029-7

Questo libro è disponibile anche in formato e-book.
Visitate il sito www.tpbooks.com o le principali librerie online.

VOCABOLARIO ALBANESE
per studio autodidattico

I vocabolari T&P Books si propongono come strumento di aiuto per apprendere, memorizzare e revisionare l'uso di termini stranieri. Il vocabolario contiene oltre 9000 parole di uso comune ordinate per argomenti.

- Il vocabolario contiene le parole più comunemente usate
- È consigliato in aggiunta ad un corso di lingua
- Risponde alle esigenze degli studenti di lingue straniere sia essi principianti o di livello avanzato
- Pratico per un uso quotidiano, per gli esercizi di revisione e di autovalutazione
- Consente di valutare la conoscenza del proprio lessico

Caratteristiche specifiche del vocabolario:

- Le parole sono ordinate secondo il proprio significato e non alfabeticamente
- Le parole sono riportate in tre colonne diverse per facilitare il metodo di revisione e autovalutazione
- I gruppi di parole sono divisi in sottogruppi per facilitare il processo di apprendimento
- Il vocabolario offre una pratica e semplice trascrizione fonetica per ogni termine straniero

Il vocabolario contiene 256 argomenti tra cui:

Concetti di Base, Numeri, Colori, Mesi, Stagioni, Unità di Misura, Abbigliamento e Accessori, Cibo e Alimentazione, Ristorante, Membri della Famiglia, Parenti, Personalità, Sentimenti, Emozioni, Malattie, Città, Visita Turistica, Acquisti, Denaro, Casa, Ufficio, Lavoro d'Ufficio, Import-export, Marketing, Ricerca di un Lavoro, Sport, Istruzione, Computer, Internet, Utensili, Natura, Paesi, Nazionalità e altro ancora …

INDICE

GUIDA ALLA PRONUNCIA

Alfabeto fonetico T&P	Esempio albanese	Esempio italiano
[a]	flas [flas]	macchia
[e], [ɛ]	melodi [mɛlodí]	meno, leggere
[ə]	kërkoj [kərkój]	soldato (dialetto foggiano)
[i]	pikë [píkə]	vittoria
[o]	motor [motór]	notte
[u]	fuqi [fucí]	prugno
[y]	myshk [myʃk]	luccio
[b]	brakë [brákə]	bianco
[c]	oqean [ocɛán]	chiesa
[d]	adoptoj [adoptój]	doccia
[dz]	lexoj [lɛdzój]	zebra
[dʒ]	xham [dʒam]	piangere
[ð]	dhomë [ðómə]	come [z] ma con la lingua fra i denti
[f]	i fortë [i fórtə]	ferrovia
[g]	bullgari [buɫgarí]	guerriero
[h]	jaht [jáht]	[h] aspirate
[j]	hyrje [hýrjɛ]	New York
[ʝ]	zgjedh [zʝɛð]	ghianda
[k]	korik [korík]	cometa
[l]	lëviz [ləvíz]	saluto
[ɫ]	shkallë [ʃkáɫə]	letto
[m]	medalje [mɛdáljɛ]	mostra
[n]	klan [klan]	notte
[ɲ]	spanjoll [spaɲóɫ]	stagno
[ŋ]	trung [truŋ]	anche
[p]	polici [politsí]	pieno
[r]	i erët [i érət]	ritmo, raro
[ɾ]	groshë [grófə]	Spagnolo - pero
[s]	spital [spitál]	sapere
[ʃ]	shes [ʃɛs]	ruscello
[t]	tapet [tapét]	tattica
[ts]	batica [batítsa]	calzini
[tʃ]	kaçube [katʃúbɛ]	cinque
[v]	javor [javór]	volare
[z]	horizont [horizónt]	rosa
[ʒ]	kuzhinë [kuʒínə]	beige
[θ]	përkthej [pərkθéj]	Toscana (dialetto toscano)

ABBREVIAZIONI
usate nel vocabolario

Italiano. Abbreviazioni

agg	-	aggettivo
anim.	-	animato
avv	-	avverbio
cong	-	congiunzione
ecc.	-	eccetera
f	-	sostantivo femminile
f pl	-	femminile plurale
fem.	-	femminile
form.	-	formale
inanim.	-	inanimato
inform.	-	familiare
m	-	sostantivo maschile
m pl	-	maschile plurale
m, f	-	maschile, femminile
masc.	-	maschile
mil.	-	militare
pl	-	plurale
pron	-	pronome
qc	-	qualcosa
qn	-	qualcuno
sing.	-	singolare
v aus	-	verbo ausiliare
vi	-	verbo intransitivo
vi, vt	-	verbo intransitivo, transitivo
vr	-	verbo riflessivo
vt	-	verbo transitivo

Albanese. Abbreviazioni

f	-	sostantivo femminile
m	-	sostantivo maschile
pl	-	plurale

CONCETTI DI BASE

Concetti di base. Parte 1

1. Pronomi

| io | Unë, mua | [unə], [múa] |
| tu | ti, ty | [ti], [ty] |

lui	ai	[aí]
lei	ajo	[ajó]
esso	ai	[aí]

| noi | ne | [nɛ] |
| voi | ju | [ju] |

| loro (masc.) | ata | [atá] |
| loro (fem.) | ato | [ató] |

2. Saluti. Convenevoli. Saluti di congedo

Salve!	Përshëndetje!	[pərʃəndétjɛ!]
Buongiorno!	Përshëndetje!	[pərʃəndétjɛ!]
Buongiorno! (la mattina)	Mirëmëngjes!	[mirəmənɟés!]
Buon pomeriggio!	Mirëdita!	[mirədíta!]
Buonasera!	Mirëmbrëma!	[mirəmbréma!]

salutare (vt)	përshëndes	[pərʃəndés]
Ciao! Salve!	Ç'kemi!	[tʃ'kémi!]
saluto (m)	përshëndetje (f)	[pərʃəndétjɛ]
salutare (vt)	përshëndes	[pərʃəndés]
Come sta?	Si jeni?	[si jéni?]
Come stai?	Si je?	[si jɛ?]
Che c'è di nuovo?	Çfarë ka të re?	[tʃfárə ká tə ré?]

Arrivederci!	Mirupafshim!	[mirupáfʃim!]
Ciao!	U pafshim!	[u páfʃim!]
A presto!	Shihemi së shpejti!	[ʃíhɛmi sə ʃpéjti!]
Addio!	Lamtumirë!	[lamtumírə!]
congedarsi (vr)	përshëndetem	[pərʃəndétɛm]
Ciao! (A presto!)	Tungjatjeta!	[tunɟatjéta!]

Grazie!	Faleminderit!	[falɛmindérit!]
Grazie mille!	Faleminderit shumë!	[falɛmindérit ʃúmə!]
Prego	Të lutem	[tə lútɛm]
Non c'è di che!	Asgjë!	[asɟé!]
Di niente	Asgjë	[asɟé]

Scusa!	Më fal!	[mə fal!]
Scusi!	Më falni!	[mə fálni!]
scusare (vt)	fal	[fal]

scusarsi (vr)	kërkoj falje	[kərkój fáljɛ]
Chiedo scusa	Kërkoj ndjesë	[kərkój ndjésə]
Mi perdoni!	Më vjen keq!	[mə vjɛn kɛc!]
perdonare (vt)	fal	[fal]
Non fa niente	S'ka gjë!	[s'ka ɟə!]
per favore	të lutem	[tə lútɛm]

Non dimentichi!	Mos harro!	[mos haró!]
Certamente!	Sigurisht!	[siguríʃt!]
Certamente no!	Sigurisht që jo!	[siguríʃt cə jo!]
D'accordo!	Në rregull!	[nə réguɬ!]
Basta!	Mjafton!	[mjaftón!]

3. Come rivolgersi

Mi scusi!	Më falni, ...	[mə fálni, ...]
signore	zotëri	[zotərí]
signora	zonjë	[zóɲə]
signorina	zonjushë	[zoɲúʃə]
signore	djalë i ri	[djálə i rí]
ragazzo	djalosh	[djalóʃ]
ragazza	vajzë	[vájzə]

4. Numeri cardinali. Parte 1

zero (m)	zero	[zéro]
uno	një	[ɲə]
due	dy	[dy]
tre	tre	[trɛ]
quattro	katër	[kátər]

cinque	pesë	[pésə]
sei	gjashtë	[ɟáʃtə]
sette	shtatë	[ʃtátə]
otto	tetë	[tétə]
nove	nëntë	[nəntə]

dieci	dhjetë	[ðjétə]
undici	njëmbëdhjetë	[ɲəmbəðjétə]
dodici	dymbëdhjetë	[dymbəðjétə]
tredici	trembëdhjetë	[trɛmbəðjétə]
quattordici	katërmbëdhjetë	[katərmbəðjétə]

quindici	pesëmbëdhjetë	[pɛsəmbəðjétə]
sedici	gjashtëmbëdhjetë	[ɟaʃtəmbəðjétə]
diciassette	shtatëmbëdhjetë	[ʃtatəmbəðjétə]
diciotto	tetëmbëdhjetë	[tɛtəmbəðjétə]
diciannove	nëntëmbëdhjetë	[nəntəmbəðjétə]

venti	njëzet	[ɲəzét]
ventuno	njëzet e një	[ɲəzét ɛ ɲə]
ventidue	njëzet e dy	[ɲəzét ɛ dy]
ventitre	njëzet e tre	[ɲəzét ɛ trɛ]

trenta	tridhjetë	[triðjétə]
trentuno	tridhjetë e një	[triðjétə ɛ ɲə]
trentadue	tridhjetë e dy	[triðjétə ɛ dy]
trentatre	tridhjetë e tre	[triðjétə ɛ trɛ]

quaranta	dyzet	[dyzét]
quarantuno	dyzet e një	[dyzét ɛ ɲə]
quarantadue	dyzet e dy	[dyzét ɛ dy]
quarantatre	dyzet e tre	[dyzét ɛ trɛ]

cinquanta	pesëdhjetë	[pɛsəðjétə]
cinquantuno	pesëdhjetë e një	[pɛsəðjétə ɛ ɲə]
cinquantadue	pesëdhjetë e dy	[pɛsəðjétə ɛ dy]
cinquantatre	pesëdhjetë e tre	[pɛsəðjétə ɛ trɛ]

sessanta	gjashtëdhjetë	[ɟaʃtəðjétə]
sessantuno	gjashtëdhjetë e një	[ɟaʃtəðjétə ɛ ɲə]
sessantadue	gjashtëdhjetë e dy	[ɟaʃtəðjétə ɛ dý]
sessantatre	gjashtëdhjetë e tre	[ɟaʃtəðjétə ɛ tré]

settanta	shtatëdhjetë	[ʃtatəðjétə]
settantuno	shtatëdhjetë e një	[ʃtatəðjétə ɛ ɲə]
settantadue	shtatëdhjetë e dy	[ʃtatəðjétə ɛ dy]
settantatre	shtatëdhjetë e tre	[ʃtatəðjétə ɛ trɛ]

ottanta	tetëdhjetë	[tɛtəðjétə]
ottantuno	tetëdhjetë e një	[tɛtəðjétə ɛ ɲə]
ottantadue	tetëdhjetë e dy	[tɛtəðjétə ɛ dy]
ottantatre	tetëdhjetë e tre	[tɛtəðjétə ɛ trɛ]

novanta	nëntëdhjetë	[nəntəðjétə]
novantuno	nëntëdhjetë e një	[nəntəðjétə ɛ ɲə]
novantadue	nëntëdhjetë e dy	[nəntəðjétə ɛ dy]
novantatre	nëntëdhjetë e tre	[nəntəðjétə ɛ trɛ]

5. Numeri cardinali. Parte 2

cento	njëqind	[ɲecínd]
duecento	dyqind	[dycínd]
trecento	treqind	[trɛcínd]
quattrocento	katërqind	[katərcínd]
cinquecento	pesëqind	[pɛsəcínd]

seicento	gjashtëqind	[ɟaʃtəcínd]
settecento	shtatëqind	[ʃtatəcínd]
ottocento	tetëqind	[tɛtəcínd]
novecento	nëntëqind	[nəntəcínd]
mille	një mijë	[ɲə míjə]
duemila	dy mijë	[dy míjə]

tremila	tre mijë	[trɛ míjə]
diecimila	dhjetë mijë	[ðjétə míjə]
centomila	njëqind mijë	[nəcínd míjə]
milione (m)	milion (m)	[milión]
miliardo (m)	miliardë (f)	[miliárdə]

6. Numeri ordinali

primo	i pari	[i pári]
secondo	i dyti	[i dýti]
terzo	i treti	[i tréti]
quarto	i katërti	[i kátərti]
quinto	i pesti	[i pésti]

sesto	i gjashti	[i ɟáʃti]
settimo	i shtati	[i ʃtáti]
ottavo	i teti	[i téti]
nono	i nënti	[i nénti]
decimo	i dhjeti	[i ðjéti]

7. Numeri. Frazioni

frazione (f)	thyesë (f)	[θýɛsə]
un mezzo	gjysma	[ɟýsma]
un terzo	një e treta	[nə ɛ tréta]
un quarto	një e katërta	[nə ɛ kátərta]

un ottavo	një e teta	[nə ɛ téta]
un decimo	një e dhjeta	[nə ɛ ðjéta]
due terzi	dy të tretat	[dy tə trétat]
tre quarti	tre të katërtat	[trɛ tə kátərtat]

8. Numeri. Operazioni aritmetiche di base

sottrazione (f)	zbritje (f)	[zbrítjɛ]
sottrarre (vt)	zbres	[zbrɛs]
divisione (f)	pjesëtim (m)	[pjɛsətím]
dividere (vt)	pjesëtoj	[pjɛsətój]
addizione (f)	mbledhje (f)	[mbléðjɛ]
addizionare (vt)	shtoj	[ʃtoj]
aggiungere (vt)	mbledh	[mbléð]
moltiplicazione (f)	shumëzim (m)	[ʃuməzím]
moltiplicare (vt)	shumëzoj	[ʃuməzój]

9. Numeri. Varie

cifra (f)	shifër (f)	[ʃífər]
numero (m)	numër (m)	[númər]

numerale (m)	numerik (m)	[numɛrík]
meno (m)	minus (m)	[minús]
più (m)	plus (m)	[plus]
formula (f)	formulë (f)	[formúlə]

calcolo (m)	llogaritje (f)	[ɫogarítjɛ]
contare (vt)	numëroj	[numərój]
calcolare (vt)	llogaris	[ɫogarís]
comparare (vt)	krahasoj	[krahasój]

Quanto? Quanti?	Sa?	[sa?]
somma (f)	shuma (f)	[ʃúma]
risultato (m)	rezultat (m)	[rɛzultát]
resto (m)	mbetje (f)	[mbétjɛ]

qualche ...	disa	[disá]
un po' di ...	pak	[pak]
alcuni, pochi (non molti)	disa	[disá]
poco (non molto)	pak	[pak]
resto (m)	mbetje (f)	[mbétjɛ]
uno e mezzo	një e gjysmë (f)	[ɲə ɛ ɟýsmə]
dozzina (f)	dyzinë (f)	[dyzínə]

in due	përgjysmë	[pəɲýsmə]
in parti uguali	gjysmë për gjysmë	[ɟýsmə pər ɟýsmə]
metà (f), mezzo (m)	gjysmë (f)	[ɟýsmə]
volta (f)	herë (f)	[hérə]

10. I verbi più importanti. Parte 1

accorgersi (vr)	vërej	[vəréj]
afferrare (vt)	kap	[kap]
affittare (dare in affitto)	marr me qira	[mar mɛ cirá]
aiutare (vt)	ndihmoj	[ndihmój]
amare (qn)	dashuroj	[daʃurój]

andare (camminare)	ec në këmbë	[ɛts nə kémbə]
annotare (vt)	mbaj shënim	[mbáj ʃəním]
appartenere (vi)	përkas ...	[pərkás ...]
aprire (vt)	hap	[hap]
arrivare (vi)	arrij	[aríj]
aspettare (vt)	pres	[prɛs]

avere (vt)	kam	[kam]
avere fame	kam uri	[kam urí]
avere fretta	nxitoj	[ndzitój]

avere paura	kam frikë	[kam fríkə]
avere sete	kam etje	[kam étjɛ]
avvertire (vt)	paralajmëroj	[paralajmərój]
cacciare (vt)	dal për gjah	[dál pər ɟáh]
cadere (vi)	bie	[bíɛ]
cambiare (vt)	ndryshoj	[ndryʃój]
capire (vt)	kuptoj	[kuptój]

cenare (vi)	ha darkë	[ha dárkə]
cercare (vt)	kërkoj ...	[kərkój ...]
cessare (vt)	ndaloj	[ndalój]
chiedere (~ aiuto)	thërras	[θərás]

chiedere (domandare)	pyes	[pýɛs]
cominciare (vt)	filloj	[fiɫój]
comparare (vt)	krahasoj	[krahasój]
confondere (vt)	ngatërroj	[ŋatərój]
conoscere (qn)	njoh	[ɲóh]

conservare (vt)	mbaj	[mbáj]
consigliare (vt)	këshilloj	[kəʃiɫój]
contare (calcolare)	numëroj	[numərój]
contare su ...	mbështetem ...	[mbəʃtétɛm ...]
continuare (vt)	vazhdoj	[vaʒdój]

controllare (vt)	kontrolloj	[kontroɫój]
correre (vi)	vrapoj	[vrapój]
costare (vt)	kushton	[kuʃtón]
creare (vt)	krijoj	[krijój]
cucinare (vi)	gatuaj	[gatúaj]

11. I verbi più importanti. Parte 2

dare (vt)	jap	[jap]
dare un suggerimento	aludoj	[aludój]
decorare (adornare)	zbukuroj	[zbukurój]
difendere (~ un paese)	mbroj	[mbrój]
dimenticare (vt)	harroj	[harój]

dire (~ la verità)	them	[θɛm]
dirigere (compagnia, ecc.)	drejtoj	[drɛjtój]
discutere (vt)	diskutoj	[diskutój]
domandare (vt)	pyes	[pýɛs]
dubitare (vi)	dyshoj	[dyʃój]

entrare (vi)	hyj	[hyj]
esigere (vt)	kërkoj	[kərkój]
esistere (vi)	ekzistoj	[ɛkzistój]

essere (vi)	jam	[jam]
essere d'accordo	bie dakord	[bíɛ dakórd]
fare (vt)	bëj	[bəj]
fare colazione	ha mëngjes	[ha məɲɟés]

fare il bagno	notoj	[notój]
fermarsi (vr)	ndaloj	[ndalój]
fidarsi (vr)	besoj	[bɛsój]
finire (vt)	përfundoj	[pərfundój]
firmare (~ un documento)	nënshkruaj	[nənʃkrúaj]

giocare (vi)	luaj	[lúaj]
girare (~ a destra)	kthej	[kθɛj]

gridare (vi)	bërtas	[bərtás]
indovinare (vt)	hamendësoj	[hamɛndəsój]
informare (vt)	informoj	[informój]

ingannare (vt)	mashtroj	[maʃtrój]
insistere (vi)	këmbëngul	[kəmbəŋúl]
insultare (vt)	fyej	[fýɛj]
interessarsi di ...	interesohem ...	[intɛrɛsóhɛm ...]
invitare (vt)	ftoj	[ftoj]

lamentarsi (vr)	ankohem	[ankóhɛm]
lasciar cadere	lëshoj	[ləʃój]
lavorare (vi)	punoj	[punój]
leggere (vi, vt)	lexoj	[lɛdzój]
liberare (vt)	çliroj	[tʃlirój]

12. I verbi più importanti. Parte 3

mancare le lezioni	humbas	[humbás]
mandare (vt)	dërgoj	[dərgój]
menzionare (vt)	përmend	[pərménd]
minacciare (vt)	kërcënoj	[kərtsənój]
mostrare (vt)	tregoj	[trɛgój]

nascondere (vt)	fsheh	[fʃéh]
nuotare (vi)	notoj	[notój]
obiettare (vt)	kundërshtoj	[kundərʃtój]
occorrere (vimp)	nevojitet	[nɛvojítɛt]
ordinare (~ il pranzo)	porosis	[porosís]

ordinare (mil.)	urdhëroj	[urðərój]
osservare (vt)	vëzhgoj	[vəʒgój]
pagare (vi, vt)	paguaj	[pagúaj]
parlare (vi, vt)	flas	[flas]
partecipare (vi)	marr pjesë	[mar pjésə]

pensare (vi, vt)	mendoj	[mɛndój]
perdonare (vt)	fal	[fal]
permettere (vt)	lejoj	[lɛjój]
piacere (vi)	pëlqej	[pəlcéj]
piangere (vi)	qaj	[caj]

pianificare (vt)	planifikoj	[planifikój]
possedere (vt)	zotëroj	[zotərój]
potere (v aus)	mund	[mund]
pranzare (vi)	ha drekë	[ha drékə]
preferire (vt)	preferoj	[prɛfɛrój]

pregare (vi, vt)	lutem	[lútɛm]
prendere (vt)	marr	[mar]
prevedere (vt)	parashikoj	[paraʃikój]
promettere (vt)	premtoj	[prɛmtój]
pronunciare (vt)	shqiptoj	[ʃciptój]
proporre (vt)	propozoj	[propozój]

punire (vt)	ndëshkoj	[ndəʃkój]
raccomandare (vt)	rekomandoj	[rɛkomandój]
ridere (vi)	qesh	[cɛʃ]
rifiutarsi (vr)	refuzoj	[rɛfuzój]

rincrescere (vi)	pendohem	[pɛndóhɛm]
ripetere (ridire)	përsëris	[pərsərís]
riservare (vt)	rezervoj	[rɛzɛrvój]
rispondere (vi, vt)	përgjigjem	[pərɟíɟɛm]
rompere (spaccare)	ndahem	[ndáhɛm]
rubare (~ i soldi)	vjedh	[vjɛð]

13. I verbi più importanti. Parte 4

salvare (~ la vita a qn)	shpëtoj	[ʃpətój]
sapere (vt)	di	[di]
sbagliare (vi)	gaboj	[gabój]
scavare (vt)	gërmoj	[gərmój]
scegliere (vt)	zgjedh	[zɟɛð]

scendere (vi)	zbres	[zbrɛs]
scherzare (vi)	bëj shaka	[bəj ʃaká]
scrivere (vt)	shkruaj	[ʃkrúaj]
scusare (vt)	fal	[fal]
scusarsi (vr)	kërkoj falje	[kərkój fáljɛ]

sedersi (vr)	ulem	[úlɛm]
seguire (vt)	ndjek ...	[ndjék ...]
sgridare (vt)	qortoj	[cortój]
significare (vt)	nënkuptoj	[nənkuptój]
sorridere (vi)	buzëqesh	[buzəcéʃ]
sottovalutare (vt)	nënvlerësoj	[nənvlɛrəsój]
sparare (vi)	qëlloj	[cətój]
sperare (vi, vt)	shpresoj	[ʃprɛsój]
spiegare (vt)	shpjegoj	[ʃpjɛgój]
studiare (vt)	studioj	[studiój]

stupirsi (vr)	çuditem	[tʃudítɛm]
tacere (vi)	hesht	[hɛʃt]
tentare (vt)	përpiqem	[pərpícɛm]
toccare (~ con le mani)	prek	[prɛk]
tradurre (vt)	përkthej	[pərkθéj]

trovare (vt)	gjej	[ɟéj]
uccidere (vt)	vras	[vras]
udire (percepire suoni)	dëgjoj	[dəɟój]
unire (vt)	bashkoj	[baʃkój]
uscire (vi)	dal	[dal]

vantarsi (vr)	mburrem	[mbúrɛm]
vedere (vt)	shikoj	[ʃikój]
vendere (vt)	shes	[ʃɛs]
volare (vi)	fluturoj	[fluturój]
volere (desiderare)	dëshiroj	[dəʃirój]

14. Colori

colore (m)	ngjyrë (f)	[nɟýrə]
sfumatura (f)	nuancë (f)	[nuántsə]
tono (m)	tonalitet (m)	[tonalitét]
arcobaleno (m)	ylber (m)	[ylbér]
bianco (agg)	e bardhë	[ɛ bárðə]
nero (agg)	e zezë	[ɛ zézə]
grigio (agg)	gri	[gri]
verde (agg)	jeshile	[jɛʃílɛ]
giallo (agg)	e verdhë	[ɛ vérðə]
rosso (agg)	e kuqe	[ɛ kúcɛ]
blu (agg)	blu	[blu]
azzurro (agg)	bojëqielli	[bojəciéɫi]
rosa (agg)	rozë	[rózə]
arancione (agg)	portokalli	[portokáɫi]
violetto (agg)	bojëvjollcë	[bojəvjóɫtsə]
marrone (agg)	kafe	[káfɛ]
d'oro (agg)	e artë	[ɛ ártə]
argenteo (agg)	e argjendtë	[ɛ aɟéndtə]
beige (agg)	bezhë	[béʒə]
color crema (agg)	krem	[krɛm]
turchese (agg)	e bruztë	[ɛ brúztə]
rosso ciliegia (agg)	qershi	[cɛrʃí]
lilla (agg)	jargavan	[jargaván]
rosso lampone (agg)	e kuqe e thellë	[ɛ kúcɛ ɛ θéɫə]
chiaro (agg)	e hapur	[ɛ hápur]
scuro (agg)	e errët	[ɛ érət]
vivo, vivido (agg)	e ndritshme	[ɛ ndrítʃmɛ]
colorato (agg)	e ngjyrosur	[ɛ nɟyrósur]
a colori	ngjyrë	[nɟýrə]
bianco e nero (agg)	bardhë e zi	[bárðə ɛ zi]
in tinta unita	njëngjyrëshe	[nənɟýrəʃɛ]
multicolore (agg)	shumëngjyrëshe	[ʃumənɟýrəʃɛ]

15. Domande

Chi?	Kush?	[kuʃ?]
Che cosa?	Çka?	[tʃká?]
Dove? (in che luogo?)	Ku?	[ku?]
Dove? (~ vai?)	Për ku?	[pər ku?]
Di dove?, Da dove?	Nga ku?	[ŋa ku?]
Quando?	Kur?	[kur?]
Perché? (per quale scopo?)	Pse?	[psɛ?]
Perché? (per quale ragione?)	Pse?	[psɛ?]
Per che cosa?	Për çfarë arsye?	[pər tʃfárə arsýɛ?]

Come?	Si?	[si?]
Che? (~ colore è?)	Çfarë?	[tʃfárə?]
Quale?	Cili?	[tsíli?]

A chi?	Kujt?	[kújt?]
Di chi?	Për kë?	[pər kə?]
Di che cosa?	Për çfarë?	[pər tʃfárə?]
Con chi?	Me kë?	[mɛ kə?]

Quanti?, Quanto?	Sa?	[sa?]
Di chi?	Të kujt?	[tə kujt?]

16. Preposizioni

con (tè ~ il latte)	me	[mɛ]
senza	pa	[pa]
a (andare ~ ,..)	për në	[pər nə]
di (parlare ~ ...)	për	[pər]
prima di ...	përpara	[pərpára]
di fronte a ...	para ...	[pára ...]

sotto (avv)	nën	[nən]
sopra (al di ~)	mbi	[mbí]
su (sul tavolo, ecc.)	mbi	[mbí]
da, di (via da ..., fuori di ...)	nga	[ŋa]
di (fatto ~ cartone)	nga	[ŋa]

fra (~ dieci minuti)	për	[pər]
attraverso (dall'altra parte)	sipër	[sípər]

17. Parole grammaticali. Avverbi. Parte 1

Dove?	Ku?	[ku?]
qui (in questo luogo)	këtu	[kətú]
lì (in quel luogo)	atje	[atjé]

da qualche parte (essere ~)	diku	[dikú]
da nessuna parte	askund	[askúnd]

vicino a ...	afër	[áfər]
vicino alla finestra	tek dritarja	[tɛk dritárja]

Dove?	Për ku?	[pər ku?]
qui (vieni ~)	këtu	[kətú]
ci (~ vado stasera)	atje	[atjé]
da qui	nga këtu	[ŋa kətú]
da lì	nga atje	[ŋa atjɛ]

vicino, accanto (avv)	pranë	[pránə]
lontano (avv)	larg	[larg]
vicino (~ a Parigi)	afër	[áfər]
vicino (qui ~)	pranë	[pránə]

non lontano	jo larg	[jo lárg]
sinistro (agg)	majtë	[májtə]
a sinistra (rimanere ~)	majtas	[májtas]
a sinistra (girare ~)	në të majtë	[nə tə májtə]
destro (agg)	djathtë	[djáθtə]
a destra (rimanere ~)	djathtas	[djáθtas]
a destra (girare ~)	në të djathtë	[nə tə djáθtə]
davanti	përballë	[pərbáɫə]
anteriore (agg)	i përparmë	[i pərpármə]
avanti	përpara	[pərpára]
dietro (avv)	prapa	[prápa]
da dietro	nga prapa	[ŋa prápa]
indietro	pas	[pas]
mezzo (m), centro (m)	mes (m)	[mɛs]
in mezzo, al centro	në mes	[nə mɛs]
di fianco	në anë	[nə anə]
dappertutto	kudo	[kúdo]
attorno	përreth	[pəréθ]
da dentro	nga brenda	[ŋa brénda]
da qualche parte (andare ~)	diku	[dikú]
dritto (direttamente)	drejt	[dréjt]
indietro	pas	[pas]
da qualsiasi parte	nga kudo	[ŋa kúdo]
da qualche posto (veniamo ~)	nga diku	[ŋa dikú]
in primo luogo	së pari	[sə pári]
in secondo luogo	së dyti	[sə dýti]
in terzo luogo	së treti	[sə tréti]
all'improvviso	befas	[béfas]
all'inizio	në fillim	[nə fiɫím]
per la prima volta	për herë të parë	[pər hérə tə párə]
molto tempo prima di...	shumë përpara ...	[ʃúmə pərpára ...]
di nuovo	sërish	[səríʃ]
per sempre	një herë e mirë	[nə hérə ɛ mírə]
mai	kurrë	[kúrə]
ancora	përsëri	[pərsərí]
adesso	tani	[táni]
spesso (avv)	shpesh	[ʃpɛʃ]
allora	atëherë	[atəhérə]
urgentemente	urgjent	[urɟént]
di solito	zakonisht	[zakoníʃt]
a proposito, ...	meqë ra fjala, ...	[mécə ra fjála, ...]
è possibile	ndoshta	[ndóʃta]
probabilmente	mundësisht	[mundəsíʃt]
forse	mbase	[mbásɛ]

inoltre …	përveç	[pərvétʃ]
ecco perché …	ja përse …	[ja pərsé …]
nonostante (~ tutto)	pavarësisht se …	[pavarəsíʃt sɛ …]
grazie a …	falë …	[fálə …]

che cosa (pron)	çfarë	[tʃfárə]
che (cong)	që	[cə]
qualcosa (qualsiasi cosa)	diçka	[ditʃká]
qualcosa (le serve ~?)	ndonji gjë	[ndoɲí ɟə]
niente	asgjë	[asɟə́]

chi (pron)	kush	[kuʃ]
qualcuno (annuire a ~)	dikush	[dikúʃ]
qualcuno (dipendere da ~)	dikush	[dikúʃ]

nessuno	askush	[askúʃ]
da nessuna parte	askund	[askúnd]
di nessuno	i askujt	[i askújt]
di qualcuno	i dikujt	[i dikújt]

così (era ~ arrabbiato)	aq	[ác]
anche (penso ~ a …)	gjithashtu	[ɟiθaʃtú]
anche, pure	gjithashtu	[ɟiθaʃtú]

18. Parole grammaticali. Avverbi. Parte 2

Perché?	Pse?	[psɛ?]
per qualche ragione	për një arsye	[pər ɲə arsýɛ]
perché …	sepse …	[sɛpsé …]
per qualche motivo	për ndonjë shkak	[pər ndóɲə ʃkak]

e (cong)	dhe	[ðɛ]
o (sì ~ no?)	ose	[ósɛ]
ma (però)	por	[por]
per (~ me)	për	[pər]

troppo	tepër	[tépər]
solo (avv)	vetëm	[vétəm]
esattamente	pikërisht	[pikəríʃt]
circa (~ 10 dollari)	rreth	[rɛθ]

approssimativamente	përafërsisht	[pərafərsíʃt]
approssimativo (agg)	përafërt	[pəráfərt]
quasi	pothuajse	[poθúajsɛ]
resto	mbetje (f)	[mbétjɛ]

l'altro (~ libro)	tjetri	[tjétri]
altro (differente)	tjetër	[tjétər]
ogni (agg)	çdo	[tʃdo]
qualsiasi (agg)	çfarëdo	[tʃfarədó]
molti	disa	[disá]
molto (avv)	shumë	[ʃúmə]
molta gente	shumë njerëz	[ʃúmə ɲérəz]
tutto, tutti	të gjithë	[tə ɟíθə]

in cambio di ...	në vend të ...	[nə vénd tə ...]
in cambio	në shkëmbim të ...	[nə ʃkəmbím tə ...]
a mano (fatto ~)	me dorë	[mɛ dórə]
poco probabile	vështirë se ...	[vəʃtírə sɛ ...]

probabilmente	mundësisht	[mundəsíʃt]
apposta	me qëllim	[mɛ cəɫím]
per caso	aksidentalisht	[aksidɛntalíʃt]

molto (avv)	shumë	[ʃúmə]
per esempio	për shembull	[pər ʃémbuɫ]
fra (~ due)	midis	[midís]
fra (~ più di due)	rreth	[rɛθ]
tanto (quantità)	kaq shumë	[kác ʃúmə]
soprattutto	veçanërisht	[vɛtʃanəríʃt]

Concetti di base. Parte 2

19. Giorni della settimana

lunedì (m)	E hënë (f)	[ɛ hénə]
martedì (m)	E martë (f)	[ɛ mártə]
mercoledì (m)	E mërkurë (f)	[ɛ mərkúrə]
giovedì (m)	E enjte (f)	[ɛ éɲtɛ]
venerdì (m)	E premte (f)	[ɛ prémtɛ]
sabato (m)	E shtunë (f)	[ɛ ʃtúnə]
domenica (f)	E dielë (f)	[ɛ díɛlə]
oggi (avv)	sot	[sot]
domani	nesër	[nésər]
dopodomani	pasnesër	[pasnésər]
ieri (avv)	dje	[djé]
l'altro ieri	pardje	[pardjé]
giorno (m)	ditë (f)	[dítə]
giorno (m) lavorativo	ditë pune (f)	[dítə púnɛ]
giorno (m) festivo	festë kombëtare (f)	[féstə kombətárɛ]
giorno (m) di riposo	ditë pushim (m)	[dítə puʃím]
fine (m) settimana	fundjavë (f)	[fundjávə]
tutto il giorno	gjithë ditën	[ɟíθə dítən]
l'indomani	ditën pasardhëse	[dítən pasárðəsɛ]
due giorni fa	dy ditë më parë	[dy dítə mə párə]
il giorno prima	një ditë më parë	[ɲə dítə mə párə]
quotidiano (agg)	ditor	[ditór]
ogni giorno	çdo ditë	[tʃdo dítə]
settimana (f)	javë (f)	[jávə]
la settimana scorsa	javën e kaluar	[jávən ɛ kalúar]
la settimana prossima	javën e ardhshme	[jávən ɛ árðʃmɛ]
settimanale (agg)	javor	[javór]
ogni settimana	çdo javë	[tʃdo jávə]
due volte alla settimana	dy herë në javë	[dy hérə nə jávə]
ogni martedì	çdo të martë	[tʃdo tə mártə]

20. Ore. Giorno e notte

mattina (f)	mëngjes (m)	[mənɟés]
di mattina	në mëngjes	[nə mənɟés]
mezzogiorno (m)	mesditë (f)	[mɛsdítə]
nel pomeriggio	pasdite	[pasdítɛ]
sera (f)	mbrëmje (f)	[mbrémjɛ]
di sera	në mbrëmje	[nə mbrémjɛ]

notte (f)	natë (f)	[nátə]
di notte	natën	[nátən]
mezzanotte (f)	mesnatë (f)	[mɛsnátə]

secondo (m)	sekondë (f)	[sɛkóndə]
minuto (m)	minutë (f)	[minútə]
ora (f)	orë (f)	[órə]
mezzora (f)	gjysmë ore (f)	[ɟýsmə órɛ]
un quarto d'ora	çerek ore (m)	[tʃɛrék órɛ]
quindici minuti	pesëmbëdhjetë minuta	[pɛsəmbəðjétə minúta]
ventiquattro ore	24 orë	[ɲəzét ɛ kátər órə]

levata (f) del sole	agim (m)	[agím]
alba (f)	agim (m)	[agím]
mattutino (m)	mëngjes herët (m)	[məɲés hérət]
tramonto (m)	perëndim dielli (m)	[pɛrəndím diéɬi]

di buon mattino	herët në mëngjes	[hérət nə məɲés]
stamattina	sot në mëngjes	[sot nə məɲés]
domattina	nesër në mëngjes	[nésər nə məɲés]
oggi pomeriggio	sot pasdite	[sot pasdítɛ]
nel pomeriggio	pasdite	[pasdítɛ]
domani pomeriggio	nesër pasdite	[nésər pasdítɛ]
stasera	sonte në mbrëmje	[sóntɛ nə mbrəmjɛ]
domani sera	nesër në mbrëmje	[nésər nə mbrémjɛ]

alle tre precise	në orën 3 fiks	[nə órən trɛ fiks]
verso le quattro	rreth orës 4	[rɛθ órəs kátər]
per le dodici	deri në orën 12	[déri nə órən dymbəðjétə]

fra venti minuti	për 20 minuta	[pər ɲəzét minúta]
fra un'ora	për një orë	[pər ɲə órə]
puntualmente	në orar	[nə orár]

un quarto di ...	çerek ...	[tʃɛrék ...]
entro un'ora	brenda një ore	[brénda ɲə órɛ]
ogni quindici minuti	çdo 15 minuta	[tʃdo pɛsəmbəðjétə minúta]
giorno e notte	gjithë ditën	[ɟíθə dítən]

21. Mesi. Stagioni

gennaio (m)	**Janar** (m)	[janár]
febbraio (m)	**Shkurt** (m)	[ʃkurt]
marzo (m)	**Mars** (m)	[mars]
aprile (m)	**Prill** (m)	[priɬ]
maggio (m)	**Maj** (m)	[maj]
giugno (m)	**Qershor** (m)	[cɛrʃór]

luglio (m)	**Korrik** (m)	[korík]
agosto (m)	**Gusht** (m)	[guʃt]
settembre (m)	**Shtator** (m)	[ʃtatór]
ottobre (m)	**Tetor** (m)	[tɛtór]
novembre (m)	**Nëntor** (m)	[nəntór]
dicembre (m)	**Dhjetor** (m)	[ðjɛtór]

primavera (f)	**pranverë** (f)	[pranvérə]
in primavera	**në pranverë**	[nə pranvérə]
primaverile (agg)	**pranveror**	[pranvɛrór]
estate (f)	**verë** (f)	[vérə]
in estate	**në verë**	[nə vérə]
estivo (agg)	**veror**	[vɛrór]
autunno (m)	**vjeshtë** (f)	[vjéʃtə]
in autunno	**në vjeshtë**	[nə vjéʃtə]
autunnale (agg)	**vjeshtor**	[vjéʃtor]
inverno (m)	**dimër** (m)	[dímər]
in inverno	**në dimër**	[nə dímər]
invernale (agg)	**dimëror**	[dimərór]
mese (m)	**muaj** (m)	[múaj]
questo mese	**këtë muaj**	[kətə múaj]
il mese prossimo	**muajin tjetër**	[múajin tjétər]
il mese scorso	**muajin e kaluar**	[múajin ɛ kalúar]
un mese fa	**para një muaji**	[pára ɲə múaji]
fra un mese	**pas një muaji**	[pas ɲə múaji]
fra due mesi	**pas dy muajsh**	[pas dy múajʃ]
un mese intero	**gjithë muajin**	[ɟíθə múajin]
per tutto il mese	**gjatë gjithë muajit**	[ɟátə ɟíθə múajit]
mensile (rivista ~)	**mujor**	[mujór]
mensilmente	**mujor**	[mujór]
ogni mese	**çdo muaj**	[tʃdo múaj]
due volte al mese	**dy herë në muaj**	[dy hérə nə múaj]
anno (m)	**vit** (m)	[vit]
quest'anno	**këtë vit**	[kətə vít]
l'anno prossimo	**vitin tjetër**	[vítin tjétər]
l'anno scorso	**vitin e kaluar**	[vítin ɛ kalúar]
un anno fa	**para një viti**	[pára ɲə víti]
fra un anno	**për një vit**	[pər ɲə vit]
fra due anni	**për dy vite**	[pər dy vítɛ]
un anno intero	**gjithë vitin**	[ɟíθə vítin]
per tutto l'anno	**gjatë gjithë vitit**	[ɟátə ɟíθə vítit]
ogni anno	**çdo vit**	[tʃdo vít]
annuale (agg)	**vjetor**	[vjɛtór]
annualmente	**çdo vit**	[tʃdo vít]
quattro volte all'anno	**4 herë në vit**	[kátər hérə nə vit]
data (f) (~ di oggi)	**datë** (f)	[dátə]
data (f) (~ di nascita)	**data** (f)	[dáta]
calendario (m)	**kalendar** (m)	[kalɛndár]
mezz'anno (m)	**gjysmë viti**	[ɟýsmə víti]
semestre (m)	**gjashtë muaj**	[ɟáʃtə múaj]
stagione (f) (estate, ecc.)	**stinë** (f)	[stínə]
secolo (m)	**shekull** (m)	[ʃékuɫ]

22. Orario. Varie

tempo (m)	kohë (f)	[kóhə]
istante (m)	çast, moment (m)	[tʃást], [mǒmént]
momento (m)	çast (m)	[tʃást]
istantaneo (agg)	i çastit	[i tʃástit]
periodo (m)	interval (m)	[intɛrvál]
vita (f)	jetë (f)	[jétə]
eternità (f)	përjetësi (f)	[pərjɛtəsí]

epoca (f)	epokë (f)	[ɛpókə]
era (f)	erë (f)	[érə]
ciclo (m)	cikël (m)	[tsíkəl]
periodo (m)	periudhë (f)	[pɛriúðə]
scadenza (f)	afat (m)	[afát]

futuro (m)	ardhmëria (f)	[arðməría]
futuro (agg)	e ardhme	[ɛ árðmɛ]
la prossima volta	herën tjetër	[hérən tjétər]
passato (m)	e shkuara (f)	[ɛ ʃkúara]
scorso (agg)	kaluar	[kalúar]
la volta scorsa	herën e fundit	[hérən ɛ fúndit]

più tardi	më vonë	[mə vónə]
dopo	pas	[pas]
oggigiorno	në këto kohë	[nə kəto kóhə]
adesso, ora	tani	[táni]
immediatamente	menjëherë	[mɛɲəhérə]
fra poco, presto	së shpejti	[sə ʃpéjti]
in anticipo	paraprakisht	[paraprakíʃt]

tanto tempo fa	para shumë kohësh	[pára ʃúmə kóhəʃ]
di recente	së fundmi	[sə fúndmi]
destino (m)	fat (m)	[fat]
ricordi (m pl)	kujtime (pl)	[kujtímɛ]
archivio (m)	arkiva (f)	[arkíva]

durante ...	gjatë ...	[ɟátə ...]
a lungo	gjatë, kohë e gjatë	[ɟátə], [kóhə ɛ ɟátə]
per poco tempo	jo gjatë	[jo ɟátə]
presto (al mattino ~)	herët	[hérət]
tardi (non presto)	vonë	[vónə]

per sempre	përjetë	[pərjétə]
cominciare (vt)	filloj	[fiɫój]
posticipare (vt)	shtyj	[ʃtyj]

simultaneamente	njëkohësisht	[ɲəkohəsíʃt]
tutto il tempo	përhershëm	[pərhérʃəm]
costante (agg)	vazhdueshme	[vaʒdúɛʃmɛ]
temporaneo (agg)	i përkohshëm	[i pərkóhʃəm]

a volte	ndonjëherë	[ndoɲəhérə]
raramente	rrallë	[ráɫə]
spesso (avv)	shpesh	[ʃpɛʃ]

23. Contrari

ricco (agg)	i pasur	[i pásur]
povero (agg)	i varfër	[i várfər]
malato (agg)	i sëmurë	[i səmúrə]
sano (agg)	mirë	[mírə]
grande (agg)	i madh	[i máð]
piccolo (agg)	i vogël	[i vógəl]
rapidamente	shpejt	[ʃpɛjt]
lentamente	ngadalë	[ŋadálə]
veloce (agg)	i shpejtë	[i ʃpéjtə]
lento (agg)	i ngadaltë	[i ŋadáltə]
allegro (agg)	i kënaqur	[i kənácur]
triste (agg)	i mërzitur	[i mərzítur]
insieme	së bashku	[sə báʃku]
separatamente	veç e veç	[vɛtʃ ɛ vɛtʃ]
ad alta voce (leggere ~)	me zë	[mɛ zə]
in silenzio	pa zë	[pa zə]
alto (agg)	i lartë	[i lártə]
basso (agg)	i ulët	[i úlət]
profondo (agg)	i thellë	[i θélə]
basso (agg)	i cekët	[i tsékət]
sì	po	[po]
no	jo	[jo]
lontano (agg)	i largët	[i lárgət]
vicino (agg)	afër	[áfər]
lontano (avv)	larg	[larg]
vicino (avv)	pranë	[pránə]
lungo (agg)	i gjatë	[i ɟátə]
corto (agg)	i shkurtër	[i ʃkúrtər]
buono (agg)	i mirë	[i mírə]
cattivo (agg)	djallëzor	[djaɫəzór]
sposato (agg)	i martuar	[i martúar]
celibe (agg)	beqar	[bɛcár]
vietare (vt)	ndaloj	[ndalój]
permettere (vt)	lejoj	[lɛjój]
fine (f)	fund (m)	[fund]
inizio (m)	fillim (m)	[fiɫím]

| sinistro (agg) | majtë | [májtə] |
| destro (agg) | djathtë | [djáθtə] |

| primo (agg) | i pari | [i pári] |
| ultimo (agg) | i fundit | [i fúndit] |

| delitto (m) | krim (m) | [krim] |
| punizione (f) | ndëshkim (m) | [ndəʃkím] |

| ordinare (vt) | urdhëroj | [urðərój] |
| obbedire (vi) | bindem | [bíndɛm] |

| dritto (agg) | i drejtë | [i dréjtə] |
| curvo (agg) | i harkuar | [i harkúar] |

| paradiso (m) | parajsë (f) | [parájsə] |
| inferno (m) | ferr (m) | [fɛr] |

| nascere (vi) | lind | [lind] |
| morire (vi) | vdes | [vdɛs] |

| forte (agg) | i fortë | [i fórtə] |
| debole (agg) | i dobët | [i dóbət] |

| vecchio (agg) | plak | [plak] |
| giovane (agg) | i ri | [i rí] |

| vecchio (agg) | i vjetër | [i vjétər] |
| nuovo (agg) | i ri | [i rí] |

| duro (agg) | i fortë | [i fórtə] |
| morbido (agg) | i butë | [i bútə] |

| caldo (agg) | ngrohtë | [ŋróhtə] |
| freddo (agg) | i ftohtë | [i ftóhtə] |

| grasso (agg) | i shëndoshë | [i ʃəndóʃə] |
| magro (agg) | i dobët | [i dóbət] |

| stretto (agg) | i ngushtë | [i ŋúʃtə] |
| largo (agg) | i gjerë | [i ɟérə] |

| buono (agg) | i mirë | [i mírə] |
| cattivo (agg) | i keq | [i kéc] |

| valoroso (agg) | guximtar | [gudzimtár] |
| codardo (agg) | frikacak | [frikatsák] |

24. Linee e forme

quadrato (m)	katror (m)	[katrór]
quadrato (agg)	katrore	[katrórɛ]
cerchio (m)	rreth (m)	[rɛθ]
rotondo (agg)	i rrumbullakët	[i rumbuɬákət]

triangolo (m)	**trekëndësh** (m)	[trékəndəʃ]
triangolare (agg)	**trekëndor**	[trɛkəndór]

ovale (m)	**oval** (f)	[ovál]
ovale (agg)	**ovale**	[ováלɛ]
rettangolo (m)	**drejtkëndësh** (m)	[drɛjtkéndəʃ]
rettangolare (agg)	**drejtkëndor**	[drɛjtkəndór]

piramide (f)	**piramidë** (f)	[piramídə]
rombo (m)	**romb** (m)	[romb]
trapezio (m)	**trapezoid** (m)	[trapɛzoíd]
cubo (m)	**kub** (m)	[kub]
prisma (m)	**prizëm** (m)	[prízəm]

circonferenza (f)	**perimetër** (m)	[pɛrimétər]
sfera (f)	**sferë** (f)	[sférə]
palla (f)	**top** (m)	[top]

diametro (m)	**diametër** (m)	[diamétər]
raggio (m)	**sipërfaqe** (f)	[sipərfácɛ]
perimetro (m)	**perimetër** (m)	[pɛrimétər]
centro (m)	**qendër** (f)	[céndər]

orizzontale (agg)	**horizontal**	[horizontál]
verticale (agg)	**vertikal**	[vɛrtikál]
parallela (f)	**paralele** (f)	[paralélɛ]
parallelo (agg)	**paralel**	[paralél]

linea (f)	**vijë** (f)	[víjə]
tratto (m)	**vizë** (f)	[vízə]
linea (f) retta	**vijë e drejtë** (f)	[víjə ɛ dréjtə]
linea (f) curva	**kurbë** (f)	[kúrbə]
sottile (uno strato ~)	**e hollë**	[ɛ hółə]
contorno (m)	**kontur** (f)	[kontúr]

intersezione (f)	**kryqëzim** (m)	[krycəzím]
angolo (m) retto	**kënd i drejtë** (m)	[kənd i dréjtə]
segmento	**segment** (m)	[sɛgmént]
settore (m)	**sektor** (m)	[sɛktór]
lato (m)	**anë** (f)	[ánə]
angolo (m)	**kënd** (m)	[kənd]

25. Unità di misura

peso (m)	**peshë** (f)	[péʃə]
lunghezza (f)	**gjatësi** (f)	[ɟatəsí]
larghezza (f)	**gjerësi** (f)	[ɟɛrəsí]
altezza (f)	**lartësi** (f)	[lartəsí]
profondità (f)	**thellësi** (f)	[θɛłəsí]
volume (m)	**vëllim** (m)	[vəłím]
area (f)	**sipërfaqe** (f)	[sipərfácɛ]

grammo (m)	**gram** (m)	[gram]
milligrammo (m)	**miligram** (m)	[miligrám]

chilogrammo (m)	kilogram (m)	[kilográm]
tonnellata (f)	ton (m)	[ton]
libbra (f)	paund (m)	[páund]
oncia (f)	ons (m)	[ons]

metro (m)	metër (m)	[métər]
millimetro (m)	milimetër (m)	[milimétər]
centimetro (m)	centimetër (m)	[tsɛntimétər]
chilometro (m)	kilometër (m)	[kilométər]
miglio (m)	milje (f)	[míljɛ]

pollice (m)	inç (m)	[intʃ]
piede (f)	këmbë (f)	[kémbə]
iarda (f)	jard (m)	[járd]

| metro (m) quadro | metër katror (m) | [métər katrór] |
| ettaro (m) | hektar (m) | [hɛktár] |

litro (m)	litër (m)	[lítər]
grado (m)	gradë (f)	[grádə]
volt (m)	volt (m)	[volt]
ampere (m)	amper (m)	[ampér]
cavallo vapore (m)	kuaj-fuqi (f)	[kúaj-fucí]

quantità (f)	sasi (f)	[sasí]
un po' di ...	pak ...	[pak ...]
metà (f)	gjysmë (f)	[ɟýsmə]
dozzina (f)	dyzinë (f)	[dyzínə]
pezzo (m)	copë (f)	[tsópə]

| dimensione (f) | madhësi (f) | [maðesí] |
| scala (f) (modello in ~) | shkallë (f) | [ʃkáɫə] |

minimo (agg)	minimale	[minimálɛ]
minore (agg)	më i vogli	[mə i vógli]
medio (agg)	i mesëm	[i mésəm]
massimo (agg)	maksimale	[maksimálɛ]
maggiore (agg)	më i madhi	[mə i máði]

26. Contenitori

barattolo (m) di vetro	kavanoz (m)	[kavanóz]
latta, lattina (f)	kanoçe (f)	[kanótʃɛ]
secchio (m)	kovë (f)	[kóvə]
barile (m), botte (f)	fuçi (f)	[futʃí]

catino (m)	legen (m)	[lɛgén]
serbatoio (m) (per liquidi)	tank (m)	[tank]
fiaschetta (f)	faqore (f)	[facórɛ]
tanica (f)	bidon (m)	[bidón]
cisterna (f)	cisternë (f)	[tsistérnə]

| tazza (f) | tas (m) | [tas] |
| tazzina (f) (~ di caffé) | filxhan (m) | [fildʒán] |

piattino (m)	pjatë filxhani (f)	[pjátə fildʒáni]
bicchiere (m) (senza stelo)	gotë (f)	[gótə]
calice (m)	gotë vere (f)	[gótə vérɛ]
casseruola (f)	tenxhere (f)	[tɛndʒérɛ]

bottiglia (f)	shishe (f)	[ʃíʃɛ]
collo (m) (~ della bottiglia)	grykë	[grýkə]

caraffa (f)	brokë (f)	[brókə]
brocca (f)	shtambë (f)	[ʃtámbə]
recipiente (m)	enë (f)	[énə]
vaso (m) di coccio	enë (f)	[énə]
vaso (m) di fiori	vazo (f)	[vázo]

boccetta (f) (~ di profumo)	shishe (f)	[ʃíʃɛ]
fiala (f)	shishkë (f)	[ʃíʃkə]
tubetto (m)	tubet (f)	[tubét]

sacco (m) (~ di patate)	thes (m)	[θɛs]
sacchetto (m) (~ di plastica)	qese (f)	[césɛ]
pacchetto (m) (~ di sigarette, ecc.)	paketë (f)	[pakétə]

scatola (f) (~ per scarpe)	kuti (f)	[kutí]
cassa (f) (~ di vino, ecc.)	arkë (f)	[árkə]
cesta (f)	shportë (f)	[ʃpórtə]

27. Materiali

materiale (m)	material (m)	[matɛriál]
legno (m)	dru (m)	[dru]
di legno	prej druri	[prɛj drúri]

vetro (m)	qelq (m)	[cɛlc]
di vetro	prej qelqi	[prɛj célci]

pietra (f)	gur (m)	[gur]
di pietra	guror	[gurór]

plastica (f)	plastikë (f)	[plastíkə]
di plastica	plastike	[plastíkɛ]

gomma (f)	gomë (f)	[gómə]
di gomma	prej gome	[prɛj gómɛ]

stoffa (f)	pëlhurë (f)	[pəlhúrə]
di stoffa	nga pëlhura	[ŋa pəlhúra]

carta (f)	letër (f)	[létər]
di carta	prej letre	[prɛj létrɛ]

cartone (m)	karton (m)	[kartón]
di cartone	prej kartoni	[prɛj kartóni]
polietilene (m)	polietilen (m)	[poliétilɛn]

cellofan (m)	celofan (m)	[tsɛlofán]
linoleum (m)	linoleum (m)	[linolɛúm]
legno (m) compensato	kompensatë (f)	[kompɛnsátə]

porcellana (f)	porcelan (m)	[portsɛlán]
di porcellana	prej porcelani	[prɛj portsɛláni]
argilla (f)	argjilë (f)	[arɟílə]
d'argilla	prej argjile	[prɛj arɟílɛ]
ceramica (f)	qeramikë (f)	[cɛramíkə]
ceramico	prej qeramike	[prɛj cɛramíkɛ]

28. Metalli

metallo (m)	metal (m)	[mɛtál]
metallico	prej metali	[prɛj mɛtáli]
lega (f)	aliazh (m)	[aliáʒ]

oro (m)	ar (m)	[ár]
d'oro	prej ari	[prɛj ári]
argento (m)	argjend (m)	[arɟénd]
d'argento	prej argjendi	[prɛj arɟéndi]

ferro (m)	hekur (m)	[hékur]
di ferro	prej hekuri	[prɛj hékuri]
acciaio (m)	çelik (m)	[tʃɛlík]
d'acciaio	prej çeliku	[prɛj tʃɛlíku]
rame (m)	bakër (m)	[bákər]
di rame	prej bakri	[prɛj bákri]

alluminio (m)	alumin (m)	[alumín]
di alluminio, alluminico	prej alumini	[prɛj alumíni]
bronzo (m)	bronz (m)	[bronz]
di bronzo	prej bronzi	[prɛj brónzi]

ottone (m)	tunxh (m)	[tundʒ]
nichel (m)	nikel (m)	[nikél]
platino (m)	platin (m)	[platín]
mercurio (m)	merkur (m)	[mɛrkúr]
stagno (m)	kallaj (m)	[katáj]
piombo (m)	plumb (m)	[plúmb]
zinco (m)	zink (m)	[zink]

ESSERE UMANO

Essere umano. Il corpo umano

29. L'uomo. Concetti di base

uomo (m) (essere umano)	qenie njerëzore (f)	[cɛníɛ ɲɛrəzórɛ]
uomo (m) (adulto maschio)	burrë (m)	[búrə]
donna (f)	grua (f)	[grúa]
bambino (m) (figlio)	fëmijë (f)	[fəmíjə]
bambina (f)	vajzë (f)	[vájzə]
bambino (m)	djalë (f)	[djálə]
adolescente (m, f)	adoleshent (m)	[adolɛʃént]
vecchio (m)	plak (m)	[plak]
vecchia (f)	plakë (f)	[plákə]

30. Anatomia umana

organismo (m)	organizëm (m)	[organízəm]
cuore (m)	zemër (f)	[zémər]
sangue (m)	gjak (m)	[ɟak]
arteria (f)	arterie (f)	[artériɛ]
vena (f)	venë (f)	[vénə]
cervello (m)	tru (m)	[tru]
nervo (m)	nerv (m)	[nɛrv]
nervi (m pl)	nerva (f)	[nérva]
vertebra (f)	vertebër (f)	[vɛrtébər]
colonna (f) vertebrale	shtyllë kurrizore (f)	[ʃtýłə kurizórɛ]
stomaco (m)	stomak (m)	[stomák]
intestini (m pl)	zorrët (f)	[zórət]
intestino (m)	zorrë (f)	[zórə]
fegato (m)	mëlçi (f)	[məltʃí]
rene (m)	veshkë (f)	[véʃkə]
osso (m)	kockë (f)	[kótskə]
scheletro (m)	skelet (m)	[skɛlét]
costola (f)	brinjë (f)	[bríɲə]
cranio (m)	kafkë (f)	[káfkə]
muscolo (m)	muskul (m)	[múskul]
bicipite (m)	biceps (m)	[bitséps]
tricipite (m)	triceps (m)	[tritséps]
tendine (m)	tendon (f)	[tɛndón]
articolazione (f)	nyje (f)	[nýjɛ]

polmoni (m pl)	mushkëri (m)	[muʃkərí]
genitali (m pl)	organe gjenitale (f)	[orgánɛ ɟɛnitálɛ]
pelle (f)	lëkurë (f)	[ləkúrə]

31. Testa

testa (f)	kokë (f)	[kókə]
viso (m)	fytyrë (f)	[fytýrə]
naso (m)	hundë (f)	[húndə]
bocca (f)	gojë (f)	[gójə]

occhio (m)	sy (m)	[sy]
occhi (m pl)	sytë	[sýtə]
pupilla (f)	bebëz (f)	[bébəz]
sopracciglio (m)	vetull (f)	[vétuɫ]
ciglio (m)	qerpik (m)	[cɛrpík]
palpebra (f)	qepallë (f)	[cɛpáɫə]

lingua (f)	gjuhë (f)	[ɟúhə]
dente (m)	dhëmb (m)	[ðəmb]
labbra (f pl)	buzë (f)	[búzə]
zigomi (m pl)	mollëza (f)	[móɫəza]
gengiva (f)	mishrat e dhëmbëve	[míʃrat ɛ ðəmbəvɛ]
palato (m)	qiellzë (f)	[ciéɫzə]

narici (f pl)	vrimat e hundës (pl)	[vrímat ɛ húndəs]
mento (m)	mjekër (f)	[mjékər]
mascella (f)	nofull (f)	[nófuɫ]
guancia (f)	faqe (f)	[fácɛ]

fronte (f)	ball (m)	[báɫ]
tempia (f)	tëmth (m)	[təmθ]
orecchio (m)	vesh (m)	[vɛʃ]
nuca (f)	zverk (m)	[zvɛrk]
collo (m)	qafë (f)	[cáfə]
gola (f)	fyt (m)	[fyt]

capelli (m pl)	flokë (pl)	[flókə]
pettinatura (f)	model flokësh (m)	[modél flókəʃ]
taglio (m)	prerje flokësh (f)	[prérjɛ flókəʃ]
parrucca (f)	paruke (f)	[parúkɛ]

baffi (m pl)	mustaqe (f)	[mustácɛ]
barba (f)	mjekër (f)	[mjékər]
portare (~ la barba, ecc.)	lë mjekër	[lə mjékər]
treccia (f)	gërshet (m)	[gərʃét]
basette (f pl)	baseta (f)	[baséta]

rosso (agg)	flokëkuqe	[flokəkúcɛ]
brizzolato (agg)	thinja	[θíɲa]
calvo (agg)	qeros	[cɛrós]
calvizie (f)	tullë (f)	[túɫə]
coda (f) di cavallo	bishtalec (m)	[biʃtaléts]
frangetta (f)	balluke (f)	[baɫúkɛ]

32. Corpo umano

mano (f)	dorë (f)	[dórə]
braccio (m)	krah (m)	[krah]
dito (m)	gisht i dorës (m)	[gíʃt i dórəs]
dito (m) del piede	gisht i këmbës (m)	[gíʃt i kémbəs]
pollice (m)	gishti i madh (m)	[gíʃti i máð]
mignolo (m)	gishti i vogël (m)	[gíʃti i vógəl]
unghia (f)	thua (f)	[θúa]
pugno (m)	grusht (m)	[grúʃt]
palmo (m)	pëllëmbë dore (f)	[pəɫémbə dórɛ]
polso (m)	kyç (m)	[kytʃ]
avambraccio (m)	parakrah (m)	[parakráh]
gomito (m)	bërryl (m)	[bərýl]
spalla (f)	shpatull (f)	[ʃpátuɫ]
gamba (f)	këmbë (f)	[kémbə]
pianta (f) del piede	shputë (f)	[ʃpútə]
ginocchio (m)	gju (m)	[ɟú]
polpaccio (m)	pulpë (f)	[púlpə]
anca (f)	ijë (f)	[íjə]
tallone (m)	thembër (f)	[θémbər]
corpo (m)	trup (m)	[trup]
pancia (f)	stomak (m)	[stomák]
petto (m)	kraharor (m)	[kraharór]
seno (m)	gjoks (m)	[ɟóks]
fianco (m)	krah (m)	[krah]
schiena (f)	kurriz (m)	[kuríz]
zona (f) lombare	fundshpina (f)	[fundʃpína]
vita (f)	beli (m)	[béli]
ombelico (m)	kërthizë (f)	[kərθízə]
natiche (f pl)	vithe (f)	[víθɛ]
sedere (m)	prapanica (f)	[prapanítsa]
neo (m)	nishan (m)	[niʃán]
voglia (f) (~ di fragola)	shenjë lindjeje (f)	[ʃéɲə líndjɛjɛ]
tatuaggio (m)	tatuazh (m)	[tatuáʒ]
cicatrice (f)	shenjë (f)	[ʃéɲə]

Abbigliamento e Accessori

33. Indumenti. Soprabiti

vestiti (m pl)	rroba (f)	[róba]
soprabito (m)	veshje e sipërme (f)	[véʃjɛ ɛ sípərmɛ]
abiti (m pl) invernali	veshje dimri (f)	[véʃjɛ dímri]
cappotto (m)	pallto (f)	[páɫto]
pelliccia (f)	gëzof (m)	[gəzóf]
pellicciotto (m)	xhaketë lëkure (f)	[dʒakétə ləkúrɛ]
piumino (m)	xhup (m)	[dʒup]
giubbotto (m), giaccha (f)	xhaketë (f)	[dʒakétə]
impermeabile (m)	pardesy (f)	[pardɛsý]
impermeabile (agg)	kundër shiut	[kúndər ʃiut]

34. Abbigliamento uomo e donna

camicia (f)	këmishë (f)	[kəmíʃə]
pantaloni (m pl)	pantallona (f)	[pantaɫóna]
jeans (m pl)	xhinse (f)	[dʒínsɛ]
giacca (f) (~ di tweed)	xhaketë kostumi (f)	[dʒakétə kostúmi]
abito (m) da uomo	kostum (m)	[kostúm]
abito (m)	fustan (m)	[fustán]
gonna (f)	fund (m)	[fund]
camicetta (f)	bluzë (f)	[blúzə]
giacca (f) a maglia	xhaketë me thurje (f)	[dʒakétə mɛ θúrjɛ]
giacca (f) tailleur	xhaketë femrash (f)	[dʒakétə fémraʃ]
maglietta (f)	bluzë (f)	[blúzə]
pantaloni (m pl) corti	pantallona të shkurtra (f)	[pantaɫóna tə ʃkúrtra]
tuta (f) sportiva	tuta sportive (f)	[túta sportívɛ]
accappatoio (m)	peshqir trupi (m)	[pɛʃcír trúpi]
pigiama (m)	pizhame (f)	[piʒámɛ]
maglione (m)	triko (f)	[tríko]
pullover (m)	pulovër (m)	[pulóvər]
gilè (m)	jelek (m)	[jɛlék]
frac (m)	frak (m)	[frak]
smoking (m)	smoking (m)	[smokíŋ]
uniforme (f)	uniformë (f)	[unifórmə]
tuta (f) da lavoro	rroba pune (f)	[róba púnɛ]
salopette (f)	kominoshe (f)	[kominóʃɛ]
camice (m) (~ del dottore)	uniformë (f)	[unifórmə]

35. Abbigliamento. Biancheria intima

biancheria (f) intima	të brendshme (f)	[tə bréndʃmɛ]
boxer (m pl)	boksera (f)	[bokséra]
mutandina (f)	brekë (f)	[brékə]
maglietta (f) intima	fanellë (f)	[fanéłə]
calzini (m pl)	çorape (pl)	[tʃorápɛ]

camicia (f) da notte	këmishë nate (f)	[kəmíʃə nátɛ]
reggiseno (m)	sytjena (f)	[sytjéna]
calzini (m pl) alti	çorape déri tek gjuri (pl)	[tʃorápɛ déri ték ɟúri]
collant (m)	geta (f)	[géta]
calze (f pl)	çorape të holla (pl)	[tʃorápɛ tə hóła]
costume (m) da bagno	rrobë banje (f)	[róbə báɲɛ]

36. Copricapo

cappello (m)	kapelë (f)	[kapélə]
cappello (m) di feltro	kapelë republike (f)	[kapélə rɛpublíkɛ]
cappello (m) da baseball	kapelë bejsbolli (f)	[kapélə bɛjsbóti]
coppola (f)	kapelë e sheshtë (f)	[kapélə ɛ ʃéʃtə]

basco (m)	beretë (f)	[bɛrétə]
cappuccio (m)	kapuç (m)	[kapútʃ]
panama (m)	kapelë panama (f)	[kapélə panamá]
berretto (m) a maglia	kapuç leshi (m)	[kapútʃ léʃi]

fazzoletto (m) da capo	shami (f)	[ʃamí]
cappellino (m) donna	kapelë femrash (f)	[kapélə fémraʃ]

casco (m) (~ di sicurezza)	helmetë (f)	[hɛlmétə]
bustina (f)	kapelë ushtrie (f)	[kapélə uʃtríɛ]
casco (m) (~ moto)	helmetë (f)	[hɛlmétə]

bombetta (f)	kapelë derby (f)	[kapélə dérby]
cilindro (m)	kapelë cilindër (f)	[kapélə tsilíndər]

37. Calzature

calzature (f pl)	këpucë (pl)	[kəpútsə]
stivaletti (m pl)	këpucë burrash (pl)	[kəpútsə búraʃ]
scarpe (f pl)	këpucë grash (pl)	[kəpútsə gráʃ]
stivali (m pl)	çizme (pl)	[tʃízmɛ]
pantofole (f pl)	pantofla (pl)	[pantófla]

scarpe (f pl) da tennis	atlete tenisi (pl)	[atlétɛ tɛnísi]
scarpe (f pl) da ginnastica	atlete (pl)	[atlétɛ]
sandali (m pl)	sandale (pl)	[sandálɛ]

calzolaio (m)	këpucëtar (m)	[kəputsətár]
tacco (m)	takë (f)	[tákə]

paio (m)	palë (f)	[pálǝ]
laccio (m)	lidhëse këpucësh (f)	[líðǝsɛ kǝpútsǝʃ]
allacciare (vt)	lidh këpucët	[lið kǝpútsǝt]
calzascarpe (m)	lugë këpucësh (f)	[lúgǝ kǝpútsǝʃ]
lucido (m) per le scarpe	bojë këpucësh (f)	[bójǝ kǝpútsǝʃ]

38. Tessuti. Stoffe

cotone (m)	pambuk (m)	[pambúk]
di cotone	i pambuktë	[i pambúktǝ]
lino (m)	li (m)	[li]
di lino	prej liri	[prɛj líri]

seta (f)	mëndafsh (m)	[mǝndáfʃ]
di seta	i mëndafshtë	[i mǝndáfʃtǝ]
lana (f)	lesh (m)	[lɛʃ]
di lana	i leshtë	[i léʃtǝ]

velluto (m)	kadife (f)	[kadífɛ]
camoscio (m)	kamosh (m)	[kamóʃ]
velluto (m) a coste	kadife me riga (f)	[kadífɛ mɛ ríga]

nylon (m)	najlon (m)	[najlón]
di nylon	prej najloni	[prɛj najlóni]
poliestere (m)	poliestër (m)	[poliéstǝr]
di poliestere	prej poliestri	[prɛj poliéstri]

pelle (f)	lëkurë (f)	[lǝkúrǝ]
di pelle	prej lëkure	[prɛj lǝkúrɛ]
pelliccia (f)	gëzof (m)	[gǝzóf]
di pelliccia	prej gëzofi	[prɛj gǝzófi]

39. Accessori personali

guanti (m pl)	dorëza (pl)	[dórǝza]
manopole (f pl)	doreza (f)	[doréza]
sciarpa (f)	shall (m)	[ʃaɫ]

occhiali (m pl)	syze (f)	[sýzɛ]
montatura (f)	skelet syzesh (m)	[skɛlét sýzɛʃ]
ombrello (m)	çadër (f)	[tʃádǝr]
bastone (m)	bastun (m)	[bastún]
spazzola (f) per capelli	furçë flokësh (f)	[fúrtʃǝ flókǝʃ]
ventaglio (m)	erashkë (f)	[ɛráʃkǝ]

cravatta (f)	kravatë (f)	[kravátǝ]
cravatta (f) a farfalla	papion (m)	[papión]
bretelle (f pl)	aski (pl)	[askí]
fazzoletto (m)	shami (f)	[ʃamí]

| pettine (m) | krehër (m) | [kréhǝr] |
| fermaglio (m) | kapëse flokësh (f) | [kápǝsɛ flókǝʃ] |

forcina (f)	karficë (f)	[karfítsə]
fibbia (f)	tokëz (f)	[tókəz]

cintura (f)	rrip (m)	[rip]
spallina (f)	rrip supi (m)	[rip súpi]

borsa (f)	çantë dore (f)	[tʃántə dórɛ]
borsetta (f)	çantë (f)	[tʃántə]
zaino (m)	çantë shpine (f)	[tʃántə ʃpínɛ]

40. Abbigliamento. Varie

moda (f)	modë (f)	[módə]
di moda	në modë	[nə módə]
stilista (m)	stilist (m)	[stilíst]

collo (m)	jakë (f)	[jákə]
tasca (f)	xhep (m)	[dʒɛp]
tascabile (agg)	i xhepit	[i dʒépit]
manica (f)	mëngë (f)	[mə́ŋə]
asola (f) per appendere	hallkë për varje (f)	[háɫkə pər várjɛ]
patta (f) (~ dei pantaloni)	zinxhir (m)	[zindʒír]

cerniera (f) lampo	zinxhir (m)	[zindʒír]
chiusura (f)	kapëse (f)	[kápəsɛ]
bottone (m)	kopsë (f)	[kópsə]
occhiello (m)	vrimë kopse (f)	[vrímə kópsɛ]
staccarsi (un bottone)	këputet	[kəpútɛt]

cucire (vi, vt)	qep	[cɛp]
ricamare (vi, vt)	qëndis	[cəndís]
ricamo (m)	qëndisje (f)	[cəndísjɛ]
ago (m)	gjilpërë për qepje (f)	[ɟilpə́rə pər cépjɛ]
filo (m)	pe (m)	[pɛ]
cucitura (f)	tegel (m)	[tɛgél]

sporcarsi (vr)	bëhem pis	[bə́hɛm pis]
macchia (f)	njollë (f)	[ɲóɫə]
sgualcirsi (vr)	zhubros	[ʒubrós]
strappare (vt)	gris	[gris]
tarma (f)	molë rrobash (f)	[mólə róbaʃ]

41. Cura della persona. Cosmetici

dentifricio (m)	pastë dhëmbësh (f)	[pástə ðə́mbəʃ]
spazzolino (m) da denti	furçë dhëmbësh (f)	[fúrtʃə ðə́mbəʃ]
lavarsi i denti	laj dhëmbët	[laj ðə́mbət]

rasoio (m)	brisk (m)	[brísk]
crema (f) da barba	pastë rroje (f)	[pástə rójɛ]
rasarsi (vr)	rruhem	[rúhɛm]
sapone (m)	sapun (m)	[sapún]

shampoo (m)	shampo (f)	[ʃampó]
forbici (f pl)	gërshërë (f)	[gərʃérə]
limetta (f)	limë thonjsh (f)	[límə θóɲʃ]
tagliaunghie (m)	prerëse thonjsh (f)	[prérəsɛ θóɲʃ]
pinzette (f pl)	piskatore vetullash (f)	[piskatórɛ vétułaʃ]

cosmetica (f)	kozmetikë (f)	[kozmɛtíkə]
maschera (f) di bellezza	maskë fytyre (f)	[máskə fytýrɛ]
manicure (m)	manikyr (m)	[manikýr]
fare la manicure	bëj manikyr	[bəj manikýr]
pedicure (m)	pedikyr (m)	[pɛdikýr]

borsa (f) del trucco	çantë kozmetike (f)	[tʃántə kozmɛtíkɛ]
cipria (f)	pudër fytyre (f)	[púdər fytýrɛ]
portacipria (m)	pudër kompakte (f)	[púdər kompáktɛ]
fard (m)	ruzh (m)	[ruʒ]

profumo (m)	parfum (m)	[parfúm]
acqua (f) da toeletta	parfum (m)	[parfúm]
lozione (f)	krem (m)	[krɛm]
acqua (f) di Colonia	kolonjë (f)	[kolóɲə]

ombretto (m)	rimel (m)	[rimél]
eyeliner (m)	laps për sy (m)	[láps pər sy]
mascara (m)	rimel (m)	[rimél]

rossetto (m)	buzëkuq (m)	[buzəkúc]
smalto (m)	llak për thonj (m)	[łak pər θóɲ]
lacca (f) per capelli	llak flokësh (m)	[łak flókəʃ]
deodorante (m)	deodorant (m)	[dɛodoránt]

crema (f)	krem (m)	[krɛm]
crema (f) per il viso	krem për fytyrë (m)	[krɛm pər fytýrə]
crema (f) per le mani	krem për duar (m)	[krɛm pər dúar]
crema (f) antirughe	krem kundër rrudhave (m)	[krɛm kúndər rúðavɛ]
crema (f) da giorno	krem dite (m)	[krɛm dítɛ]
crema (f) da notte	krem nate (m)	[krɛm nátɛ]
da giorno	dite	[dítɛ]
da notte	nate	[nátɛ]

tampone (m)	tampon (m)	[tampón]
carta (f) igienica	letër higjienike (f)	[létər hiɟiɛníkɛ]
fon (m)	tharëse flokësh (f)	[θárəsɛ flókəʃ]

42. Gioielli

gioielli (m pl)	bizhuteri (f)	[biʒutɛrí]
prezioso (agg)	i çmuar	[i tʃmúar]
marchio (m)	vulë dalluese (f)	[vúlə dałúɛsɛ]

anello (m)	unazë (f)	[unázə]
anello (m) nuziale	unazë martese (f)	[unázə martésɛ]
braccialetto (m)	byzylyk (m)	[byzylýk]
orecchini (m pl)	vathë (pl)	[váθə]

collana (f)	gjerdan (m)	[ɟɛrdán]
corona (f)	kurorë (f)	[kurórə]
perline (f pl)	qafore me rruaza (f)	[cafórɛ mɛ ruáza]

diamante (m)	diamant (m)	[diamánt]
smeraldo (m)	smerald (m)	[smɛráld]
rubino (m)	rubin (m)	[rubín]
zaffiro (m)	safir (m)	[safír]
perle (f pl)	perlë (f)	[pérlə]
ambra (f)	qelibar (m)	[cɛlibár]

43. Orologi da polso. Orologio

orologio (m) (~ da polso)	orë dore (f)	[órə dórɛ]
quadrante (m)	faqe e orës (f)	[fácɛ ɛ órəs]
lancetta (f)	akrep (m)	[akrép]
braccialetto (m)	rrip metalik ore (m)	[rip mɛtalík órɛ]
cinturino (m)	rrip ore (m)	[rip órɛ]

pila (f)	bateri (f)	[batɛrí]
essere scarico	e shkarkuar	[ɛ ʃkarkúar]
cambiare la pila	ndërroj baterinë	[ndərój batɛrínə]
andare avanti	kalon shpejt	[kalón ʃpéjt]
andare indietro	ngel prapa	[ŋɛl prápa]

orologio (m) da muro	orë muri (f)	[órə múri]
clessidra (f)	orë rëre (f)	[órə rərɛ]
orologio (m) solare	orë diellore (f)	[órə diɛłórɛ]
sveglia (f)	orë me zile (f)	[órə mɛ zílɛ]
orologiaio (m)	orëndreqës (m)	[orəndrécəs]
riparare (vt)	ndreq	[ndréc]

Cibo. Alimentazione

44. Cibo

carne (f)	mish (m)	[miʃ]
pollo (m)	pulë (f)	[púlə]
pollo (m) novello	mish pule (m)	[miʃ púlɛ]
anatra (f)	rosë (f)	[rósə]
oca (f)	patë (f)	[pátə]
cacciagione (f)	gjah (m)	[ɟáh]
tacchino (m)	mish gjel deti (m)	[miʃ ɟɛl déti]
maiale (m)	mish derri (m)	[miʃ déri]
vitello (m)	mish viçi (m)	[miʃ vítʃi]
agnello (m)	mish qengji (m)	[miʃ cénɟi]
manzo (m)	mish lope (m)	[miʃ lópɛ]
coniglio (m)	mish lepuri (m)	[miʃ lépuri]
salame (m)	salsiçe (f)	[salsítʃɛ]
w?rstel (m)	salsiçe vjeneze (f)	[salsítʃɛ vjɛnézɛ]
pancetta (f)	proshutë (f)	[proʃútə]
prosciutto (m)	sallam (m)	[saɫám]
prosciutto (m) affumicato	kofshë derri (f)	[kófʃə déri]
pâté (m)	pate (f)	[paté]
fegato (m)	mëlçi (f)	[məltʃí]
carne (f) trita	hamburger (m)	[hamburgér]
lingua (f)	gjuhë (f)	[ɟúhə]
uovo (m)	ve (f)	[vɛ]
uova (f pl)	vezë (pl)	[vézə]
albume (m)	e bardhë veze (f)	[ɛ bárðə vézɛ]
tuorlo (m)	e verdhë veze (f)	[ɛ vérðə vézɛ]
pesce (m)	peshk (m)	[pɛʃk]
frutti (m pl) di mare	fruta deti (pl)	[frúta déti]
crostacei (m pl)	krustace (pl)	[krustátsɛ]
caviale (m)	havjar (m)	[havjár]
granchio (m)	gaforre (f)	[gafórɛ]
gamberetto (m)	karkalec (m)	[karkaléts]
ostrica (f)	midhje (f)	[míðjɛ]
aragosta (f)	karavidhe (f)	[karavíðɛ]
polpo (m)	oktapod (m)	[oktapód]
calamaro (m)	kallamarë (f)	[kaɫamárə]
storione (m)	bli (m)	[blí]
salmone (m)	salmon (m)	[salmón]
ippoglosso (m)	shojzë e Atlantikut Verior (f)	[ʃójzə ɛ atlantíkut vɛriór]
merluzzo (m)	merluc (m)	[mɛrlúts]

scombro (m)	skumbri (m)	[skúmbri]
tonno (m)	tunë (f)	[túnə]
anguilla (f)	ngjalë (f)	[nɟálə]

trota (f)	troftë (f)	[tróftə]
sardina (f)	sardele (f)	[sardélɛ]
luccio (m)	mlysh (m)	[mlýʃ]
aringa (f)	harengë (f)	[haréŋə]

pane (m)	bukë (f)	[búkə]
formaggio (m)	djath (m)	[djáθ]
zucchero (m)	sheqer (m)	[ʃɛcér]
sale (m)	kripë (f)	[krípə]

riso (m)	oriz (m)	[oríz]
pasta (f)	makarona (f)	[makaróna]
tagliatelle (f pl)	makarona petë (f)	[makaróna pétə]

burro (m)	gjalp (m)	[ɟalp]
olio (m) vegetale	vaj vegjetal (m)	[vaj vɛɟɛtál]
olio (m) di girasole	vaj luledielli (m)	[vaj lulɛdiéłi]
margarina (f)	margarinë (f)	[margarínə]

| olive (f pl) | ullinj (pl) | [utíɲ] |
| olio (m) d'oliva | vaj ulliri (m) | [vaj utíri] |

latte (m)	qumësht (m)	[cúməʃt]
latte (m) condensato	qumësht i kondensuar (m)	[cúməʃt i kondɛnsúar]
yogurt (m)	kos (m)	[kos]
panna (f) acida	salcë kosi (f)	[sáltsə kosi]
panna (f)	krem qumështi (m)	[krɛm cúməʃti]

| maionese (m) | majonezë (f) | [majonézə] |
| crema (f) | krem gjalpi (m) | [krɛm ɟálpi] |

cereali (m pl)	drithëra (pl)	[dríθəra]
farina (f)	miell (m)	[míɛł]
cibi (m pl) in scatola	konserva (f)	[konsérva]

fiocchi (m pl) di mais	kornfleiks (m)	[kornfléiks]
miele (m)	mjaltë (f)	[mjáltə]
marmellata (f)	reçel (m)	[rɛtʃél]
gomma (f) da masticare	çamçakëz (m)	[tʃamtʃakéz]

45. Bevande

acqua (f)	ujë (m)	[újə]
acqua (f) potabile	ujë i pijshëm (m)	[újə i píʃʃəm]
acqua (f) minerale	ujë mineral (m)	[újə minɛrál]

liscia (non gassata)	ujë natyral	[újə natyrál]
gassata (agg)	ujë i karbonuar	[újə i karbonúar]
frizzante (agg)	ujë i gazuar	[újə i gazúar]
ghiaccio (m)	akull (m)	[ákuł]

con ghiaccio	me akull	[mɛ ákuɬ]
analcolico (agg)	jo alkoolik	[jo alkoolík]
bevanda (f) analcolica	pije e lehtë (f)	[píjɛ ɛ léhtə]
bibita (f)	pije freskuese (f)	[píjɛ frɛskúɛsɛ]
limonata (f)	limonadë (f)	[limonádə]

bevande (f pl) alcoliche	likere (pl)	[likérɛ]
vino (m)	verë (f)	[vérə]
vino (m) bianco	verë e bardhë (f)	[vérə ɛ bárðə]
vino (m) rosso	verë e kuqe (f)	[vérə ɛ kúcɛ]

liquore (m)	liker (m)	[likér]
champagne (m)	shampanjë (f)	[ʃampáɲə]
vermouth (m)	vermut (m)	[vɛrmút]

whisky	uiski (m)	[víski]
vodka (f)	vodkë (f)	[vódkə]
gin (m)	xhin (m)	[dʒin]
cognac (m)	konjak (m)	[koɲák]
rum (m)	rum (m)	[rum]

caffè (m)	kafe (f)	[káfɛ]
caffè (m) nero	kafe e zezë (f)	[káfɛ ɛ zézə]
caffè latte (m)	kafe me qumësht (m)	[káfɛ mɛ cúməʃt]
cappuccino (m)	kapuçino (m)	[kaputʃíno]
caffè (m) solubile	neskafe (f)	[nɛskáfɛ]

latte (m)	qumësht (m)	[cúməʃt]
cocktail (m)	koktej (m)	[koktéj]
frullato (m)	milkshake (f)	[milkʃákɛ]

succo (m)	lëng frutash (m)	[ləŋ frútaʃ]
succo (m) di pomodoro	lëng domatesh (m)	[ləŋ domátɛʃ]
succo (m) d'arancia	lëng portokalli (m)	[ləŋ portokáɬi]
spremuta (f)	lëng frutash i freskët (m)	[ləŋ frútaʃ i fréskət]

birra (f)	birrë (f)	[bírə]
birra (f) chiara	birrë e lehtë (f)	[bírə ɛ léhtə]
birra (f) scura	birrë e zezë (f)	[bírə ɛ zézə]

tè (m)	çaj (m)	[tʃáj]
tè (m) nero	çaj i zi (m)	[tʃáj i zí]
tè (m) verde	çaj jeshil (m)	[tʃáj jɛʃíl]

46. Verdure

| ortaggi (m pl) | perime (pl) | [pɛrímɛ] |
| verdura (f) | zarzavate (pl) | [zarzavátɛ] |

pomodoro (m)	domate (f)	[domátɛ]
cetriolo (m)	kastravec (m)	[kastravéts]
carota (f)	karotë (f)	[karótə]
patata (f)	patate (f)	[patátɛ]
cipolla (f)	qepë (f)	[cépə]

aglio (m)	hudhër (f)	[húðər]
cavolo (m)	lakër (f)	[lákər]
cavolfiore (m)	lulelakër (f)	[lulɛlákər]
cavoletti (m pl) di Bruxelles	lakër Brukseli (f)	[lákər brukséli]
broccolo (m)	brokoli (m)	[brókoli]
barbabietola (f)	panxhar (m)	[pandʒár]
melanzana (f)	patëllxhan (m)	[patəɫdʒán]
zucchina (f)	kungulleshë (m)	[kuŋuɫéʃə]
zucca (f)	kungull (m)	[kúŋuɫ]
rapa (f)	rrepë (f)	[répə]
prezzemolo (m)	majdanoz (m)	[majdanóz]
aneto (m)	kopër (f)	[kópər]
lattuga (f)	sallatë jeshile (f)	[saɫátə jɛʃílɛ]
sedano (m)	selino (f)	[sɛlíno]
asparago (m)	asparagus (m)	[asparágus]
spinaci (m pl)	spinaq (m)	[spinác]
pisello (m)	bizele (f)	[bizélɛ]
fave (f pl)	fasule (f)	[fasúlɛ]
mais (m)	misër (m)	[mísər]
fagiolo (m)	groshë (f)	[gróʃə]
peperone (m)	spec (m)	[spɛts]
ravanello (m)	rrepkë (f)	[répkə]
carciofo (m)	angjinare (f)	[anɟinárɛ]

47. Frutta. Noci

frutto (m)	frut (m)	[frut]
mela (f)	mollë (f)	[móɫə]
pera (f)	dardhë (f)	[dárðə]
limone (m)	limon (m)	[limón]
arancia (f)	portokall (m)	[portokáɫ]
fragola (f)	luleshtrydhe (f)	[lulɛʃtrýðɛ]
mandarino (m)	mandarinë (f)	[mandarínə]
prugna (f)	kumbull (f)	[kúmbuɫ]
pesca (f)	pjeshkë (f)	[pjéʃkə]
albicocca (f)	kajsi (f)	[kajsí]
lampone (m)	mjedër (f)	[mjédər]
ananas (m)	ananas (m)	[ananás]
banana (f)	banane (f)	[banánɛ]
anguria (f)	shalqi (m)	[ʃalcí]
uva (f)	rrush (m)	[ruʃ]
amarena (f)	qershi vishnje (f)	[cɛrʃí víʃɲɛ]
ciliegia (f)	qershi (f)	[cɛrʃí]
melone (m)	pjepër (m)	[pjépər]
pompelmo (m)	grejpfrut (m)	[grɛjpfrút]
avocado (m)	avokado (f)	[avokádo]
papaia (f)	papaja (f)	[papája]

mango (m)	mango (f)	[máŋo]
melagrana (f)	shegë (f)	[ʃégə]

ribes (m) rosso	kaliboba e kuqe (f)	[kalibóba ɛ kúcɛ]
ribes (m) nero	kaliboba e zezë (f)	[kalibóba ɛ zézə]
uva (f) spina	kulumbri (f)	[kulumbrí]
mirtillo (m)	boronicë (f)	[boroníts̩ə]
mora (f)	manaferra (f)	[manaféra]

uvetta (f)	rrush i thatë (m)	[ruʃ i θátə]
fico (m)	fik (m)	[fik]
dattero (m)	hurmë (f)	[húrmə]

arachide (f)	kikirik (m)	[kikirík]
mandorla (f)	bajame (f)	[bajámɛ]
noce (f)	arrë (f)	[árə]
nocciola (f)	lajthi (f)	[lajθí]
noce (f) di cocco	arrë kokosi (f)	[árə kokósi]
pistacchi (m pl)	fëstëk (m)	[fəsták]

48. Pane. Dolci

pasticceria (f)	ëmbëlsira (pl)	[əmbəlsíra]
pane (m)	bukë (f)	[búkə]
biscotti (m pl)	biskota (pl)	[biskóta]

cioccolato (m)	çokollatë (f)	[tʃokołátə]
al cioccolato (agg)	prej çokollate	[prɛj tʃokołátɛ]
caramella (f)	karamele (f)	[karamélɛ]
tortina (f)	kek (m)	[kék]
torta (f)	tortë (f)	[tórtə]

crostata (f)	tortë (f)	[tórtə]
ripieno (m)	mbushje (f)	[mbúʃɟɛ]

marmellata (f)	reçel (m)	[rɛtʃél]
marmellata (f) di agrumi	marmelatë (f)	[marmɛlátə]
wafer (m)	vafera (pl)	[vaféra]
gelato (m)	akullore (f)	[akułórɛ]
budino (m)	puding (m)	[pudíŋ]

49. Pietanze cucinate

piatto (m) (≈ principale)	pjatë (f)	[pjátə]
cucina (f)	kuzhinë (f)	[kuʒínə]
ricetta (f)	recetë (f)	[rɛtsétə]
porzione (f)	racion (m)	[ratsión]

insalata (f)	sallatë (f)	[sałátə]
minestra (f)	supë (f)	[súpə]
brodo (m)	lëng mishi (m)	[ləŋ míʃi]
panino (m)	sandviç (m)	[sandvítʃ]

uova (f pl) al tegamino	vezë të skuqura (pl)	[véze te skúcura]
hamburger (m)	hamburger	[hamburgér]
bistecca (f)	biftek (m)	[bifték]

contorno (m)	garniturë (f)	[garnitúre]
spaghetti (m pl)	shpageti (pl)	[ʃpagéti]
purè (m) di patate	pure patatesh (f)	[puré patátɛʃ]
pizza (f)	pica (f)	[pítsa]
porridge (m)	qull (m)	[cuɫ]
frittata (f)	omëletë (f)	[omeléte]

bollito (agg)	i zier	[i zíɛr]
affumicato (agg)	i tymosur	[i tymósur]
fritto (agg)	i skuqur	[i skúcur]
secco (agg)	i tharë	[i θáre]
congelato (agg)	i ngrirë	[i ŋríre]
sottoaceto (agg)	i marinuar	[i marinúar]

dolce (gusto)	i ëmbël	[i émbel]
salato (agg)	i kripur	[i krípur]
freddo (agg)	i ftohtë	[i ftóhte]
caldo (agg)	i nxehtë	[i ndzéhte]
amaro (agg)	i hidhur	[i híður]
buono, gustoso (agg)	i shijshëm	[i ʃíjʃem]

cuocere, preparare (vt)	ziej	[zíɛj]
cucinare (vi)	gatuaj	[gatúaj]
friggere (vt)	skuq	[skuc]
riscaldare (vt)	ngroh	[ŋróh]

salare (vt)	hedh kripë	[hɛð krípe]
pepare (vt)	hedh piper	[hɛð pipér]
grattugiare (vt)	rendoj	[rɛndój]
buccia (f)	lëkurë (f)	[lekúre]
sbucciare (vt)	qëroj	[cerój]

50. Spezie

sale (m)	kripë (f)	[krípe]
salato (agg)	i kripur	[i krípur]
salare (vt)	hedh kripë	[hɛð krípe]

pepe (m) nero	piper i zi (m)	[pipér i zi]
peperoncino (m)	piper i kuq (m)	[pipér i kuc]
senape (f)	mustardë (f)	[mustárde]
cren (m)	rrepë djegëse (f)	[répe djégese]

condimento (m)	salcë (f)	[sáltse]
spezie (f pl)	erëz (f)	[érez]
salsa (f)	salcë (f)	[sáltse]
aceto (m)	uthull (f)	[úθuɫ]

anice (m)	anisetë (f)	[aniséte]
basilico (m)	borzilok (m)	[borzilók]

chiodi (m pl) di garofano	karafil (m)	[karafíl]
zenzero (m)	xhenxhefil (m)	[dʒɛndʒɛfíl]
coriandolo (m)	koriandër (m)	[koriándər]
cannella (f)	kanellë (f)	[kanétə]

sesamo (m)	susam (m)	[susám]
alloro (m)	gjeth dafine (m)	[ɟɛθ dafínɛ]
paprica (f)	spec (m)	[spɛts]
cumino (m)	kumin (m)	[kumín]
zafferano (m)	shafran (m)	[ʃafrán]

51. Pasti

cibo (m)	ushqim (m)	[uʃcím]
mangiare (vi, vt)	ha	[ha]

colazione (f)	mëngjes (m)	[mənɟés]
fare colazione	ha mëngjes	[ha mənɟés]
pranzo (m)	drekë (f)	[drékə]
pranzare (vi)	ha drekë	[ha drékə]
cena (f)	darkë (f)	[dárkə]
cenare (vi)	ha darkë	[ha dárkə]

appetito (m)	oreks (m)	[oréks]
Buon appetito!	Të bëftë mirë!	[tə bəftə mírə!]

aprire (vt)	hap	[hap]
rovesciare (~ il vino, ecc.)	derdh	[dérð]
rovesciarsi (vr)	derdhje	[dérðjɛ]

bollire (vi)	ziej	[zíɛj]
far bollire	ziej	[zíɛj]
bollito (agg)	i zier	[i zíɛr]
raffreddare (vt)	ftoh	[ftoh]
raffreddarsi (vr)	ftohje	[ftóhjɛ]

gusto (m)	shije (f)	[ʃíjɛ]
retrogusto (m)	shije (f)	[ʃíjɛ]

essere a dieta	dobësohem	[dobəsóhɛm]
dieta (f)	dietë (f)	[diétə]
vitamina (f)	vitaminë (f)	[vitamínə]
caloria (f)	kalori (f)	[kalorí]

vegetariano (m)	vegjetarian (m)	[vɛɟɛtarián]
vegetariano (agg)	vegjetarian	[vɛɟɛtarián]

grassi (m pl)	yndyrë (f)	[yndýrə]
proteine (f pl)	proteinë (f)	[protɛínə]
carboidrati (m pl)	karbohidrat (m)	[karbohidrát]

fetta (f), fettina (f)	fetë (f)	[fétə]
pezzo (m) (~ di torta)	copë (f)	[tsópə]
briciola (f) (~ di pane)	dromcë (f)	[drómtsə]

52. Preparazione della tavola

cucchiaio (m)	**lugë** (f)	[lúgə]
coltello (m)	**thikë** (f)	[θíkə]
forchetta (f)	**pirun** (m)	[pirún]

tazza (f)	**filxhan** (m)	[fildʒán]
piatto (m)	**pjatë** (f)	[pjátə]
piattino (m)	**pjatë filxhani** (f)	[pjátə fildʒáni]
tovagliolo (m)	**pecetë** (f)	[pɛtsétə]
stuzzicadenti (m)	**kruajtëse dhëmbësh** (f)	[krúajtəsɛ ðə́mbəʃ]

53. Ristorante

ristorante (m)	**restorant** (m)	[rɛstoránt]
caffè (m)	**kafene** (f)	[kafɛné]
pub (m), bar (m)	**pab** (m), **pijetore** (f)	[pəb], [pijɛtórɛ]
sala (f) da tè	**çajtore** (f)	[tʃajtórɛ]

cameriere (m)	**kamerier** (m)	[kamɛriér]
cameriera (f)	**kameriere** (f)	[kamɛriérɛ]
barista (m)	**banakier** (m)	[banakiér]

menù (m)	**menu** (f)	[mɛnú]
lista (f) dei vini	**menu vererash** (f)	[mɛnú vérəraʃ]
prenotare un tavolo	**rezervoj një tavolinë**	[rɛzɛrvój ɲə tavolínə]

piatto (m)	**pjatë** (f)	[pjátə]
ordinare (~ il pranzo)	**porosis**	[porosís]
fare un'ordinazione	**bëj porosinë**	[bəj porosínə]

aperitivo (m)	**aperitiv** (m)	[apɛritív]
antipasto (m)	**antipastë** (f)	[antipástə]
dolce (m)	**ëmbëlsirë** (f)	[əmbəlsírə]

conto (m)	**faturë** (f)	[fatúrə]
pagare il conto	**paguaj faturën**	[pagúaj fatúrən]
dare il resto	**jap kusur**	[jap kusúr]
mancia (f)	**bakshish** (m)	[bakʃíʃ]

Famiglia, parenti e amici

54. Informazioni personali. Moduli

nome (m)	emër (m)	[émər]
cognome (m)	mbiemër (m)	[mbiémər]
data (f) di nascita	datëlindje (f)	[datəlíndjɛ]
luogo (m) di nascita	vendlindje (f)	[vɛndlíndjɛ]
nazionalità (f)	kombësi (f)	[kombəsí]
domicilio (m)	vendbanim (m)	[vɛndbaním]
paese (m)	shtet (m)	[ʃtɛt]
professione (f)	profesion (m)	[profɛsión]
sesso (m)	gjinia (f)	[ɟinía]
statura (f)	gjatësia (f)	[ɟatəsía]
peso (m)	peshë (f)	[péʃə]

55. Membri della famiglia. Parenti

madre (f)	nënë (f)	[nénə]
padre (m)	baba (f)	[babá]
figlio (m)	bir (m)	[biɾ]
figlia (f)	bijë (f)	[bíjə]
figlia (f) minore	vajza e vogël (f)	[vájza ɛ vógəl]
figlio (m) minore	djali i vogël (m)	[djáli i vógəl]
figlia (f) maggiore	vajza e madhe (f)	[vájza ɛ máðɛ]
figlio (m) maggiore	djali i vogël (m)	[djáli i vógəl]
fratello (m)	vëlla (m)	[vəɫá]
fratello (m) maggiore	vëllai i madh (m)	[vəɫái i mað]
fratello (m) minore	vëllai i vogël (m)	[vəɫai i vógəl]
sorella (f)	motër (f)	[mótəɾ]
sorella (f) maggiore	motra e madhe (f)	[mótra ɛ máðɛ]
sorella (f) minore	motra e vogël (f)	[mótra ɛ vógəl]
cugino (m)	kushëri (m)	[kuʃərí]
cugina (f)	kushërirë (f)	[kuʃərírə]
mamma (f)	mami (f)	[mámi]
papà (m)	babi (m)	[bábi]
genitori (m pl)	prindër (pl)	[príndər]
bambino (m)	fëmijë (f)	[fəmíjə]
bambini (m pl)	fëmijë (pl)	[fəmíjə]
nonna (f)	gjyshe (f)	[ɟýʃɛ]
nonno (m)	gjysh (m)	[ɟyʃ]

nipote (m) (figlio di un figlio)	nip (m)	[nip]
nipote (f)	mbesë (f)	[mbésə]
nipoti (pl)	nipër e mbesa (pl)	[nípər ɛ mbésa]

zio (m)	dajë (f)	[dájə]
zia (f)	teze (f)	[tézɛ]
nipote (m) (figlio di un fratello)	nip (m)	[nip]
nipote (f)	mbesë (f)	[mbésə]

suocera (f)	vjehrrë (f)	[vjéhrə]
suocero (m)	vjehrri (m)	[vjéhri]
genero (m)	dhëndër (m)	[ðéndər]
matrigna (f)	njerkë (f)	[ɲérkə]
patrigno (m)	njerk (m)	[ɲérk]

neonato (m)	foshnjë (f)	[fóʃnə]
infante (m)	fëmijë (f)	[fəmíjə]
bimbo (m), ragazzino (m)	djalosh (m)	[djalóʃ]

moglie (f)	bashkëshorte (f)	[baʃkəʃórtɛ]
marito (m)	bashkëshort (m)	[baʃkəʃórt]
coniuge (m)	bashkëshort (m)	[baʃkəʃórt]
coniuge (f)	bashkëshorte (f)	[baʃkəʃórtɛ]

sposato (agg)	i martuar	[i martúar]
sposata (agg)	e martuar	[ɛ martúar]
celibe (agg)	beqar	[bɛcár]
scapolo (m)	beqar (m)	[bɛcár]
divorziato (agg)	i divorcuar	[i divortsúar]
vedova (f)	vejushë (f)	[vɛjúʃə]
vedovo (m)	vejan (m)	[vɛján]

parente (m)	kushëri (m)	[kuʃərí]
parente (m) stretto	kushëri i afërt (m)	[kuʃərí i áfərt]
parente (m) lontano	kushëri i largët (m)	[kuʃərí i lárgət]
parenti (m pl)	kushërinj (pl)	[kuʃəríɲ]

orfano (m)	jetim (m)	[jɛtím]
orfana (f)	jetime (f)	[jɛtímɛ]
tutore (m)	kujdestar (m)	[kujdɛstár]
adottare (~ un bambino)	adoptoj	[adoptój]
adottare (~ una bambina)	adoptoj	[adoptój]

56. Amici. Colleghi

amico (m)	mik (m)	[mik]
amica (f)	mike (f)	[míkɛ]
amicizia (f)	miqësi (f)	[micəsí]
essere amici	të miqësohem	[tə micəsóhɛm]

amico (m) (inform.)	shok (m)	[ʃok]
amica (f) (inform.)	shoqe (f)	[ʃócɛ]
partner (m)	partner (m)	[partnér]
capo (m)	shef (m)	[ʃɛf]

capo (m), superiore (m)	epror (m)	[εprór]
proprietario (m)	pronar (m)	[pronár]
subordinato (m)	vartës (m)	[vártəs]
collega (m)	koleg (m)	[kolég]

conoscente (m)	i njohur (m)	[i ɲóhur]
compagno (m) di viaggio	bashkudhëtar (m)	[baʃkuðətár]
compagno (m) di classe	shok klase (m)	[ʃok klásε]

vicino (m)	komshi (m)	[komʃí]
vicina (f)	komshike (f)	[komʃíkε]
vicini (m pl)	komshinj (pl)	[komʃíɲ]

57. Uomo. Donna

donna (f)	grua (f)	[grúa]
ragazza (f)	vajzë (f)	[vájzə]
sposa (f)	nuse (f)	[núsε]

bella (agg)	i bukur	[i búkur]
alta (agg)	i gjatë	[i ɟátə]
snella (agg)	i hollë	[i hóɬə]
bassa (agg)	i shkurtër	[i ʃkúrtər]

bionda (f)	bionde (f)	[bióndε]
bruna (f)	zeshkane (f)	[zεʃkánε]

da donna (agg)	për femra	[pər fémra]
vergine (f)	virgjëreshë (f)	[virɟəréʃə]
incinta (agg)	shtatzënë	[ʃtatzénə]

uomo (m) (adulto maschio)	burrë (m)	[búrə]
biondo (m)	biond (m)	[biónd]
bruno (m)	zeshkan (m)	[zεʃkán]
alto (agg)	i gjatë	[i ɟátə]
basso (agg)	i shkurtër	[i ʃkúrtər]

sgarbato (agg)	i vrazhdë	[i vráʒdə]
tozzo (agg)	trupngjeshur	[trupnɟéʃur]
robusto (agg)	i fuqishëm	[i fucíʃəm]
forte (agg)	i fortë	[i fórtə]
forza (f)	forcë (f)	[fórtsə]

grasso (agg)	bullafiq	[buɬafíc]
bruno (agg)	zeshkan	[zεʃkán]
snello (agg)	i hollë	[i hóɬə]
elegante (agg)	elegant	[εlεgánt]

58. Età

età (f)	moshë (f)	[móʃə]
giovinezza (f)	rini (f)	[riní]

giovane (agg)	i ri	[i rí]
più giovane (agg)	më i ri	[mə i rí]
più vecchio (agg)	më i vjetër	[mə i vjétər]

giovane (m)	djalë i ri (m)	[djálə i rí]
adolescente (m, f)	adoleshent (m)	[adolɛʃént]
ragazzo (m)	djalë (f)	[djálə]

| vecchio (m) | plak (m) | [plak] |
| vecchia (f) | plakë (f) | [plákə] |

adulto (m)	i rritur	[i rítur]
di mezza età	mesoburrë	[mɛsobúrə]
anziano (agg)	i moshuar	[i moʃúar]
vecchio (agg)	i vjetër	[i vjétər]

pensionamento (m)	pension (m)	[pɛnsión]
andare in pensione	dal në pension	[dál nə pɛnsión]
pensionato (m)	pensionist (m)	[pɛnsioníst]

59. Bambini

bambino (m), bambina (f)	fëmijë (f)	[fəmíjə]
bambini (m pl)	fëmijë (pl)	[fəmíjə]
gemelli (m pl)	binjakë (pl)	[biɲákə]

culla (f)	djep (m)	[djép]
sonaglio (m)	rraketake (f)	[rakɛtákɛ]
pannolino (m)	pelenë (f)	[pɛlénə]

tettarella (f)	biberon (m)	[bibɛrón]
carrozzina (f)	karrocë për bebe (f)	[karótsə pər bébɛ]
scuola (f) materna	kopsht fëmijësh (m)	[kópʃt fəmíjəʃ]
baby-sitter (f)	dado (f)	[dádo]

infanzia (f)	fëmijëri (f)	[fəmijərí]
bambola (f)	kukull (f)	[kúkuɫ]
giocattolo (m)	lodër (f)	[lódər]
gioco (m) di costruzione	lodër për ndërtim (m)	[lódər pər ndərtím]
educato (agg)	i edukuar	[i ɛdukúar]
maleducato (agg)	i paedukuar	[i paɛdukúar]
viziato (agg)	i llastuar	[i ɫastúar]

essere disubbidiente	trazovaç	[trazovátʃ]
birichino (agg)	mistrec	[mistréts]
birichinata (f)	shpirtligësi (f)	[ʃpirtligəsí]
bambino (m) birichino	fëmijë mistrec (m)	[fəmíjə mistréts]

| ubbidiente (agg) | i bindur | [i bíndur] |
| disubbidiente (agg) | i pabindur | [i pabíndur] |

docile (agg)	i butë	[i bútə]
intelligente (agg)	i zgjuar	[i zɟúar]
bambino (m) prodigio	fëmijë gjeni (m)	[fəmíjə ɟɛní]

60. Coppie sposate. Vita di famiglia

baciare (vt)	puth	[puθ]
baciarsi (vr)	puthem	[púθεm]
famiglia (f)	familje (f)	[famíljε]
familiare (agg)	familjare	[familjárε]
coppia (f)	çift (m)	[tʃíft]
matrimonio (m)	martesë (f)	[martésə]
focolare (m) domestico	vatra (f)	[vátra]
dinastia (f)	dinasti (f)	[dinastí]

appuntamento (m)	takim (m)	[takím]
bacio (m)	puthje (f)	[púθjε]

amore (m)	dashuri (f)	[daʃurí]
amare (qn)	dashuroj	[daʃurój]
amato (agg)	i dashur	[i dáʃur]

tenerezza (f)	ndjeshmëri (f)	[ndjεʃmərí]
dolce, tenero (agg)	i ndjeshëm	[i ndjéʃəm]
fedeltà (f)	besnikëri (f)	[bεsnikərí]
fedele (agg)	besnik	[bεsník]
premura (f)	kujdes (m)	[kujdés]
premuroso (agg)	i dashur	[i dáʃur]

sposi (m pl) novelli	të porsamartuar (pl)	[tə porsamartúar]
luna (f) di miele	muaj mjalti (m)	[múaj mjálti]
sposarsi (per una donna)	martohem	[martóhεm]
sposarsi (per un uomo)	martohem	[martóhεm]

nozze (f pl)	dasmë (f)	[dásmə]
nozze (f pl) d'oro	martesë e artë (f)	[martésə ε ártə]
anniversario (m)	përvjetor (m)	[pərvjεtór]

amante (m)	dashnor (m)	[daʃnór]
amante (f)	dashnore (f)	[daʃnórε]

adulterio (m)	tradhti bashkëshortore (f)	[traðtí baʃkəʃortórε]
tradire (commettere adulterio)	tradhtoj ...	[traðtój ...]
geloso (agg)	xheloz	[dʒεlóz]
essere geloso	jam xheloz	[jam dʒεlóz]
divorzio (m)	divorc (m)	[divórts]
divorziare (vi)	divorcoj	[divortsój]

litigare (vi)	grindem	[gríndεm]
fare pace	pajtohem	[pajtóhεm]
insieme	së bashku	[sə báʃku]
sesso (m)	seks (m)	[sεks]

felicità (f)	lumturi (f)	[lumturí]
felice (agg)	i lumtur	[i lúmtur]
disgrazia (f)	fatkeqësi (f)	[fatkεcəsí]
infelice (agg)	i trishtuar	[i triʃtúar]

Personalità. Sentimenti. Emozioni

61. Sentimenti. Emozioni

sentimento (m)	ndjenjë (f)	[ndjéɲə]
sentimenti (m pl)	ndjenja (pl)	[ndjéɲa]
sentire (vt)	ndjej	[ndjéj]
fame (f)	uri (f)	[urí]
avere fame	kam uri	[kam urí]
sete (f)	etje (f)	[étjɛ]
avere sete	kam etje	[kam étjɛ]
sonnolenza (f)	përgjumësi (f)	[pərɟuməsí]
avere sonno	përgjumje	[pərɟúmjɛ]
stanchezza (f)	lodhje (f)	[lóðjɛ]
stanco (agg)	i lodhur	[i lóður]
stancarsi (vr)	lodhem	[lóðɛm]
umore (m) (buon ~)	humor (m)	[humór]
noia (f)	mërzitje (f)	[mərzítjɛ]
annoiarsi (vr)	mërzitem	[mərzítɛm]
isolamento (f)	izolim (m)	[izolím]
isolarsi (vr)	izolohem	[izolóhɛm]
preoccupare (vt)	shqetësoj	[ʃcɛtəsój]
essere preoccupato	shqetësohem	[ʃcɛtəsóhɛm]
agitazione (f)	shqetësim (m)	[ʃcɛtəsím]
preoccupazione (f)	ankth (m)	[ankθ]
preoccupato (agg)	i merakosur	[i mɛrakósur]
essere nervoso	nervozohem	[nɛrvozóhɛm]
andare in panico	më zë paniku	[mə zə paníku]
speranza (f)	shpresë (f)	[ʃprésə]
sperare (vi, vt)	shpresoj	[ʃprɛsój]
certezza (f)	siguri (f)	[sigurí]
sicuro (agg)	i sigurt	[i sígurt]
incertezza (f)	pasiguri (f)	[pasigurí]
incerto (agg)	i pasigurt	[i pasígurt]
ubriaco (agg)	i dehur	[i déhur]
sobrio (agg)	i kthjellët	[i kθjéɫət]
debole (agg)	i dobët	[i dóbət]
fortunato (agg)	i lumtur	[i lúmtur]
spaventare (vt)	tremb	[trɛmb]
furia (f)	tërbim (m)	[tərbím]
rabbia (f)	inat (m)	[inát]
depressione (f)	depresion (m)	[dɛprɛsión]
disagio (m)	parehati (f)	[parɛhatí]

conforto (m)	rehati (f)	[rɛhatí]
rincrescere (vi)	pendohem	[pɛndóhɛm]
rincrescimento (m)	pendim (m)	[pɛndím]
sfortuna (f)	ters (m)	[tɛrs]
tristezza (f)	trishtim (m)	[triʃtím]

vergogna (f)	turp (m)	[turp]
allegria (f)	gëzim (m)	[gəzím]
entusiasmo (m)	entuziazëm (m)	[ɛntuziázəm]
entusiasta (m)	entuziast (m)	[ɛntuziást]
mostrare entusiasmo	tregoj entuziazëm	[trɛgój ɛntuziázəm]

62. Personalità. Carattere

carattere (m)	karakter (m)	[karaktér]
difetto (m)	dobësi karakteri (f)	[dobəsí karaktéri]
mente (f)	mendje (f)	[méndjɛ]
intelletto (m)	arsye (f)	[arsýɛ]

coscienza (f)	ndërgjegje (f)	[ndərɟéɟɛ]
abitudine (f)	zakon (m)	[zakón]
capacità (f)	aftësi (f)	[aftəsí]
sapere (~ nuotare)	mund	[mund]

paziente (agg)	i duruar	[i durúar]
impaziente (agg)	i paduruar	[i padurúar]
curioso (agg)	kurioz	[kurióz]
curiosità (f)	kuriozitet (m)	[kuriozitét]

modestia (f)	modesti (f)	[modɛstí]
modesto (agg)	modest	[modést]
immodesto (agg)	i paturpshëm	[i patúrpʃəm]

pigrizia (f)	dembeli (f)	[dɛmbɛlí]
pigro (agg)	dembel	[dɛmbél]
poltrone (m)	dembel (m)	[dɛmbél]

furberia (f)	dinakëri (f)	[dinakərí]
furbo (agg)	dinak	[dinák]
diffidenza (f)	mosbesim (m)	[mosbɛsím]
diffidente (agg)	mosbesues	[mosbɛsúɛs]

generosità (f)	zemërgjerësi (f)	[zɛmərɟɛrəsí]
generoso (agg)	zemërgjerë	[zɛmərɟérə]
di talento	i talentuar	[i talɛntúar]
talento (m)	talent (m)	[talént]

coraggioso (agg)	i guximshëm	[i gudzímʃəm]
coraggio (m)	guxim (m)	[gudzím]
onesto (agg)	i ndershëm	[i ndérʃəm]
onestà (f)	ndershmëri (f)	[ndɛrʃmərí]

prudente (agg)	i kujdesshëm	[i kujdésʃəm]
valoroso (agg)	trim, guximtar	[trim], [gudzimtár]

| serio (agg) | serioz | [sɛrióz] |
| severo (agg) | i rreptë | [i réptə] |

deciso (agg)	i vendosur	[i vɛndósur]
indeciso (agg)	i pavendosur	[i pavɛndósur]
timido (agg)	i turpshëm	[i túrpʃəm]
timidezza (f)	turp (m)	[turp]

fiducia (f)	besim në vetvete (m)	[bɛsím nə vɛtvétɛ]
fidarsi (vr)	besoj	[bɛsój]
fiducioso (agg)	i besueshëm	[i bɛsúɛʃəm]

sinceramente	sinqerisht	[síncɛriʃt]
sincero (agg)	i sinqertë	[i sincértə]
sincerità (f)	sinqeritet (m)	[sincɛritét]
aperto (agg)	i hapur	[i hápur]

tranquillo (agg)	i qetë	[i cétə]
sincero (agg)	i dëlirë	[i dəlírə]
ingenuo (agg)	naiv	[naív]
distratto (agg)	i hutuar	[i hutúar]
buffo (agg)	zbavitës	[zbavítəs]

avidità (f)	lakmi (f)	[lakmí]
avido (agg)	lakmues	[lakmúɛs]
avaro (agg)	koprrac	[kopráts]
cattivo (agg)	djallëzor	[djałəzór]
testardo (agg)	kokëfortë	[kokəfórtə]
antipatico (agg)	i pakëndshëm	[i pakéndʃəm]

egoista (m)	egoist (m)	[ɛgoíst]
egoistico (agg)	egoist	[ɛgoíst]
codardo (m)	frikacak (m)	[frikatsák]
codardo (agg)	frikacak	[frikatsák]

63. Dormire. Sogni

dormire (vi)	fle	[flɛ]
sonno (m) (stato di sonno)	gjumë (m)	[ɟúmə]
sogno (m)	ëndërr (m)	[éndər]
sognare (fare sogni)	ëndërroj	[əndərój]
sonnolento (agg)	përgjumshëm	[pəɟúmʃəm]

letto (m)	shtrat (m)	[ʃtrat]
materasso (m)	dyshek (m)	[dyʃék]
coperta (f)	mbulesë (f)	[mbulésə]
cuscino (m)	jastëk (m)	[jasték]
lenzuolo (m)	çarçaf (m)	[tʃartʃáf]

insonnia (f)	pagjumësi (f)	[paɟuməsí]
insonne (agg)	i pagjumë	[i paɟúmə]
sonnifero (m)	ilaç gjumi (m)	[ilátʃ ɟúmi]
prendere il sonnifero	marr ilaç gjumi	[mar ilátʃ ɟúmi]
avere sonno	përgjumje	[pəɟúmjɛ]

sbadigliare (vi)	më hapet goja	[mə hápɛt gója]
andare a letto	shkoj të fle	[ʃkoj tə flɛ]
fare il letto	rregulloj shtratin	[rɛguɫój ʃtrátin]
addormentarsi (vr)	më zë gjumi	[mə zə ɟúmi]

incubo (m)	ankth (m)	[ankθ]
russare (m)	gërhitje (f)	[gərhítjɛ]
russare (vi)	gërhas	[gərhás]

sveglia (f)	orë me zile (f)	[órə mɛ zílɛ]
svegliare (vt)	zgjoj	[zɟoj]
svegliarsi (vr)	zgjohem nga gjumi	[zɟóhɛm ŋa ɟúmi]
alzarsi (vr)	ngrihem	[ŋríhɛm]
lavarsi (vr)	laj	[laj]

64. Umorismo. Risata. Felicità

umorismo (m)	humor (m)	[humór]
senso (m) dello humour	sens humori (m)	[sɛns humóri]
divertirsi (vr)	kënaqem	[kənáʨɛm]
allegro (agg)	gëzueshëm	[gəzúɛʃəm]
allegria (f)	gëzim (m)	[gəzím]

sorriso (m)	buzëqeshje (f)	[buzəʨéʃjɛ]
sorridere (vi)	buzëqesh	[buzəʨéʃ]
mettersi a ridere	filloj të qesh	[fiɫój tə ʨéʃ]
ridere (vi)	qesh	[ʨɛʃ]
riso (m)	qeshje (f)	[ʨéʃjɛ]

aneddoto (m)	anekdotë (f)	[anɛkdótə]
divertente (agg)	për të qeshur	[pər tə ʨéʃur]
ridicolo (agg)	zbavitës	[zbavítəs]

scherzare (vi)	bëj shaka	[bəj ʃaká]
scherzo (m)	shaka (f)	[ʃaká]
gioia (f) (fare salti di ~)	gëzim (m)	[gəzím]
rallegrarsi (vr)	ngazëllohem	[ŋazəɫóhɛm]
allegro (agg)	gazmor	[gazmór]

65. Discussione. Conversazione. Parte 1

comunicazione (f)	komunikim (m)	[komunikím]
comunicare (vi)	komunikoj	[komunikój]

conversazione (f)	bisedë (f)	[bisédə]
dialogo (m)	dialog (m)	[dialóg]
discussione (f)	diskutim (m)	[diskutím]
dibattito (m)	mosmarrëveshje (f)	[mosmarəvéʃjɛ]
discutere (vi)	kundërshtoj	[kundərʃtój]

interlocutore (m)	bashkëbisedues (m)	[baʃkəbisɛdúɛs]
tema (m)	temë (f)	[témə]

punto (m) di vista	pikëpamje (f)	[pikəpámjɛ]
opinione (f)	opinion (m)	[opinión]
discorso (m)	fjalim (m)	[fjalím]

discussione (f)	diskutim (m)	[diskutím]
discutere (~ una proposta)	diskutoj	[diskutój]
conversazione (f)	bisedë (f)	[bisédə]
conversare (vi)	bisedoj	[bisɛdój]
incontro (m)	takim (m)	[takím]
incontrarsi (vr)	takoj	[takój]

proverbio (m)	fjalë e urtë (f)	[fjálə ɛ úrtə]
detto (m)	thënie (f)	[θéniɛ]
indovinello (m)	gjëegjëzë (f)	[ɟəéɟəzə]
fare un indovinello	them gjëegjëzë	[θɛm ɟəéɟəzə]
parola (f) d'ordine	fjalëkalim (m)	[fjaləkalím]
segreto (m)	sekret (m)	[sɛkrét]

giuramento (m)	betim (m)	[bɛtím]
giurare (prestare giuramento)	betohem	[bɛtóhɛm]
promessa (f)	premtim (m)	[prɛmtím]
promettere (vt)	premtoj	[prɛmtój]

consiglio (m)	këshillë (f)	[kəʃíłə]
consigliare (vt)	këshilloj	[kəʃiłój]
seguire il consiglio	ndjek këshillën	[ndjék kəʃíłən]
ubbidire (ai genitori)	bindem ...	[bíndɛm ...]

notizia (f)	lajme (f)	[lájmɛ]
sensazione (f)	ndjesi (f)	[ndjɛsí]
informazioni (f pl)	informacion (m)	[informatsión]
conclusione (f)	përfundim (m)	[pərfundím]
voce (f)	zë (f)	[zə]
complimento (m)	kompliment (m)	[komplimént]
gentile (agg)	i mirë	[i mírə]

parola (f)	fjalë (f)	[fjálə]
frase (f)	frazë (f)	[frázə]
risposta (f)	përgjigje (f)	[pərɟíɟɛ]

verità (f)	e vërtetë (f)	[ɛ vərtétə]
menzogna (f)	gënjeshtër (f)	[gəɲéʃtər]

pensiero (m)	mendim (m)	[mɛndím]
idea (f)	ide (f)	[idé]
fantasia (f)	fantazi (f)	[fantazí]

66. Discussione. Conversazione. Parte 2

rispettato (agg)	i nderuar	[i ndɛrúar]
rispettare (vt)	nderoj	[ndɛrój]
rispetto (m)	nder (m)	[ndér]
Egregio ...	i dashur ...	[i dáʃur ...]
presentare (~ qn)	prezantoj	[prɛzantój]

fare la conoscenza di ...	njoftoj	[ɲoftój]
intenzione (f)	qëllim (m)	[cətím]
avere intenzione	kam ndërmend	[kam ndərménd]
augurio (m)	dëshirë (f)	[dəʃírə]
augurare (vt)	dëshiroj	[dəʃirój]

sorpresa (f)	surprizë (f)	[surprízə]
sorprendere (stupire)	befasoj	[bɛfasój]
stupirsi (vr)	çuditem	[tʃudítɛm]

dare (vt)	jap	[jap]
prendere (vt)	marr	[mar]
rendere (vt)	kthej	[kθɛj]
restituire (vt)	rikthej	[rikθéj]

scusarsi (vr)	kërkoj falje	[kərkój fáljɛ]
scusa (f)	falje (f)	[fáljɛ]
perdonare (vt)	fal	[fal]

parlare (vi, vt)	flas	[flas]
ascoltare (vi)	dëgjoj	[dəɟój]
ascoltare fino in fondo	tregoj vëmendje	[trɛgój vəméndjɛ]
capire (vt)	kuptoj	[kuptój]

mostrare (vt)	tregoj	[trɛgój]
guardare (vt)	shikoj ...	[ʃikój ...]
chiamare (rivolgersi a)	thërras	[θərás]
dare fastidio	tërheq vëmendjen	[tərhéc vəméndjɛn]
disturbare (vt)	shqetësoj	[ʃcɛtəsój]
consegnare (vt)	jap	[jap]

richiesta (f)	kërkesë (f)	[kərkésə]
chiedere (vt)	kërkoj	[kərkój]
esigenza (f)	kërkesë (f)	[kərkésə]
esigere (vt)	kërkoj	[kərkój]

stuzzicare (vt)	ngacmoj	[ŋatsmój]
canzonare (vt)	tallem	[táɫɛm]
burla (f), beffa (f)	tallje (f)	[táɫjɛ]
soprannome (m)	pseudonim (m)	[psɛudoním]

allusione (f)	nënkuptim (m)	[nənkuptím]
alludere (vi)	nënkuptoj	[nənkuptój]
intendere (cosa intendi dire?)	dua të them	[dúa tə θém]

descrizione (f)	përshkrim (m)	[pərʃkrím]
descrivere (vt)	përshkruaj	[pərʃkrúaj]
lode (f)	lëvdatë (f)	[ləvdátə]
lodare (vt)	lavdëroj	[lavdərój]

delusione (f)	zhgënjim (m)	[ʒgəɲím]
deludere (vt)	zhgënjej	[ʒgəɲéj]
rimanere deluso	zhgënjehem	[ʒgəɲéhɛm]

| supposizione (f) | supozim (m) | [supozím] |
| supporre (vt) | supozoj | [supozój] |

| avvertimento (m) | paralajmërim (m) | [paralajmərím] |
| avvertire (vt) | paralajmëroj | [paralajmərój] |

67. Discussione. Conversazione. Parte 3

| persuadere (vt) | bind | [bínd] |
| tranquillizzare (vt) | qetësoj | [cɛtəsój] |

silenzio (m) (il ~ è d'oro)	heshtje (f)	[héʃtjɛ]
tacere (vi)	i heshtur	[i héʃtur]
sussurrare (vt)	pëshpëris	[pəʃpərís]
sussurro (m)	pëshpërimë (f)	[pəʃpərímə]

| francamente | sinqerisht | [síncɛriʃt] |
| secondo me ... | sipas mendimit tim ... | [sipás mɛndímit tim ...] |

dettaglio (m)	detaj (m)	[dɛtáj]
dettagliato (agg)	i detajuar	[i dɛtajúar]
dettagliatamente	hollësisht	[hoɫəsíʃt]

| suggerimento (m) | sugjerim (m) | [suɟɛrím] |
| suggerire (vt) | aludoj | [aludój] |

sguardo (m)	shikim (m)	[ʃikím]
gettare uno sguardo	i hedh një sy	[i héð ɲə sý]
fisso (agg)	i ngurtë	[i ŋúrtə]
battere le palpebre	hap e mbyll sytë	[hap ɛ mbýɫ sýtə]
ammiccare (vi)	luaj syrin	[lúaj sýrin]
accennare col capo	pohoj me kokë	[pohój mɛ kókə]

sospiro (m)	psherëtimë (f)	[pʃɛrətímə]
sospirare (vi)	psherëtij	[pʃɛrətíj]
sussultare (vi)	rrëqethem	[rəcéθɛm]
gesto (m)	gjest (m)	[ɟɛst]
toccare (~ il braccio)	prek	[prɛk]
afferrare (~ per il braccio)	kap	[kap]
picchiettare (~ la spalla)	prek	[prɛk]

Attenzione!	Kujdes!	[kujdés!]
Davvero?	Vërtet?	[vərtét?]
Sei sicuro?	Je i sigurt?	[jɛ i sígurt?]
Buona fortuna!	Paç fat!	[patʃ fat!]
Capito!	E kuptova!	[ɛ kuptóva!]
Peccato!	Sa keq!	[sa kɛc!]

68. Accordo. Rifiuto

accordo (m)	leje (f)	[léjɛ]
essere d'accordo	lejoj	[lɛjój]
approvazione (f)	miratim (m)	[miratím]
approvare (vt)	miratoj	[miratój]
rifiuto (m)	refuzim (m)	[rɛfuzím]

rifiutarsi (vr)	refuzoj	[rɛfuzój]
Perfetto!	Të lumtë!	[tə lúmtə!]
Va bene!	Në rregull!	[nə réguɫ!]
D'accordo!	Në rregull!	[nə réguɫ!]

vietato, proibito (agg)	i ndaluar	[i ndalúar]
è proibito	është e ndalúar	[éʃtə ɛ ndalúar]
è impossibile	është e pamundur	[éʃtə ɛ pámundur]
sbagliato (agg)	i pasaktë	[i pasáktə]

respingere (~ una richiesta)	hedh poshtë	[hɛð póʃtə]
sostenere (~ un'idea)	mbështes	[mbəʃtés]
accettare (vt)	pranoj	[pranój]

confermare (vt)	konfirmoj	[konfirmój]
conferma (f)	konfirmim (m)	[konfirmím]
permesso (m)	leje (f)	[léjɛ]
permettere (vt)	lejoj	[lɛjój]
decisione (f)	vendim (m)	[vɛndím]
non dire niente	nuk them asgjë	[nuk θɛm ásʝə]

condizione (f)	kusht (m)	[kuʃt]
pretesto (m)	justifikim (m)	[justifikím]
lode (f)	lëvdata (f)	[ləvdáta]
lodare (vt)	lavdëroj	[lavdərój]

69. Successo. Fortuna. Fiasco

successo (m)	sukses (m)	[suksés]
con successo	me sukses	[mɛ suksés]
ben riuscito (agg)	i suksesshëm	[i suksésʃəm]

fortuna (f)	fat (m)	[fat]
Buona fortuna!	Paç fat!	[patʃ fat!]
fortunato (giorno ~)	me fat	[mɛ fat]
fortunato (persona ~a)	fatlum	[fatlúm]

fiasco (m)	dështim (m)	[dəʃtím]
disdetta (f)	fatkeqësi (f)	[fatkɛcəsí]
sfortuna (f)	ters (m)	[tɛrs]

| fallito (agg) | i pasuksesshëm | [i pasuksésʃəm] |
| disastro (m) | katastrofë (f) | [katastrófə] |

orgoglio (m)	krenari (f)	[krɛnarí]
orgoglioso (agg)	krenar	[krɛnár]
essere fiero di …	jam krenar	[jam krɛnár]

vincitore (m)	fitues (m)	[fitúɛs]
vincere (vi)	fitoj	[fitój]
perdere (subire una sconfitta)	humb	[húmb]
tentativo (m)	përpjekje (f)	[pərpjékjɛ]
tentare (vi)	përpiqem	[pərpícɛm]
chance (f)	shans (m)	[ʃans]

70. Dispute. Sentimenti negativi

grido (m)	britmë (f)	[brítmə]
gridare (vi)	bërtas	[bərtás]
mettersi a gridare	filloj të ulërij	[fiłój tə uləríj]

litigio (m)	grindje (f)	[gríndjɛ]
litigare (vi)	grindem	[gríndɛm]
lite (f)	sherr (m)	[ʃɛr]
dare scandalo (litigare)	bëj skenë	[bəj skénə]
conflitto (m)	konflikt (m)	[konflíkt]
fraintendimento (m)	keqkuptim (m)	[kɛckuptím]

insulto (m)	ofendim (m)	[ofɛndím]
insultare (vt)	fyej	[fýɛj]
offeso (agg)	i ofenduar	[i ofɛndúar]
offesa (f)	fyerje (f)	[fýɛrjɛ]
offendere (qn)	ofendoj	[ofɛndój]
offendersi (vr)	mbrohem	[mbróhɛm]

indignazione (f)	indinjatë (f)	[indiɲátə]
indignarsi (vr)	zemërohem	[zɛməróhɛm]
lamentela (f)	ankesë (f)	[ankésə]
lamentarsi (vr)	ankohem	[ankóhɛm]

scusa (f)	falje (f)	[fáljɛ]
scusarsi (vr)	kërkoj falje	[kərkój fáljɛ]
chiedere scusa	kërkoj ndjesë	[kərkój ndjésə]

critica (f)	kritikë (f)	[kritíkə]
criticare (vt)	kritikoj	[kritikój]
accusa (f)	akuzë (f)	[akúzə]
accusare (vt)	akuzoj	[akuzój]

vendetta (f)	hakmarrje (f)	[hakmárjɛ]
vendicare (vt)	hakmerrem	[hakmérɛm]
vendicarsi (vr)	shpaguaj	[ʃpagúaj]

disprezzo (m)	përbuzje (f)	[pərbúzjɛ]
disprezzare (vt)	përbuz	[pərbúz]
odio (m)	urrejtje (f)	[uréjtjɛ]
odiare (vt)	urrej	[uréj]

nervoso (agg)	nervoz	[nɛrvóz]
essere nervoso	nervozohem	[nɛrvozóhɛm]
arrabbiato (agg)	i zemëruar	[i zɛmərúar]
fare arrabbiare	zemëroj	[zɛmərój]

umiliazione (f)	poshtërim (m)	[poʃtərím]
umiliare (vt)	poshtëroj	[poʃtərój]
umiliarsi (vr)	poshtërohem	[poʃtəróhɛm]

shock (m)	tronditje (f)	[trondítjɛ]
scandalizzare (vt)	trondit	[trondít]
problema (m) (avere ~i)	shqetësim (m)	[ʃcɛtəsím]

spiacevole (agg)	i pakëndshëm	[i pakéndʃəm]
spavento (m), paura (f)	frikë (f)	[fríkə]
terribile (una tempesta ~)	i tmerrshëm	[i tmérʃəm]
spaventoso (un racconto ~)	i frikshëm	[i fríkʃəm]
orrore (m)	horror (m)	[horór]
orrendo (un crimine ~)	i tmerrshëm	[i tmérʃəm]

cominciare a tremare	filloj të dridhem	[fiɫój tə dríðɛm]
piangere (vi)	qaj	[caj]
mettersi a piangere	filloj të qaj	[fiɫój tə cáj]
lacrima (f)	lot (m)	[lot]

colpa (f)	faj (m)	[faj]
senso (m) di colpa	faj (m)	[faj]
vergogna (f)	turp (m)	[turp]
protesta (f)	protestë (f)	[protéstə]
stress (m)	stres (m)	[strɛs]

disturbare (vt)	shqetësoj	[ʃcɛtəsój]
essere arrabbiato	tërbohem	[tərbóhɛm]
arrabbiato (agg)	i inatosur	[i inatósur]
porre fine a ... (~ una relazione)	përfundoj	[pərfundój]
rimproverare (vt)	betohem	[bɛtóhɛm]

spaventarsi (vr)	tremb	[trɛmb]
colpire (vt)	qëlloj	[cəɫój]
picchiarsi (vr)	grindem	[gríndɛm]

regolare (~ un conflitto)	zgjidh	[zɟið]
scontento (agg)	i pakënaqur	[i pakənácur]
furioso (agg)	i xhindosur	[i dʒindósur]

Non sta bene!	Nuk është mirë!	[nuk éʃtə mírə!]
Fa male!	Është keq!	[éʃtə kɛc!]

Medicinali

71. Malattie

malattia (f)	sëmundje (f)	[səmúndjɛ]
essere malato	jam sëmurë	[jam səmúrə]
salute (f)	shëndet (m)	[ʃəndét]
raffreddore (m)	rrifë (f)	[rífə]
tonsillite (f)	grykët (m)	[grýkət]
raffreddore (m)	ftohje (f)	[ftóhjɛ]
raffreddarsi (vr)	ftohem	[ftóhɛm]
bronchite (f)	bronkit (m)	[bronkít]
polmonite (f)	pneumoni (f)	[pnɛumoní]
influenza (f)	grip (m)	[grip]
miope (agg)	miop	[mióp]
presbite (agg)	presbit	[prɛsbít]
strabismo (m)	strabizëm (m)	[strabízəm]
strabico (agg)	strabik	[strabík]
cateratta (f)	katarakt (m)	[katarákt]
glaucoma (m)	glaukoma (f)	[glaukóma]
ictus (m) cerebrale	goditje (f)	[godítjɛ]
attacco (m) di cuore	sulm në zemër (m)	[sulm nə zémər]
infarto (m) miocardico	infarkt miokardiak (m)	[infárkt miokardiák]
paralisi (f)	paralizë (f)	[paralízə]
paralizzare (vt)	paralizoj	[paralizój]
allergia (f)	alergji (f)	[alɛɲí]
asma (f)	astmë (f)	[ástmə]
diabete (m)	diabet (m)	[diabét]
mal (m) di denti	dhimbje dhëmbi (f)	[ðímbjɛ ðémbi]
carie (f)	karies (m)	[kariés]
diarrea (f)	diarre (f)	[diaré]
stitichezza (f)	kapsllëk (m)	[kapsɫék]
disturbo (m) gastrico	dispepsi (f)	[dispɛpsí]
intossicazione (f) alimentare	helmim (m)	[hɛlmím]
intossicarsi (vr)	helmohem nga ushqimi	[hɛlmóhɛm ŋa uʃcími]
artrite (f)	artrit (m)	[artrít]
rachitide (f)	rakit (m)	[rakít]
reumatismo (m)	reumatizëm (m)	[rɛumatízəm]
aterosclerosi (f)	arteriosklerozë (f)	[artɛriosklɛrózə]
gastrite (f)	gastrit (m)	[gastrít]
appendicite (f)	apendicit (m)	[apɛnditsít]

colecistite (f)	kolecistit (m)	[kolɛtsistít]
ulcera (f)	ulcerë (f)	[ultsérə]

morbillo (m)	fruth (m)	[fruθ]
rosolia (f)	rubeola (f)	[rubɛóla]
itterizia (f)	verdhëza (f)	[vérðəza]
epatite (f)	hepatit (m)	[hɛpatít]

schizofrenia (f)	skizofreni (f)	[skizofrɛní]
rabbia (f)	sëmundje e tërbimit (f)	[səmúndjɛ ɛ tərbímit]
nevrosi (f)	neurozë (f)	[nɛurózə]
commozione (f) cerebrale	trondit je (f)	[trondítjɛ]

cancro (m)	kancer (m)	[kantsér]
sclerosi (f)	sklerozë (f)	[sklɛrózə]
sclerosi (f) multipla	sklerozë e shumëfishtë (f)	[sklɛrózə ɛ ʃuməfíʃtə]

alcolismo (m)	alkoolizëm (m)	[alkoolízəm]
alcolizzato (m)	alkoolik (m)	[alkoolík]
sifilide (f)	sifiliz (m)	[sifilíz]
AIDS (m)	SIDA (f)	[sída]

tumore (m)	tumor (m)	[tumór]
maligno (agg)	malinj	[malíɲ]
benigno (agg)	beninj	[bɛníɲ]

febbre (f)	ethe (f)	[éθɛ]
malaria (f)	malarie (f)	[malaríɛ]
cancrena (f)	gangrenë (f)	[gaŋrénə]
mal (m) di mare	sëmundje deti (f)	[səmúndjɛ déti]
epilessia (f)	epilepsi (f)	[ɛpilɛpsí]

epidemia (f)	epidemi (f)	[ɛpidɛmí]
tifo (m)	tifo (f)	[tífo]
tubercolosi (f)	tuberkuloz (f)	[tubɛrkulóz]
colera (m)	kolerë (f)	[kolérə]
peste (f)	murtaja (f)	[murtája]

72. Sintomi. Cure. Parte 1

sintomo (m)	simptomë (f)	[simptómə]
temperatura (f)	temperaturë (f)	[tɛmpɛratúrə]
febbre (f) alta	temperaturë e lartë (f)	[tɛmpɛratúrə ɛ lártə]
polso (m)	puls (m)	[puls]

capogiro (m)	marrje mendsh (m)	[márjɛ méndʃ]
caldo (agg)	i nxehtë	[i ndzéhtə]
brivido (m)	drithërima (f)	[driθəríma]
pallido (un viso ~)	i zbehur	[i zbéhur]

tosse (f)	kollë (f)	[kóɬə]
tossire (vi)	kollitem	[koɬítɛm]
starnutire (vi)	teshtij	[tɛʃtíj]
svenimento (m)	të fikët (f)	[tə fíkət]

svenire (vi)	bie të fikët	[bíɛ tə fíkət]
livido (m)	mavijosje (f)	[mavijósjɛ]
bernoccolo (m)	gungë (f)	[gúŋə]
farsi un livido	godas	[godás]
contusione (f)	lëndim (m)	[ləndím]
farsi male	lëndohem	[ləndóhɛm]

zoppicare (vi)	çaloj	[tʃalój]
slogatura (f)	dislokim (m)	[dislokím]
slogarsi (vr)	del nga vendi	[dɛl ŋa véndi]
frattura (f)	thyerje (f)	[θýɛrjɛ]
fratturarsi (vr)	thyej	[θýɛj]

taglio (m)	e prerë (f)	[ɛ prérə]
tagliarsi (vr)	pres veten	[prɛs vétɛn]
emorragia (f)	rrjedhje gjaku (f)	[rjéðjɛ ɟáku]

| scottatura (f) | djegie (f) | [djégiɛ] |
| scottarsi (vr) | digjem | [díɟɛm] |

pungere (vt)	shpoj	[ʃpoj]
pungersi (vr)	shpohem	[ʃpóhɛm]
ferire (vt)	dëmtoj	[dəmtój]
ferita (f)	dëmtim (m)	[dəmtím]
lesione (f)	plagë (f)	[plágə]
trauma (m)	traumë (f)	[traúmə]

delirare (vi)	fol përçart	[fól pərtʃárt]
tartagliare (vi)	belbëzoj	[bɛlbəzój]
colpo (m) di sole	pikë e diellit (f)	[píkə ɛ diétit]

73. Sintomi. Cure. Parte 2

| dolore (m), male (m) | dhimbje (f) | [ðímbjɛ] |
| scheggia (f) | cifël (f) | [tsífəl] |

sudore (m)	djersë (f)	[djérsə]
sudare (vi)	djersij	[djɛrsíj]
vomito (m)	të vjella (f)	[tə vjéta]
convulsioni (f pl)	konvulsione (f)	[konvulsiónɛ]

incinta (agg)	shtatzënë	[ʃtatzénə]
nascere (vi)	lind	[lind]
parto (m)	lindje (f)	[líndjɛ]
essere in travaglio di parto	sjell në jetë	[sjɛt nə jétə]
aborto (m)	abort (m)	[abórt]

respirazione (f)	frymëmarrje (f)	[fryməmárjɛ]
inspirazione (f)	mbajtje e frymës (f)	[mbájtjɛ ɛ frýməs]
espirazione (f)	lëshim i frymës (m)	[ləʃím i frýməs]
espirare (vi)	nxjerr frymën	[ndzjér frýmən]
inspirare (vi)	marr frymë	[mar frýmə]
invalido (m)	invalid (m)	[invalíd]
storpio (m)	i gjymtuar (m)	[i ɟymtúar]

drogato (m)	narkoman (m)	[narkomán]
sordo (agg)	shurdh	[ʃurð]
muto (agg)	memec	[mɛméts]
sordomuto (agg)	shurdh-memec	[ʃurð-mɛméts]

matto (agg)	i marrë	[i márə]
matto (m)	i çmendur (m)	[i tʃméndur]
matta (f)	e çmendur (f)	[ɛ tʃméndur]
impazzire (vi)	çmendem	[tʃméndɛm]

gene (m)	gen (m)	[gɛn]
immunità (f)	imunitet (m)	[imunitét]
ereditario (agg)	e trashëguar	[ɛ traʃəgúar]
innato (agg)	e lindur	[ɛ líndur]

virus (m)	virus (m)	[virús]
microbo (m)	mikrob (m)	[mikrób]
batterio (m)	bakterie (f)	[baktériɛ]
infezione (f)	infeksion (m)	[infɛksión]

74. Sintomi. Cure. Parte 3

ospedale (m)	spital (m)	[spitál]
paziente (m)	pacient (m)	[patsiént]

diagnosi (f)	diagnozë (f)	[diagnózə]
cura (f)	kurë (f)	[kúrə]
trattamento (m)	trajtim mjekësor (m)	[trajtím mjɛkəsór]
curarsi (vr)	kurohem	[kuróhɛm]
curare (vt)	kuroj	[kurój]
accudire (un malato)	kujdesem	[kujdésɛm]
assistenza (f)	kujdes (m)	[kujdés]

operazione (f)	operacion (m)	[opɛratsión]
bendare (vt)	fashoj	[faʃój]
fasciatura (f)	fashim (m)	[faʃím]

vaccinazione (f)	vaksinim (m)	[vaksiním]
vaccinare (vt)	vaksinoj	[vaksinój]
iniezione (f)	injeksion (m)	[iɲɛksión]
fare una puntura	bëj injeksion	[bəj iɲɛksíon]

attacco (m) (~ epilettico)	atak (m)	[aták]
amputazione (f)	amputim (m)	[amputím]
amputare (vt)	amputoj	[amputój]
coma (m)	komë (f)	[kómə]
essere in coma	jam në komë	[jam nə kómə]
rianimazione (f)	kujdes intensiv (m)	[kujdés intɛnsív]

guarire (vi)	shërohem	[ʃəróhɛm]
stato (f) (del paziente)	gjendje (f)	[ɟéndjɛ]
conoscenza (f)	vetëdije (f)	[vɛtədíjɛ]
memoria (f)	kujtesë (f)	[kujtésə]
estrarre (~ un dente)	heq	[hɛc]

| otturazione (f) | mbushje (f) | [mbúʃʃɛ] |
| otturare (vt) | mbush | [mbúʃ] |

| ipnosi (f) | hipnozë (f) | [hipnózə] |
| ipnotizzare (vt) | hipnotizim | [hipnotizím] |

75. Medici

medico (m)	mjek (m)	[mjék]
infermiera (f)	infermiere (f)	[infɛrmiérɛ]
medico (m) personale	mjek personal (m)	[mjék pɛrsonál]

dentista (m)	dentist (m)	[dɛntíst]
oculista (m)	okulist (m)	[okulíst]
internista (m)	mjek i përgjithshëm (m)	[mjék i pərɟíθʃəm]
chirurgo (m)	kirurg (m)	[kirúrg]

psichiatra (m)	psikiatër (m)	[psikiátər]
pediatra (m)	pediatër (m)	[pɛdiátər]
psicologo (m)	psikolog (m)	[psikológ]
ginecologo (m)	gjinekolog (m)	[ɟinɛkológ]
cardiologo (m)	kardiolog (m)	[kardiológ]

76. Medicinali. Farmaci. Accessori

medicina (f)	ilaç (m)	[ilátʃ]
rimedio (m)	mjekim (m)	[mjɛkím]
prescrivere (vt)	shkruaj recetë	[ʃkrúaj rɛtsétə]
prescrizione (f)	recetë (f)	[rɛtsétə]

compressa (f)	pilulë (f)	[pilúlə]
unguento (m)	krem (m)	[krɛm]
fiala (f)	ampulë (f)	[ampúlə]
pozione (f)	përzierje (f)	[pərzíɛrjɛ]
sciroppo (m)	shurup (m)	[ʃurúp]
pillola (f)	pilulë (f)	[pilúlə]
polverina (f)	pudër (f)	[púdər]

benda (f)	fashë garze (f)	[faʃə gárzɛ]
ovatta (f)	pambuk (m)	[pambúk]
iodio (m)	jod (m)	[jod]

cerotto (m)	leukoplast (m)	[lɛukoplást]
contagocce (m)	pikatore (f)	[pikatórɛ]
termometro (m)	termometër (m)	[tɛrmométər]
siringa (f)	shiringë (f)	[ʃiríŋə]

| sedia (f) a rotelle | karrocë me rrota (f) | [karótsə mɛ róta] |
| stampelle (f pl) | paterica (f) | [patɛrítsa] |

| analgesico (m) | qetësues (m) | [cɛtəsúɛs] |
| lassativo (m) | laksativ (m) | [laksatív] |

alcol (m)	alkool dezinfektues (m)	[alkoól dɛzinfɛktúɛs]
erba (f) officinale	bimë mjekësore (f)	[bímə mjɛkəsórɛ]
d'erbe (infuso ~)	çaj bimor	[tʃáj bimór]

77. Fumo. Prodotti di tabaccheria

tabacco (m)	duhan (m)	[duhán]
sigaretta (f)	cigare (f)	[tsigárɛ]
sigaro (m)	puro (f)	[púro]
pipa (f)	llullë (f)	[ɫúɫə]
pacchetto (m) (di sigarette)	pako cigaresh (m)	[páko tsigárɛʃ]

fiammiferi (m pl)	shkrepëse (pl)	[ʃkrépəsɛ]
scatola (f) di fiammiferi	kuti shkrepësesh (f)	[kutí ʃkrépəsɛʃ]
accendino (m)	çakmak (m)	[tʃakmák]
portacenere (m)	taketuke (f)	[takɛtúkɛ]
portasigarette (m)	kuti cigaresh (f)	[kutí tsigárɛʃ]

bocchino (m)	cigarishte (f)	[tsigaríʃtɛ]
filtro (m)	filtër (m)	[fíltər]

fumare (vi, vt)	pi duhan	[pi duhán]
accendere una sigaretta	ndez një cigare	[ndɛz ɲə tsigárɛ]
fumo (m)	pirja e duhanit (f)	[pírja ɛ duhánit]
fumatore (m)	duhanpirës (m)	[duhanpírəs]

cicca (f), mozzicone (m)	bishti i cigares (m)	[bíʃti i tsigárɛs]
fumo (m)	tym (m)	[tym]
cenere (f)	hi (m)	[hi]

HABITAT UMANO

Città

78. Città. Vita di città

città (f)	qytet (m)	[cytét]
capitale (f)	kryeqytet (m)	[kryɛcytét]
villaggio (m)	fshat (m)	[fʃát]
mappa (f) della città	hartë e qytetit (f)	[hártə ɛ cytétit]
centro (m) della città	qendër e qytetit (f)	[céndər ɛ cytétit]
sobborgo (m)	periferi (f)	[pɛrifɛrí]
suburbano (agg)	periferik	[pɛrifɛrík]
periferia (f)	periferia (f)	[pɛrifɛría]
dintorni (m pl)	periferia (f)	[pɛrifɛría]
isolato (m)	bllok pallatesh (m)	[bɫók paɫátɛʃ]
quartiere residenziale	bllok banimi (m)	[bɫók baními]
traffico (m)	trafik (m)	[trafík]
semaforo (m)	semafor (m)	[sɛmafór]
trasporti (m pl) urbani	transport publik (m)	[transpórt publík]
incrocio (m)	kryqëzim (m)	[krycəzím]
passaggio (m) pedonale	kalim për këmbësorë (m)	[kalím pər kəmbəsórə]
sottopassaggio (m)	nënkalim për këmbësorë (m)	[nənkalím pər kəmbəsórə]
attraversare (vt)	kapërcej	[kapərtséj]
pedone (m)	këmbësor (m)	[kəmbəsór]
marciapiede (m)	trotuar (m)	[trotuár]
ponte (m)	urë (f)	[úrə]
banchina (f)	breg lumi (m)	[brɛg lúmi]
fontana (f)	shatërvan (m)	[ʃatərván]
vialetto (m)	rrugëz (m)	[rúgəz]
parco (m)	park (m)	[park]
boulevard (m)	bulevard (m)	[bulɛvárd]
piazza (f)	shesh (m)	[ʃɛʃ]
viale (m), corso (m)	bulevard (m)	[bulɛvárd]
via (f), strada (f)	rrugë (f)	[rúgə]
vicolo (m)	rrugë dytësore (f)	[rúgə dytəsórɛ]
vicolo (m) cieco	rrugë pa krye (f)	[rúgə pa krýɛ]
casa (f)	shtëpi (f)	[ʃtəpí]
edificio (m)	ndërtesë (f)	[ndərtésə]
grattacielo (m)	qiellgërvishtës (m)	[ciɛɫgərvíʃtəs]
facciata (f)	fasadë (f)	[fasádə]
tetto (m)	çati (f)	[tʃatí]

finestra (f)	**dritare** (f)	[dritárɛ]
arco (m)	**hark** (m)	[hárk]
colonna (f)	**kolonë** (f)	[kolónə]
angolo (m)	**kënd** (m)	[kénd]

vetrina (f)	**vitrinë** (f)	[vitrínə]
insegna (f) (di negozi, ecc.)	**tabelë** (f)	[tabélə]
cartellone (m)	**poster** (m)	[postér]
cartellone (m) pubblicitario	**afishe reklamuese** (f)	[afíʃɛ rɛklamúɛsɛ]
tabellone (m) pubblicitario	**tabelë reklamash** (f)	[tabélə rɛklámaʃ]

pattume (m), spazzatura (f)	**plehra** (f)	[pléhra]
pattumiera (f)	**kosh plehrash** (m)	[koʃ pléhraʃ]
sporcare (vi)	**hedh mbeturina**	[hɛð mbɛturína]
discarica (f) di rifiuti	**deponi plehrash** (f)	[dɛponí pléhraʃ]

cabina (f) telefonica	**kabinë telefonike** (f)	[kabínə tɛlɛfoníkɛ]
lampione (m)	**shtyllë dritash** (f)	[ʃtýłə drítaʃ]
panchina (f)	**stol** (m)	[stol]

poliziotto (m)	**polic** (m)	[políts]
polizia (f)	**polici** (f)	[politsí]
mendicante (m)	**lypës** (m)	[lýpəs]
barbone (m)	**i pastrehë** (m)	[i pastréhə]

79. Servizi cittadini

negozio (m)	**dyqan** (m)	[dycán]
farmacia (f)	**farmaci** (f)	[farmatsí]
ottica (f)	**optikë** (f)	[optíkə]
centro (m) commerciale	**qendër tregtare** (f)	[céndər trɛgtárɛ]
supermercato (m)	**supermarket** (m)	[supɛrmarkét]

panetteria (f)	**furrë** (f)	[fúrə]
fornaio (m)	**furrtar** (m)	[furtár]
pasticceria (f)	**pastiçeri** (f)	[pastitʃɛrí]
drogheria (f)	**dyqan ushqimor** (m)	[dycán uʃcimór]
macelleria (f)	**dyqan mishi** (m)	[dycán míʃi]

fruttivendolo (m)	**dyqan fruta-perimesh** (m)	[dycán frúta-pɛrímɛʃ]
mercato (m)	**treg** (m)	[trɛg]

caffè (m)	**kafene** (f)	[kafɛné]
ristorante (m)	**restorant** (m)	[rɛstoránt]
birreria (f), pub (m)	**pab** (m), **pijetore** (f)	[pab], [pijɛtórɛ]
pizzeria (f)	**piceri** (f)	[pitsɛrí]

salone (m) di parrucchiere	**parukeri** (f)	[parukɛrí]
ufficio (m) postale	**zyrë postare** (f)	[zýrə postárɛ]
lavanderia (f) a secco	**pastrim kimik** (m)	[pastrím kimík]
studio (m) fotografico	**studio fotografike** (f)	[stúdio fotografíkɛ]

negozio (m) di scarpe	**dyqan këpucësh** (m)	[dycán kəpútsəʃ]
libreria (f)	**librari** (f)	[librarí]

negozio (m) sportivo	dyqan me mallra sportivë (m)	[dycán mɛ máɬra sportívə]
riparazione (f) di abiti	rrobaqepësi (f)	[robacɛpəsí]
noleggio (m) di abiti	dyqan veshjesh me qira (m)	[dycán véʃjɛʃ mɛ cirá]
noleggio (m) di film	dyqan videosh me qira (m)	[dycán vídɛoʃ mɛ cirá]

circo (m)	cirk (m)	[tsírk]
zoo (m)	kopsht zoologjik (m)	[kópʃt zooloɟík]
cinema (m)	kinema (f)	[kinɛmá]
museo (m)	muze (m)	[muzé]
biblioteca (f)	bibliotekë (f)	[bibliotékə]

teatro (m)	teatër (m)	[tɛátər]
teatro (m) dell'opera	opera (f)	[opéra]
locale notturno (m)	klub nate (m)	[klúb nátɛ]
casinò (m)	kazino (f)	[kazíno]

moschea (f)	xhami (f)	[dʒamí]
sinagoga (f)	sinagogë (f)	[sinagógə]
cattedrale (f)	katedrale (f)	[katɛdrálɛ]
tempio (m)	tempull (m)	[témpuɬ]
chiesa (f)	kishë (f)	[kíʃə]

istituto (m)	kolegj (m)	[koléɟ]
università (f)	universitet (m)	[univɛrsitét]
scuola (f)	shkollë (f)	[ʃkóɬə]

prefettura (f)	prefekturë (f)	[prɛfɛktúrə]
municipio (m)	bashki (f)	[baʃkí]
albergo, hotel (m)	hotel (m)	[hotél]
banca (f)	bankë (f)	[bánkə]

ambasciata (f)	ambasadë (f)	[ambasádə]
agenzia (f) di viaggi	agjenci udhëtimesh (f)	[aɟɛntsí uðətímɛʃ]
ufficio (m) informazioni	zyrë informacioni (f)	[zýrə informatsióni]
ufficio (m) dei cambi	këmbim valutor (m)	[kəmbím valutór]

| metropolitana (f) | metro (f) | [mɛtró] |
| ospedale (m) | spital (m) | [spitál] |

| distributore (m) di benzina | pikë karburanti (f) | [píkə karburánti] |
| parcheggio (m) | parking (m) | [parkíŋ] |

80. Cartelli

insegna (f) (di negozi, ecc.)	tabelë (f)	[tabélə]
iscrizione (f)	njoftim (m)	[ɲoftím]
cartellone (m)	poster (m)	[postér]
segnale (m) di direzione	tabelë drejtuese (f)	[tabélə drɛjtúɛsɛ]
freccia (f)	shigjetë (f)	[ʃiɟétə]

avvertimento (m)	kujdes (m)	[kujdés]
avviso (m)	shenjë paralajmëruese (f)	[ʃéɲə paralajmərúɛsɛ]
avvertire, avvisare (vt)	paralajmëroj	[paralajmərój]

giorno (m) di riposo	ditë pushimi (f)	[dítə puʃími]
orario (m)	orar (m)	[orár]
orario (m) di apertura	orari i punës (m)	[orári i púnəs]

BENVENUTI!	MIRË SE VINI!	[mírə sɛ víni!]
ENTRATA	HYRJE	[hýrjɛ]
USCITA	DALJE	[dáljɛ]

SPINGERE	SHTY	[ʃty]
TIRARE	TËRHIQ	[tərhíc]
APERTO	HAPUR	[hápur]
CHIUSO	MBYLLUR	[mbýɫur]

| DONNE | GRA | [gra] |
| UOMINI | BURRA | [búra] |

SCONTI	ZBRITJE	[zbrítjɛ]
SALDI	ULJE	[úljɛ]
NOVITÀ!	TË REJA!	[tə réja!]
GRATIS	FALAS	[fálas]

ATTENZIONE!	KUJDES!	[kujdés!]
COMPLETO	NUK KA VENDE TË LIRA	[nuk ka véndɛ tə líra]
RISERVATO	E REZERVUAR	[ɛ rɛzɛrvúar]

AMMINISTRAZIONE	ADMINISTRATA	[administráta]
RISERVATO	VETËM PËR STAFIN	[vétəm pər stáfin]
AL PERSONALE		

ATTENTI AL CANE	RUHUNI NGA QENI!	[rúhuni ŋa céni!]
VIETATO FUMARE!	NDALOHET DUHANI	[ndalóhɛt duháni]
NON TOCCARE	MOS PREK!	[mos prék!]

PERICOLOSO	TË RREZIKSHME	[tə rɛzíkʃmɛ]
PERICOLO	RREZIK	[rɛzík]
ALTA TENSIONE	TENSION I LARTË	[tɛnsión i lártə]
DIVIETO DI BALNEAZIONE	NUK LEJOHET NOTI!	[nuk lɛjóhɛt nóti!]
GUASTO	E PRISHUR	[ɛ príʃur]

INFIAMMABILE	LËNDË DJEGËSE	[ləndə djégəsɛ]
VIETATO	E NDALUAR	[ɛ ndalúar]
VIETATO L'INGRESSO	NDALOHET HYRJA	[ndalóhɛt hýrja]
VERNICE FRESCA	BOJË E FRESKËT	[bójə ɛ fréskət]

81. Mezzi pubblici in città

autobus (m)	autobus (m)	[autobús]
tram (m)	tramvaj (m)	[tramváj]
filobus (m)	autobus tramvaj (m)	[autobús tramváj]
itinerario (m)	itinerar (m)	[itinɛrár]
numero (m)	numër (m)	[númər]

| andare in ... | udhëtoj me ... | [uðətój mɛ ...] |
| salire (~ sull'autobus) | hip | [hip] |

scendere da ...	zbres ...	[zbrɛs ...]
fermata (f) (~ dell'autobus)	stacion (m)	[statsión]
prossima fermata (f)	stacioni tjetër (m)	[statsióni tjétər]
capolinea (m)	terminal (m)	[tɛrminál]
orario (m)	orar (m)	[orár]
aspettare (vt)	pres	[prɛs]

biglietto (m)	biletë (f)	[bilétə]
prezzo (m) del biglietto	çmim bilete (m)	[tʃmím bilétɛ]

cassiere (m)	shitës biletash (m)	[ʃítəs bilétaʃ]
controllo (m) dei biglietti	kontroll biletash (m)	[kontróɫ bilétaʃ]
bigliettaio (m)	kontrollues biletash (m)	[kontroɫúɛs bilétaʃ]

essere in ritardo	vonohem	[vonóhɛm]
perdere (~ il treno)	humbas	[humbás]
avere fretta	nxitoj	[ndzitój]

taxi (m)	taksi (m)	[táksi]
taxista (m)	shofer taksie (m)	[ʃofér taksíɛ]
in taxi	me taksi	[mɛ táksi]
parcheggio (m) di taxi	stacion taksish (m)	[statsión táksiʃ]
chiamare un taxi	thërras taksi	[θərás táksi]
prendere un taxi	marr taksi	[mar táksi]

traffico (m)	trafik (m)	[trafík]
ingorgo (m)	bllokim trafiku (m)	[bɫokím trafíku]
ore (f pl) di punta	orë e trafikut të rëndë (f)	[órə ɛ trafíkut tə rəndə]
parcheggiarsi (vr)	parkoj	[parkój]
parcheggiare (vt)	parkim	[parkím]
parcheggio (m)	parking (m)	[parkíɲ]

metropolitana (f)	metro (f)	[mɛtró]
stazione (f)	stacion (m)	[statsión]
prendere la metropolitana	shkoj me metro	[ʃkoj mɛ métro]
treno (m)	tren (m)	[trɛn]
stazione (f) ferroviaria	stacion treni (m)	[statsión tréni]

82. Visita turistica

monumento (m)	monument (m)	[monumént]
fortezza (f)	kala (f)	[kalá]
palazzo (m)	pallat (m)	[paɫát]
castello (m)	kështjellë (f)	[kəʃtjéɫə]
torre (f)	kullë (f)	[kúɫə]
mausoleo (m)	mauzoleum (m)	[mauzolɛúm]

architettura (f)	arkitekturë (f)	[arkitɛktúrə]
medievale (agg)	mesjetare	[mɛsjɛtárɛ]
antico (agg)	e lashtë	[ɛ láʃtə]
nazionale (agg)	kombëtare	[kombətárɛ]
famoso (agg)	i famshëm	[i fámʃəm]
turista (m)	turist (m)	[turíst]
guida (f)	udhërrëfyes (m)	[uðərəfýɛs]

escursione (f)	ekskursion (m)	[ɛkskursión]
fare vedere	tregoj	[trɛgój]
raccontare (vt)	dëftoj	[dəftój]

trovare (vt)	gjej	[ɟéj]
perdersi (vr)	humbas	[humbás]
mappa (f)	hartë (f)	[hártə]
(~ della metropolitana)		
piantina (f) (~ della città)	hartë (f)	[hártə]

souvenir (m)	suvenir (m)	[suvɛnír]
negozio (m) di articoli	dyqan dhuratash (m)	[dycán ðurátaʃ]
da regalo		
fare foto	bëj foto	[bəj fóto]
fotografarsi	bëj fotografi	[bəj fotografí]

83. Acquisti

comprare (vt)	blej	[blɛj]
acquisto (m)	blerje (f)	[blérjɛ]
fare acquisti	shkoj për pazar	[ʃkoj pər pazár]
shopping (m)	pazar (m)	[pazár]

| essere aperto (negozio) | hapur | [hápur] |
| essere chiuso | mbyllur | [mbýɫur] |

calzature (f pl)	këpucë (f)	[kəpútsə]
abbigliamento (m)	veshje (f)	[véʃjɛ]
cosmetica (f)	kozmetikë (f)	[kozmɛtíkə]
alimentari (m pl)	mallra ushqimore (f)	[máɫra uʃcimórɛ]
regalo (m)	dhuratë (f)	[ðurátə]

| commesso (m) | shitës (m) | [ʃítəs] |
| commessa (f) | shitëse (f) | [ʃítəsɛ] |

cassa (f)	arkë (f)	[árkə]
specchio (m)	pasqyrë (f)	[pascýrə]
banco (m)	banak (m)	[bának]
camerino (m)	dhomë prove (f)	[ðómə próvɛ]

provare (~ un vestito)	provoj	[provój]
stare bene (vestito)	më rri mirë	[mə ri mírə]
piacere (vi)	pëlqej	[pəlcéj]

prezzo (m)	çmim (m)	[tʃmím]
etichetta (f) del prezzo	etiketa e çmimit (f)	[ɛtikéta ɛ tʃmímit]
costare (vt)	kushton	[kuʃtón]
Quanto?	Sa?	[sa?]
sconto (m)	ulje (f)	[úljɛ]

no muy caro (agg)	jo e shtrenjtë	[jo ɛ ʃtréɲtə]
a buon mercato	e lirë	[ɛ lírə]
caro (agg)	i shtrenjtë	[i ʃtréɲtə]
È caro	Është e shtrenjtë	[əʃtə ɛ ʃtréɲtə]

noleggio (m)	qiramarrje (f)	[ciramárjɛ]
noleggiare (~ un abito)	marr me qira	[mar mɛ cirá]
credito (m)	kredit (m)	[krɛdít]
a credito	me kredi	[mɛ krɛdí]

84. Denaro

soldi (m pl)	para (f)	[pará]
cambio (m)	këmbim valutor (m)	[kəmbím valutór]
corso (m) di cambio	kurs këmbimi (m)	[kurs kəmbími]
bancomat (m)	bankomat (m)	[bankomát]
moneta (f)	monedhë (f)	[monéðə]

| dollaro (m) | dollar (m) | [doɫár] |
| euro (m) | euro (f) | [éuro] |

lira (f)	lirë (f)	[lírə]
marco (m)	Marka gjermane (f)	[márka ɟɛrmánɛ]
franco (m)	franga (f)	[fráŋa]
sterlina (f)	sterlina angleze (f)	[stɛrlína aŋlézɛ]
yen (m)	jen (m)	[jén]

debito (m)	borxh (m)	[bórdʒ]
debitore (m)	debitor (m)	[dɛbitór]
prestare (~ i soldi)	jap hua	[jap huá]
prendere in prestito	marr hua	[mar huá]

banca (f)	bankë (f)	[bánkə]
conto (m)	llogari (f)	[ɫogarí]
versare (vt)	depozitoj	[dɛpozitój]
versare sul conto	depozitoj në llogari	[dɛpozitój nə ɫogarí]
prelevare dal conto	tërheq	[tərhéc]

carta (f) di credito	kartë krediti (f)	[kárte krɛdíti]
contanti (m pl)	kesh (m)	[kɛʃ]
assegno (m)	çek (m)	[tʃɛk]
emettere un assegno	lëshoj një çek	[ləʃój ɲe tʃék]
libretto (m) di assegni	bllok çeqesh (m)	[bɫók tʃécɛʃ]

portafoglio (m)	portofol (m)	[portofól]
borsellino (m)	kuletë (f)	[kulétə]
cassaforte (f)	kasafortë (f)	[kasafórtə]

erede (m)	trashëgimtar (m)	[traʃəgimtár]
eredità (f)	trashëgimi (f)	[traʃəgimí]
fortuna (f)	pasuri (f)	[pasurí]

affitto (m), locazione (f)	qira (f)	[cirá]
canone (m) d'affitto	qiraja (f)	[cirája]
affittare (dare in affitto)	marr me qira	[mar mɛ cirá]

prezzo (m)	çmim (m)	[tʃmím]
costo (m)	kosto (f)	[kósto]
somma (f)	shumë (f)	[ʃúmə]

spendere (vt)	shpenzoj	[ʃpɛnzój]
spese (f pl)	shpenzime (f)	[ʃpɛnzímɛ]
economizzare (vi, vt)	kursej	[kurséj]
economico (agg)	ekonomik	[ɛkonomík]

pagare (vi, vt)	paguaj	[pagúaj]
pagamento (m)	pagesë (f)	[pagésə]
resto (m) (dare il ~)	kusur (m)	[kusúr]

imposta (f)	taksë (f)	[táksə]
multa (f), ammenda (f)	gjobë (f)	[ɟóbə]
multare (vt)	vendos gjobë	[vɛndós ɟóbə]

85. Posta. Servizio postale

ufficio (m) postale	zyrë postare (f)	[zýrə postárɛ]
posta (f) (lettere, ecc.)	postë (f)	[póstə]
postino (m)	postier (m)	[postiér]
orario (m) di apertura	orari i punës (m)	[orári i púnəs]

lettera (f)	letër (f)	[létər]
raccomandata (f)	letër rekomande (f)	[létər rɛkomándɛ]
cartolina (f)	kartolinë (f)	[kartolínə]
telegramma (m)	telegram (m)	[tɛlɛgrám]
pacco (m) postale	pako (f)	[páko]
vaglia (m) postale	transfer parash (m)	[transfér paráʃ]

ricevere (vt)	pranoj	[pranój]
spedire (vt)	dërgoj	[dərgój]
invio (m)	dërgesë (f)	[dərgésə]

indirizzo (m)	adresë (f)	[adrésə]
codice (m) postale	kodi postar (m)	[kódi postár]
mittente (m)	dërguesi (m)	[dərgúɛsi]
destinatario (m)	pranues (m)	[pranúɛs]

nome (m)	emër (m)	[émər]
cognome (m)	mbiemër (m)	[mbiémər]

tariffa (f)	tarifë postare (f)	[tarífə postárɛ]
ordinario (agg)	standard	[standárd]
standard (agg)	ekonomike	[ɛkonomíkɛ]

peso (m)	peshë (f)	[péʃə]
pesare (vt)	peshoj	[pɛʃój]
busta (f)	zarf (m)	[zarf]
francobollo (m)	pullë postare (f)	[púłə postárɛ]
affrancare (vt)	vendos pullën postare	[vɛndós púłən postárɛ]

Abitazione. Casa

86. Casa. Abitazione

casa (f)	shtëpi (f)	[ʃtəpí]
a casa	në shtëpi	[nə ʃtəpí]
cortile (m)	oborr (m)	[obór]
recinto (m)	gardh (m)	[garð]
mattone (m)	tullë (f)	[túłə]
di mattoni	me tulla	[mɛ túła]
pietra (f)	gur (m)	[gur]
di pietra	guror	[gurór]
beton (m)	çimento (f)	[tʃiménto]
di beton	prej çimentoje	[prɛj tʃiméntojɛ]
nuovo (agg)	i ri	[i rí]
vecchio (agg)	i vjetër	[i vjétər]
fatiscente (edificio ~)	e vjetruar	[ɛ vjɛtrúar]
moderno (agg)	moderne	[modérnɛ]
a molti piani	shumëkatëshe	[ʃuməkátəʃɛ]
alto (agg)	e lartë	[ɛ lártə]
piano (m)	kat (m)	[kat]
di un piano	njëkatëshe	[ɲəkátəʃɛ]
pianoterra (m)	përdhese (f)	[pərðésɛ]
ultimo piano (m)	kati i fundit (m)	[káti i fúndit]
tetto (m)	çati (f)	[tʃatí]
ciminiera (f)	oxhak (m)	[odʒák]
tegola (f)	tjegulla (f)	[tjéguła]
di tegole	me tjegulla	[mɛ tjéguła]
soffitta (f)	papafingo (f)	[papafíŋo]
finestra (f)	dritare (f)	[dritárɛ]
vetro (m)	xham (m)	[dʒam]
davanzale (m)	prag dritareje (m)	[prag dritárɛjɛ]
imposte (f pl)	grila (f)	[gríla]
muro (m)	mur (m)	[mur]
balcone (m)	ballkon (m)	[bałkón]
tubo (m) pluviale	ulluk (m)	[ułúk]
su, di sopra	lart	[lart]
andare di sopra	ngjitem lart	[ɲʝitém lárt]
scendere (vi)	zbres	[zbrɛs]
trasferirsi (vr)	lëviz	[ləvíz]

87. Casa. Ingresso. Ascensore

entrata (f)	hyrje (f)	[hýrjɛ]
scala (f)	shkallë (f)	[ʃkátə]
gradini (m pl)	shkallë (f)	[ʃkátə]
ringhiera (f)	parmak (m)	[parmák]
hall (f) (atrio d'ingresso)	holl (m)	[hoɬ]
cassetta (f) della posta	kuti postare (f)	[kutí postárɛ]
secchio (m) della spazzatura	kazan mbeturinash (m)	[kazán mbɛturínaʃ]
scivolo (m) per la spazzatura	ashensor mbeturinash (m)	[aʃɛnsór mbɛturínaʃ]
ascensore (m)	ashensor (m)	[aʃɛnsór]
montacarichi (m)	ashensor mallrash (m)	[aʃɛnsór máɬraʃ]
cabina (f) di ascensore	kabinë ashensori (f)	[kabínə aʃɛnsóri]
prendere l'ascensore	marr ashensorin	[mar aʃɛnsórin]
appartamento (m)	apartament (m)	[apartamént]
inquilini (m pl)	banorë (pl)	[banórə]
vicino (m)	komshi (m)	[komʃí]
vicina (f)	komshike (f)	[komʃíkɛ]
vicini (m pl)	komshinj (pl)	[komʃíɲ]

88. Casa. Elettricità

elettricità (f)	elektricitet (m)	[ɛlɛktritsitét]
lampadina (f)	poç (m)	[potʃ]
interruttore (m)	çelës drite (m)	[tʃéləs drítɛ]
fusibile (m)	siguresë (f)	[sigurésə]
filo (m)	kabllo (f)	[kábɬo]
impianto (m) elettrico	rrjet elektrik (m)	[rjét ɛlɛktrík]
contatore (m) dell'elettricità	njehsor elektrik (m)	[ɲɛhsór ɛlɛktrík]
lettura, indicazione (f)	matjet (pl)	[mátjɛt]

89. Casa. Porte. Serrature

porta (f)	derë (f)	[dérə]
cancello (m)	portik (m)	[portík]
maniglia (f)	dorezë (f)	[dorézə]
togliere il catenaccio	zhbllokoj	[ʒbɬokój]
aprire (vt)	hap	[hap]
chiudere (vt)	mbyll	[mbyɬ]
chiave (f)	çelës (m)	[tʃéləs]
mazzo (m)	tufë çelësash (f)	[túfə tʃéləsaʃ]
cigolare (vi)	kërcet	[kərtsét]
cigolio (m)	kërcitje (f)	[kərtsítjɛ]
cardine (m)	menteshë (f)	[mɛntéʃə]
zerbino (m)	tapet hyrës (m)	[tapét hýrəs]
serratura (f)	kyç (m)	[kytʃ]

buco (m) della serratura	vrimë e çelësit (f)	[vrímə ɛ tʃéləsit]
chiavistello (m)	shul (m)	[ʃul]
catenaccio (m)	shul (m)	[ʃul]
lucchetto (m)	dry (m)	[dry]

suonare (~ il campanello)	i bie ziles	[i bíɛ zílɛs]
suono (m)	tingulli i ziles (m)	[tíɲuɬi i zílɛs]
campanello (m)	zile (f)	[zílɛ]
pulsante (m)	çelësi i ziles (m)	[tʃéləsi i zílɛs]
bussata (f)	trokitje (f)	[trokítjɛ]
bussare (vi)	trokas	[trokás]

codice (m)	kod (m)	[kod]
serratura (f) a codice	kod (m)	[kod]
citofono (m)	interkom (m)	[intɛrkóm]
numero (m) (~ civico)	numër (m)	[númər]
targhetta (f) di porta	pllakë e emrit (f)	[pɬákə ɛ émrit]
spioncino (m)	vrimë përgjimi (f)	[vrímə pərɲími]

90. Casa di campagna

villaggio (m)	fshat (m)	[fʃát]
orto (m)	kopsht zarzavatesh (m)	[kópʃt zarzavátɛʃ]
recinto (m)	gardh (m)	[garð]
steccato (m)	gardh kunjash	[garð kúɲaʃ]
cancelletto (m)	portik (m)	[portík]

granaio (m)	hambar (m)	[hambár]
cantina (f), scantinato (m)	qilar (m)	[cilár]
capanno (m)	kasolle (f)	[kasóɬɛ]
pozzo (m)	pus (m)	[pus]

stufa (f)	sobë (f)	[sóbə]
attizzare (vt)	mbush sobën	[mbúʃ sóbən]
legna (f) da ardere	dru për zjarr (m)	[dru pər zjár]
ciocco (m)	dru (m)	[dru]

veranda (f)	verandë (f)	[vɛrándə]
terrazza (f)	ballkon (m)	[baɬkón]
scala (f) d'ingresso	prag i derës (m)	[prag i dérəs]
altalena (f)	kolovajzë (f)	[kolovájzə]

91. Villa. Palazzo

casa (f) di campagna	vilë (f)	[vílə]
villa (f)	vilë (f)	[vílə]
ala (f)	krah (m)	[krah]
giardino (m)	kopsht (m)	[kopʃt]
parco (m)	park (m)	[park]
serra (f)	serrë (f)	[sérə]
prendersi cura (~ del giardino)	përkujdesem	[pərkujdésɛm]

piscina (f)	pishinë (f)	[piʃínə]
palestra (f)	palestër (f)	[paléstər]
campo (m) da tennis	fushë tenisi (f)	[fúʃə tɛnísi]
home cinema (m)	sallon teatri (m)	[saɫón tɛátri]
garage (m)	garazh (m)	[garáʒ]

| proprietà (f) privata | pronë private (f) | [prónə privátɛ] |
| terreno (m) privato | tokë private (f) | [tókə privátɛ] |

| avvertimento (m) | paralajmërim (m) | [paralajmərím] |
| cartello (m) di avvertimento | shenjë paralajmëruese (f) | [ʃéɲə paralajmərúɛsɛ] |

sicurezza (f)	sigurim (m)	[sigurím]
guardia (f) giurata	roje sigurimi (m)	[rójɛ sigurími]
allarme (f) antifurto	alarm (m)	[alárm]

92. Castello. Reggia

castello (m)	kështjellë (f)	[kəʃtjéɫə]
palazzo (m)	pallat (m)	[paɫát]
fortezza (f)	kala (f)	[kalá]

muro (m)	mur rrethues (m)	[mur rɛθúɛs]
torre (f)	kullë (f)	[kúɫə]
torre (f) principale	kulla e parë (f)	[kúɫa ɛ párə]

saracinesca (f)	portë me hekura (f)	[pórtə mɛ hékura]
tunnel (m)	nënkalim (m)	[nənkalím]
fossato (m)	kanal (m)	[kanál]
catena (f)	zinxhir (m)	[zindʒír]
feritoia (f)	frëngji (f)	[frənɟí]

magnifico (agg)	e mrekullueshme	[ɛ mrɛkuɫúɛʃmɛ]
maestoso (agg)	madhështore	[maðəʃtórɛ]
inespugnabile (agg)	e padepërtueshme	[ɛ padɛpərtúɛʃmɛ]
medievale (agg)	mesjetare	[mɛsjɛtárɛ]

93. Appartamento

appartamento (m)	apartament (m)	[apartamént]
camera (f), stanza (f)	dhomë (f)	[ðómə]
camera (f) da letto	dhomë gjumi (f)	[ðómə ɟúmi]
sala (f) da pranzo	dhomë ngrënie (f)	[ðómə ŋrəníɛ]
salotto (m)	dhomë ndeje (f)	[ðómə ndéjɛ]
studio (m)	dhomë pune (f)	[ðómə púnɛ]
ingresso (m)	hyrje (f)	[hýrjɛ]
bagno (m)	banjo (f)	[báɲo]
gabinetto (m)	tualet (m)	[tualét]

soffitto (m)	tavan (m)	[taván]
pavimento (m)	dysheme (f)	[dyʃɛmé]
angolo (m)	qoshe (f)	[cóʃɛ]

94. Appartamento. Pulizie

pulire (vt)	pastroj	[pastrój]
mettere via	vendos	[vɛndós]
polvere (f)	pluhur (m)	[plúhur]
impolverato (agg)	e pluhurosur	[ɛ pluhurósur]
spolverare (vt)	marr pluhurat	[mar plúhurat]
aspirapolvere (m)	fshesë elektrike (f)	[ffésə ɛlɛktríkɛ]
passare l'aspirapolvere	thith pluhurin	[θiθ plúhurin]
spazzare (vi, vt)	fshij	[ffʃij]
spazzatura (f)	plehra (f)	[pléhra]
ordine (m)	rregull (m)	[réguɫ]
disordine (m)	rrëmujë (f)	[rəmújə]
frettazzo (m)	shtupë (f)	[ʃtúpə]
strofinaccio (m)	leckë (f)	[létskə]
scopa (f)	fshesë (f)	[ffésə]
paletta (f)	kaci (f)	[katsí]

95. Arredamento. Interno

mobili (m pl)	orendi (f)	[orɛndí]
tavolo (m)	tryezë (f)	[tryézə]
sedia (f)	karrige (f)	[karígɛ]
letto (m)	shtrat (m)	[ʃtrat]
divano (m)	divan (m)	[diván]
poltrona (f)	kolltuk (m)	[koɫtúk]
libreria (f)	raft librash (m)	[ráft líbraʃ]
ripiano (m)	sergjen (m)	[sɛɾjén]
armadio (m)	gardërobë (f)	[gardəróbə]
attaccapanni (m) da parete	varëse (f)	[várəsɛ]
appendiabiti (m) da terra	varëse xhaketash (f)	[várəsɛ dʒakétaʃ]
comò (m)	komodë (f)	[komódə]
tavolino (m) da salotto	tryezë e ulët (f)	[tryézə ɛ úlət]
specchio (m)	pasqyrë (f)	[pascýrə]
tappeto (m)	qilim (m)	[cilím]
tappetino (m)	tapet (m)	[tapét]
camino (m)	oxhak (m)	[odʒák]
candela (f)	qiri (m)	[círi]
candeliere (m)	shandan (m)	[ʃandán]
tende (f pl)	perde (f)	[pérdɛ]
carta (f) da parati	tapiceri (f)	[tapitsɛrí]
tende (f pl) alla veneziana	grila (f)	[gríla]
lampada (f) da tavolo	llambë tavoline (f)	[ɫámbə tavolínɛ]
lampada (f) da parete	llambadar muri (m)	[ɫambadár múri]

| lampada (f) a stelo | llambadar (m) | [łambadár] |
| lampadario (m) | llambadar (m) | [łambadár] |

gamba (f)	këmbë (f)	[kémbə]
bracciolo (m)	mbështetëse krahu (f)	[mbəʃtétəsɛ kráhu]
spalliera (f)	mbështetëse (f)	[mbəʃtétəsɛ]
cassetto (m)	sirtar (m)	[sirtár]

96. Biancheria da letto

biancheria (f) da letto	çarçafë (pl)	[tʃartʃáfə]
cuscino (m)	jastëk (m)	[jasték]
federa (f)	këllëf jastëku (m)	[kəłéf jastéku]
coperta (f)	jorgan (m)	[jorgán]
lenzuolo (m)	çarçaf (m)	[tʃartʃáf]
copriletto (m)	mbulesë (f)	[mbulésə]

97. Cucina

cucina (f)	kuzhinë (f)	[kuʒínə]
gas (m)	gaz (m)	[gaz]
fornello (m) a gas	sobë me gaz (f)	[sóbə mɛ gaz]
fornello (m) elettrico	sobë elektrike (f)	[sóbə ɛlɛktríkɛ]
forno (m)	furrë (f)	[fúrə]
forno (m) a microonde	mikrovalë (f)	[mikroválə]

frigorifero (m)	frigorifer (m)	[frigorifér]
congelatore (m)	frigorifer (m)	[frigorifér]
lavastoviglie (f)	pjatalarëse (f)	[pjatalárəsɛ]

tritacarne (m)	grirëse mishi (f)	[gríʀəsɛ míʃi]
spremifrutta (m)	shtrydhëse frutash (f)	[ʃtrýðəsɛ frútaʃ]
tostapane (m)	toster (m)	[tostér]
mixer (m)	mikser (m)	[miksér]

macchina (f) da caffè	makinë kafeje (f)	[makínə kaféjɛ]
caffettiera (f)	kafetierë (f)	[kafɛtiérə]
macinacaffè (m)	mulli kafeje (f)	[mułí káfɛjɛ]

bollitore (m)	çajnik (m)	[tʃajník]
teiera (f)	çajnik (m)	[tʃajník]
coperchio (m)	kapak (m)	[kapák]
colino (m) da tè	sitë çaji (f)	[sítə tʃáji]

cucchiaio (m)	lugë (f)	[lúgə]
cucchiaino (m) da tè	lugë çaji (f)	[lúgə tʃáji]
cucchiaio (m)	lugë gjelle (f)	[lúgə ɟéłɛ]
forchetta (f)	pirun (m)	[pirún]
coltello (m)	thikë (f)	[θíkə]

| stoviglie (f pl) | enë kuzhine (f) | [énə kuʒínɛ] |
| piatto (m) | pjatë (f) | [pjátə] |

piattino (m)	pjatë filxhani (f)	[pjátə fildʒáni]
cicchetto (m)	potir (m)	[potír]
bicchiere (m) (~ d'acqua)	gotë (f)	[gótə]
tazzina (f)	filxhan (m)	[fildʒán]

zuccheriera (f)	tas për sheqer (m)	[tas pər ʃɛcér]
saliera (f)	kripore (f)	[kripórɛ]
pepiera (f)	enë piperi (f)	[énə pipéri]
burriera (f)	pjatë gjalpi (f)	[pjátə ɟálpi]

pentola (f)	tenxhere (f)	[tɛndʒérɛ]
padella (f)	tigan (m)	[tigán]
mestolo (m)	garuzhdë (f)	[garúʒdə]
colapasta (m)	kullesë (f)	[kuɬésə]
vassoio (m)	tabaka (f)	[tabaká]

bottiglia (f)	shishe (f)	[ʃíʃɛ]
barattolo (m) di vetro	kavanoz (m)	[kavanóz]
latta, lattina (f)	kanoçe (f)	[kanótʃɛ]

apribottiglie (m)	hapëse shishesh (f)	[hapəsé ʃíʃɛʃ]
apriscatole (m)	hapëse kanoçesh (f)	[hapəsé kanótʃɛʃ]
cavatappi (m)	turjelë tapash (f)	[turjélə tápaʃ]
filtro (m)	filtër (m)	[fíltər]
filtrare (vt)	filtroj	[filtrój]

spazzatura (f)	pleh (m)	[plɛh]
pattumiera (f)	kosh plehrash (m)	[koʃ pléhraʃ]

98. Bagno

bagno (m)	banjo (f)	[báɲo]
acqua (f)	ujë (m)	[újə]
rubinetto (m)	rubinet (m)	[rubinét]
acqua (f) calda	ujë i nxehtë (f)	[újə i ndzéhtə]
acqua (f) fredda	ujë i ftohtë (f)	[újə i ftóhtə]

dentifricio (m)	pastë dhëmbësh (f)	[pástə ðémbəʃ]
lavarsi i denti	laj dhëmbët	[laj ðémbət]
spazzolino (m) da denti	furçë dhëmbësh (f)	[fúrtʃə ðémbəʃ]

rasarsi (vr)	rruhem	[rúhɛm]
schiuma (f) da barba	shkumë rroje (f)	[ʃkumə rójɛ]
rasoio (m)	brisk (m)	[brísk]

lavare (vt)	laj duart	[laj dúart]
fare un bagno	lahem	[láhɛm]
doccia (f)	dush (m)	[duʃ]
fare una doccia	bëj dush	[bəj dúʃ]

vasca (f) da bagno	vaskë (f)	[váskə]
water (m)	tualet (m)	[tualét]
lavandino (m)	lavaman (m)	[lavamán]
sapone (m)	sapun (m)	[sapún]

porta (m) sapone	pjatë sapuni (f)	[pjátə sapúni]
spugna (f)	sfungjer (m)	[sfuŋɟér]
shampoo (m)	shampo (f)	[ʃampó]
asciugamano (m)	peshqir (m)	[pɛʃcír]
accappatoio (m)	peshqir trupi (m)	[pɛʃcír trúpi]

bucato (m)	larje (f)	[lárjɛ]
lavatrice (f)	makinë larëse (f)	[makínə lárəsɛ]
fare il bucato	laj rroba	[laj róba]
detersivo (m) per il bucato	detergjent (m)	[dɛtɛrɟént]

99. Elettrodomestici

televisore (m)	televizor (m)	[tɛlɛvizór]
registratore (m) a nastro	inçizues me shirit (m)	[intʃizúɛs mɛ ʃirít]
videoregistratore (m)	video regjistrues (m)	[vídɛo rɛɟistrúɛs]
radio (f)	radio (f)	[rádio]
lettore (m)	kasetofon (m)	[kasɛtofón]

videoproiettore (m)	projektor (m)	[projɛktór]
home cinema (m)	kinema shtëpie (f)	[kinɛmá ʃtəpíɛ]
lettore (m) DVD	DVD player (m)	[dividí plɛjər]
amplificatore (m)	amplifikator (m)	[amplifikatór]
console (f) video giochi	konsol video loje (m)	[konsól vídɛo lójɛ]

videocamera (f)	videokamerë (f)	[vidɛokamérə]
macchina (f) fotografica	aparat fotografik (m)	[aparát fotografík]
fotocamera (f) digitale	kamerë digjitale (f)	[kamérə diɟitálɛ]

aspirapolvere (m)	fshesë elektrike (f)	[fʃésə ɛlɛktríkɛ]
ferro (m) da stiro	hekur (m)	[hékur]
asse (f) da stiro	tryezë për hekurosje (f)	[tryézə pər hɛkurósjɛ]

telefono (m)	telefon (m)	[tɛlɛfón]
telefonino (m)	celular (m)	[tsɛlulár]
macchina (f) da scrivere	makinë shkrimi (f)	[makínə ʃkrími]
macchina (f) da cucire	makinë qepëse (f)	[makínə cépəsɛ]

microfono (m)	mikrofon (m)	[mikrofón]
cuffia (f)	kufje (f)	[kúfjɛ]
telecomando (m)	telekomandë (f)	[tɛlɛkomándə]

CD (m)	CD (f)	[tsɛdé]
cassetta (f)	kasetë (f)	[kasétə]
disco (m) (vinile)	pllakë gramafoni (f)	[płákə gramafóni]

100. Riparazioni. Restauro

lavori (m pl) di restauro	renovim (m)	[rɛnovím]
rinnovare (ridecorare)	rinovoj	[rinovój]
riparare (vt)	riparoj	[riparój]
mettere in ordine	rregulloj	[rɛgułój]

rifare (vt)	ribëj	[ribéj]
pittura (f)	bojë (f)	[bójə]
pitturare (~ un muro)	lyej	[lýɛj]
imbianchino (m)	bojaxhi (m)	[bojadʒí]
pennello (m)	furçë (f)	[fúrtʃə]

| imbiancatura (f) | gëlqere (f) | [gəlcérɛ] |
| imbiancare (vt) | lyej me gëlqere | [lýɛj mɛ gəlcérɛ] |

carta (f) da parati	tapiceri (f)	[tapitsɛrí]
tappezzare (vt)	vendos tapiceri	[vɛndós tapitsɛrí]
vernice (f)	llak (m)	[ɫak]
verniciare (vt)	lustroj	[lustrój]

101. Impianto idraulico

acqua (f)	ujë (m)	[újə]
acqua (f) calda	ujë i nxehtë (f)	[újə i ndzéhtə]
acqua (f) fredda	ujë i ftohtë (f)	[újə i ftóhtə]
rubinetto (m)	rubinet (m)	[rubinét]

goccia (f)	pikë uji (f)	[píkə úji]
gocciolare (vi)	pikon	[pikón]
perdere (il tubo, ecc.)	rrjedh	[rjéð]
perdita (f) (~ dai tubi)	rrjedhje (f)	[rjéðjɛ]
pozza (f)	pellg (m)	[pɛɫg]

tubo (m)	gyp (m)	[gyp]
valvola (f)	valvulë (f)	[valvúlə]
intasarsi (vr)	bllokohet	[bɫokóhɛt]

strumenti (m pl)	vegla (pl)	[végla]
chiave (f) inglese	çelës anglez (m)	[tʃéləs aŋléz]
svitare (vt)	zhvidhos	[ʒviðós]
avvitare (stringere)	vidhos	[viðós]

stasare (vt)	zhbllokoj	[ʒbɫokój]
idraulico (m)	hidraulik (m)	[hidraulík]
seminterrato (m)	qilar (m)	[cilár]
fognatura (f)	kanalizim (m)	[kanalizím]

102. Incendio. Conflagrazione

fuoco (m)	zjarr (m)	[zjar]
fiamma (f)	flakë (f)	[flákə]
scintilla (f)	shkëndijë (f)	[ʃkəndíjə]
fumo (m)	tym (m)	[tym]
fiaccola (f)	pishtar (m)	[piʃtár]
falò (m)	zjarr kampingu (m)	[zjar kampíŋu]

| benzina (f) | benzinë (f) | [bɛnzínə] |
| cherosene (m) | vajgur (m) | [vajgúr] |

combustibile (agg)	djegëse	[djégəsɛ]
esplosivo (agg)	shpërthyese	[ʃpərθýɛsɛ]
VIETATO FUMARE!	NDALOHET DUHANI	[ndalóhɛt duháni]

sicurezza (f)	siguri (f)	[sigurí]
pericolo (m)	rrezik (m)	[rɛzík]
pericoloso (agg)	i rrezikshëm	[i rɛzíkʃəm]

prendere fuoco	merr flakë	[mɛr flákə]
esplosione (f)	shpërthim (m)	[ʃpərθím]
incendiare (vt)	vë flakën	[və flákən]
incendiario (m)	zjarrvënës (m)	[zjarvénəs]
incendio (m) doloso	zjarrvënie e qëllimshme (f)	[zjarvéniɛ ɛ cətímʃmɛ]

divampare (vi)	flakëron	[flakərón]
bruciare (vi)	digjet	[díɟɛt]
bruciarsi (vr)	u dogj	[u doɟ]

chiamare i pompieri	telefonoj zjarrfikësit	[tɛlɛfonój zjarfíkəsit]
pompiere (m)	zjarrfikës (m)	[zjarfíkəs]
autopompa (f)	kamion zjarrfikës (m)	[kamión zjarfíkəs]
corpo (m) dei pompieri	zjarrfikës (m)	[zjarfíkəs]
autoscala (f) da pompieri	shkallë e zjarrfikëses (f)	[ʃkáłə ɛ zjarfíkəsɛs]

manichetta (f)	pompë e ujit (f)	[pómpə ɛ újit]
estintore (m)	bombolë kundër zjarrit (f)	[bombólə kúndər zjárit]
casco (m)	helmetë (f)	[hɛlmétə]
sirena (f)	alarm (m)	[alárm]

gridare (vi)	bërtas	[bərtás]
chiamare in aiuto	thërras për ndihmë	[θərás pər ndíhmə]
soccorritore (m)	shpëtimtar (m)	[ʃpətimtár]
salvare (vt)	shpëtoj	[ʃpətój]

arrivare (vi)	arrij	[aríj]
spegnere (vt)	shuaj	[ʃúaj]
acqua (f)	ujë (m)	[újə]
sabbia (f)	rërë (f)	[rérə]

rovine (f pl)	gërmadhë (f)	[gərmáðə]
crollare (edificio)	shembet	[ʃémbɛt]
cadere (vi)	rrëzohem	[rəzóhɛm]
collassare (vi)	shembet	[ʃémbɛt]

frammento (m)	mbetje (f)	[mbétjɛ]
cenere (f)	hi (m)	[hi]

asfissiare (vi)	asfiksim	[asfiksím]
morire, perire (vi)	vdes	[vdɛs]

ATTIVITÀ UMANA

Lavoro. Affari. Parte 1

103. Ufficio. Lavorare in ufficio

uffici (m pl) (gli ~ della società)	zyrë (f)	[zýrə]
ufficio (m)	zyrë (f)	[zýrə]
portineria (f)	recepsion (m)	[rɛtsɛpsión]
segretario (m)	sekretar (m)	[sɛkrɛtár]
segretaria (f)	sekretare (f)	[sɛkrɛtárɛ]
direttore (m)	drejtor (m)	[drɛjtór]
manager (m)	menaxher (m)	[mɛnadʒér]
contabile (m)	kontabilist (m)	[kontabilíst]
impiegato (m)	punonjës (m)	[punóɲəs]
mobili (m pl)	orendi (f)	[orɛndí]
scrivania (f)	tavolinë pune (f)	[tavolínə púnɛ]
poltrona (f)	karrige pune (f)	[karígɛ púnɛ]
cassettiera (f)	njësi sirtarësh (f)	[ɲəsí sirtárəʃ]
appendiabiti (m) da terra	varëse xhaketash (f)	[várəsɛ dʒakétaʃ]
computer (m)	kompjuter (m)	[kompjutér]
stampante (f)	printer (m)	[printér]
fax (m)	aparat faksi (m)	[aparát fáksi]
fotocopiatrice (f)	fotokopje (f)	[fotokópjɛ]
carta (f)	letër (f)	[létər]
cancelleria (f)	pajisje zyre (f)	[pajísjɛ zýrɛ]
tappetino (m) del mouse	shtroje e mausit (f)	[ʃtrójɛ ɛ máusit]
foglio (m)	fletë (f)	[flétə]
cartella (f)	dosje (f)	[dósjɛ]
catalogo (m)	katalog (m)	[kataslóg]
elenco (m) del telefono	numerator telefonik (m)	[numɛratór tɛlɛfoník]
documentazione (f)	dokumentacion (m)	[dokumɛntatsión]
opuscolo (m)	broshurë (f)	[broʃúrə]
volantino (m)	fletëpalosje (f)	[flɛtəpalósjɛ]
campione (m)	mostër (f)	[móstər]
formazione (f)	takim trajnimi (m)	[takím trajními]
riunione (f)	takim (m)	[takím]
pausa (f) pranzo	pushim dreke (m)	[puʃím drékɛ]
copiare (vt)	bëj fotokopje	[bəj fotokópjɛ]
fare copie	shumëfishoj	[ʃuməfiʃój]
ricevere un fax	marr faks	[mar fáks]
spedire un fax	dërgoj faks	[dərgój fáks]

telefonare (vi, vt)	telefonoj	[tɛlɛfonój]
rispondere (vi, vt)	përgjigjem	[pərɟíɟɛm]
passare (glielo passo)	kaloj linjën	[kalój líɲən]

fissare (organizzare)	lë takim	[lə takím]
dimostrare (vt)	tregoj	[trɛgój]
essere assente	mungoj	[muŋój]
assenza (f)	mungesë (f)	[muŋésə]

104. Operazioni d'affari. Parte 1

| attività (f) | biznes (m) | [biznés] |
| occupazione (f) | profesion (m) | [profɛsión] |

ditta (f)	firmë (f)	[fírmə]
compagnia (f)	kompani (f)	[kompaní]
corporazione (f)	korporatë (f)	[korporátə]
impresa (f)	ndërmarrje (f)	[ndərmárjɛ]
agenzia (f)	agjenci (f)	[aɟɛntsí]

accordo (m)	marrëveshje (f)	[marəvéʃɛ]
contratto (m)	kontratë (f)	[kontrátə]
affare (m)	marrëveshje (f)	[marəvéʃɛ]
ordine (m) (ordinazione)	porosi (f)	[porosí]
termine (m) dell'accordo	kushte (f)	[kúʃtɛ]

all'ingrosso	me shumicë	[mɛ ʃumítsə]
all'ingrosso (agg)	me shumicë	[mɛ ʃumítsə]
vendita (f) all'ingrosso	me shumicë (f)	[mɛ ʃumítsə]
al dettaglio (agg)	me pakicë	[mɛ pakítsə]
vendita (f) al dettaglio	me pakicë (f)	[mɛ pakítsə]

concorrente (m)	konkurrent (m)	[konkurént]
concorrenza (f)	konkurrencë (f)	[konkuréntsə]
competere (vi)	konkurroj	[konkurój]

| socio (m), partner (m) | ortak (m) | [orták] |
| partenariato (m) | partneritet (m) | [partnɛritét] |

crisi (f)	krizë (f)	[krízə]
bancarotta (f)	falimentim (m)	[falimɛntím]
fallire (vi)	falimentoj	[falimɛntój]
difficoltà (f)	vështirësi (f)	[vəʃtirəsí]
problema (m)	problem (m)	[problém]
disastro (m)	katastrofë (f)	[katastrófə]

economia (f)	ekonomi (f)	[ɛkonomí]
economico (agg)	ekonomik	[ɛkonomík]
recessione (f) economica	recesion ekonomik (m)	[rɛtsɛsión ɛkonomík]

scopo (m), obiettivo (m)	qëllim (m)	[cəłím]
incarico (m)	detyrë (f)	[dɛtýrə]
commerciare (vi)	tregtoj	[trɛgtój]
rete (f) (~ di distribuzione)	rrjet (m)	[rjét]

| giacenza (f) | inventar (m) | [invɛntár] |
| assortimento (m) | gamë (f) | [gámə] |

leader (m), capo (m)	lider (m)	[lidér]
grande (agg)	e madhe	[ɛ máðɛ]
monopolio (m)	monopol (m)	[monopól]

teoria (f)	teori (f)	[tɛorí]
pratica (f)	praktikë (f)	[praktíkə]
esperienza (f)	përvojë (f)	[pərvójə]
tendenza (f)	trend (m)	[trɛnd]
sviluppo (m)	zhvillim (m)	[ʒviɬím]

105. Operazioni d'affari. Parte 2

| profitto (m) | fitim (m) | [fitím] |
| profittevole (agg) | fitimprurës | [fitimprúrəs] |

delegazione (f)	delegacion (m)	[dɛlɛgatsión]
stipendio (m)	pagë (f)	[págə]
correggere (vt)	korrigjoj	[koriɟój]
viaggio (m) d'affari	udhëtim pune (m)	[uðətím púnɛ]
commissione (f)	komision (m)	[komisión]

controllare (vt)	kontrolloj	[kontroɬój]
conferenza (f)	konferencë (f)	[konfɛréntsə]
licenza (f)	licencë (f)	[litséntsə]
affidabile (agg)	i besueshëm	[i bɛsúɛʃəm]

iniziativa (f) (progetto nuovo)	nismë (f)	[nísmə]
norma (f)	normë (f)	[nórmə]
circostanza (f)	rrethanë (f)	[rɛθánə]
mansione (f)	detyrë (f)	[dɛtýrə]

impresa (f)	organizatë (f)	[organizátə]
organizzazione (f)	organizativ (m)	[organizatív]
organizzato (agg)	i organizuar	[i organizúar]
annullamento (m)	anulim (m)	[anulím]
annullare (vt)	anuloj	[anulój]
rapporto (m) (~ ufficiale)	raport (m)	[rapórt]

brevetto (m)	patentë (f)	[paténtə]
brevettare (vt)	patentoj	[patɛntój]
pianificare (vt)	planifikoj	[planifikój]

premio (m)	bonus (m)	[bonús]
professionale (agg)	profesional	[profɛsonál]
procedura (f)	procedurë (f)	[protsɛdúrə]

esaminare (~ un contratto)	shqyrtoj	[ʃcyrtój]
calcolo (m)	llogaritje (f)	[ɬogarítjɛ]
reputazione (f)	reputacion (m)	[rɛputatsión]
rischio (m)	rrezik (m)	[rɛzík]
dirigere (~ un'azienda)	drejtoj	[drɛjtój]

informazioni (f pl)	informacion (m)	[informatsión]
proprietà (f)	pronë (f)	[próne]
unione (f)	bashkim (m)	[baʃkím]
(~ Italiana Vini, ecc.)		

assicurazione (f) sulla vita	sigurim jete (m)	[sigurím jétɛ]
assicurare (vt)	siguroj	[sigurój]
assicurazione (f)	sigurim (m)	[sigurím]

asta (f)	ankand (m)	[ankánd]
avvisare (informare)	njoftoj	[ɲoftój]
gestione (f)	menaxhim (m)	[mɛnadʒím]
servizio (m)	shërbim (m)	[ʃerbím]

forum (m)	forum (m)	[forúm]
funzionare (vi)	funksionoj	[funksionój]
stadio (m) (fase)	fazë (f)	[fáze]
giuridico (agg)	ligjor	[liɟór]
esperto (m) legale	avokat (m)	[avokát]

106. Attività produttiva. Lavori

stabilimento (m)	uzinë (f)	[uzíne]
fabbrica (f)	fabrikë (f)	[fabríke]
officina (f) di produzione	punëtori (f)	[punetorí]
stabilimento (m)	punishte (f)	[puníʃtɛ]

industria (f)	industri (f)	[industrí]
industriale (agg)	industrial	[industriál]
industria (f) pesante	industri e rëndë (f)	[industrí ɛ rende]
industria (f) leggera	industri e lehtë (f)	[industrí ɛ léhte]

prodotti (m pl)	produkt (m)	[prodúkt]
produrre (vt)	prodhoj	[proðój]
materia (f) prima	lëndë e parë (f)	[lénde ɛ páre]

caposquadra (m)	përgjegjës (m)	[peɲéjes]
squadra (f)	skuadër (f)	[skuáder]
operaio (m)	punëtor (m)	[punetór]

giorno (m) lavorativo	ditë pune (f)	[díte púnɛ]
pausa (f)	pushim (m)	[puʃím]
riunione (f)	mbledhje (f)	[mbléðjɛ]
discutere (~ di un problema)	diskutoj	[diskutój]

piano (m)	plan (m)	[plan]
eseguire il piano	përmbush planin	[permbúʃ plánin]
tasso (m) di produzione	normë prodhimi (f)	[nórme proðími]
qualità (f)	cilësi (f)	[tsilesí]
controllo (m)	kontroll (m)	[kontróɫ]
controllo (m) di qualità	kontroll cilësie (m)	[kontróɫ tsilesíɛ]

| sicurezza (f) sul lavoro | siguri në punë (f) | [sigurí ne púne] |
| disciplina (f) | disiplinë (f) | [disiplíne] |

| infrazione (f) | thyerje rregullash (f) | [θýɛrjɛ réguɫaʃ] |
| violare (~ le regole) | thyej rregullat | [θýɛj réguɫat] |

sciopero (m)	grevë (f)	[grévə]
scioperante (m)	grevist (m)	[grɛvíst]
fare sciopero	jam në grevë	[jam nə grévə]
sindacato (m)	sindikatë punëtorësh (f)	[sindikátə punətórəʃ]

inventare (vt)	shpik	[ʃpik]
invenzione (f)	shpikje (f)	[ʃpíkjɛ]
ricerca (f)	kërkim (m)	[kərkím]
migliorare (vt)	përmirësoj	[pərmirəsój]
tecnologia (f)	teknologji (f)	[tɛknoloɟí]
disegno (m) tecnico	vizatim teknik (m)	[vizatím tɛkník]

carico (m)	ngarkesë (f)	[ŋarkésə]
caricatore (m)	ngarkues (m)	[ŋarkúɛs]
caricare (~ un camion)	ngarkoj	[ŋarkój]
caricamento (m)	ngarkimi	[ŋarkími]
scaricare (vt)	shkarkoj	[ʃkarkój]
scarico (m)	shkarkim (m)	[ʃkarkím]

trasporto (m)	transport (m)	[transpórt]
società (f) di trasporti	agjenci transporti (f)	[aɟɛntsí transpórti]
trasportare (vt)	transportoj	[transportój]

vagone (m) merci	vagon mallrash (m)	[vagón máɫraʃ]
cisterna (f)	cisternë (f)	[tsistérnə]
camion (m)	kamion (m)	[kamión]

| macchina (f) utensile | makineri veglash (f) | [makinɛrí vɛgláʃ] |
| meccanismo (m) | mekanizëm (m) | [mɛkanízəm] |

rifiuti (m pl) industriali	mbetje industriale (f)	[mbétjɛ industriálɛ]
imballaggio (m)	paketim (m)	[pakɛtím]
imballare (vt)	paketoj	[pakɛtój]

107. Contratto. Accordo

contratto (m)	kontratë (f)	[kontrátə]
accordo (m)	marrëveshje (f)	[marəvéʃjɛ]
allegato (m)	shtojcë (f)	[ʃtójtsə]

firmare un contratto	nënshkruaj një kontratë	[nənʃkrúaj ɲə kontrátə]
firma (f)	nënshkrim (m)	[nənʃkrím]
firmare (vt)	nënshkruaj	[nənʃkrúaj]
timbro (m) (su documenti)	vulë (f)	[vúlə]

oggetto (m) del contratto	objekt i kontratës (m)	[objékt i kontrátəs]
clausola (f)	kusht (m)	[kuʃt]
parti (f pl) (in un contratto)	palët (m)	[pálət]
sede (f) legale	adresa zyrtare (f)	[adrésa zyrtárɛ]
sciogliere un contratto	mosrespektim kontrate	[mosrɛspɛktím kontrátɛ]
obbligo (m)	detyrim (m)	[dɛtyrím]

responsabilità (f)	përgjegjësi (f)	[pərɟɛɟəsí]
forza (f) maggiore	forcë madhore (f)	[fórtsə maðórɛ]
discussione (f)	mosmarrëveshje (f)	[mosmarəvéʃjɛ]
sanzioni (f pl)	ndëshkime (pl)	[ndəʃkímɛ]

108. Import-export

importazione (f)	import (m)	[impórt]
importatore (m)	importues (m)	[importúɛs]
importare (vt)	importoj	[importój]
d'importazione (agg)	i importuar	[i importúar]

esportazione (f)	eksport (m)	[ɛksport]
esportatore (m)	eksportues (m)	[ɛksportúɛs]
esportare (vt)	eksportoj	[ɛksportój]
d'esportazione (agg)	i eksportuar	[i ɛksportúar]

merce (f)	mallra (pl)	[máłra]
carico (m)	ngarkesë (f)	[ŋarkésə]

peso (m)	peshë (f)	[péʃə]
volume (m)	vëllim (m)	[vətím]
metro (m) cubo	metër kub (m)	[métər kúb]

produttore (m)	prodhues (m)	[proðúɛs]
società (f) di trasporti	agjenci transporti (f)	[aɟɛntsí transpórti]
container (m)	kontejner (m)	[kontɛjnér]

frontiera (f)	kufi (m)	[kufí]
dogana (f)	doganë (f)	[dogánə]
dazio (m) doganale	taksë doganore (f)	[táksə doganórɛ]
doganiere (m)	doganier (m)	[doganiér]
contrabbando (m)	trafikim (m)	[trafikím]
merci (f pl) contrabbandate	kontrabandë (f)	[kontrabándə]

109. Mezzi finanziari

azione (f)	stok (m)	[stok]
obbligazione (f)	certifikatë valutore (f)	[tsɛrtifikátə valutórɛ]
cambiale (f)	letër me vlerë (f)	[létər mɛ vlérə]

borsa (f)	bursë (f)	[búrsə]
quotazione (f)	çmimi i stokut (m)	[tʃmími i stókut]

diminuire di prezzo	ulet	[úlɛt]
aumentare di prezzo	rritet	[rítɛt]

quota (f)	kuotë (f)	[kuótə]
pacchetto (m) di maggioranza	përqindje kontrolluese (f)	[pərcíndjɛ kontrołúɛsɛ]

investimento (m)	investim (m)	[invɛstím]
investire (vt)	investoj	[invɛstój]

percento (m)	përqindje (f)	[pərcíndjɛ]
interessi (m pl) (su investimenti)	interes (m)	[intɛrés]

profitto (m)	fitim (m)	[fitím]
redditizio (agg)	fitimprurës	[fitimprúrəs]
imposta (f)	taksë (f)	[táksə]

valuta (f) (~ estera)	valutë (f)	[valútə]
nazionale (agg)	kombëtare	[kombətárɛ]
cambio (m) (~ valuta)	këmbim valute (m)	[kəmbím valútɛ]

contabile (m)	kontabilist (m)	[kontabilíst]
ufficio (m) contabilità	kontabilitet (m)	[kontabilitét]

bancarotta (f)	falimentim (m)	[falimɛntím]
fallimento (m)	kolaps (m)	[koláps]
rovina (f)	rrënim (m)	[rəním]
andare in rovina	rrënohem	[rənóhɛm]
inflazione (f)	inflacion (m)	[inflatsión]
svalutazione (f)	zhvlerësim (m)	[ʒvlɛrəsím]

capitale (m)	kapital (m)	[kapitál]
reddito (m)	të ardhura (f)	[tə árðura]
giro (m) di affari	qarkullim (m)	[carkułím]
risorse (f pl)	burime (f)	[burímɛ]
mezzi (m pl) finanziari	burime monetare (f)	[burímɛ monɛtárɛ]

spese (f pl) generali	shpenzime bazë (f)	[ʃpɛnzímɛ bázə]
ridurre (~ le spese)	zvogëloj	[zvogəlój]

110. Marketing

marketing (m)	marketing (m)	[markɛtíŋ]
mercato (m)	treg (m)	[trɛg]
segmento (m) di mercato	segment tregu (m)	[sɛgmént trégu]
prodotto (m)	produkt (m)	[prodúkt]
merce (f)	mallra (pl)	[máłra]

marca (f)	markë (f)	[márkə]
marchio (m) di fabbrica	markë tregtare (f)	[márkə trɛgtárɛ]
logotipo (m)	logo (f)	[lógo]
logo (m)	logo (f)	[lógo]

domanda (f)	kërkesë (f)	[kərkésə]
offerta (f)	furnizim (m)	[furnizím]
bisogno (m)	nevojë (f)	[nɛvójə]
consumatore (m)	konsumator (m)	[konsumatór]

analisi (f)	analizë (f)	[analízə]
analizzare (vt)	analizoj	[analizój]
posizionamento (m)	vendosje (f)	[vɛndósjɛ]
posizionare (vt)	vendos	[vɛndós]
prezzo (m)	çmim (m)	[tʃmím]

politica (f) dei prezzi	politikë e çmimeve (f)	[politíkε ε tʃmímεvε]
determinazione (f) dei prezzi	formim i çmimit (m)	[formím i tʃmímit]

111. Pubblicità

pubblicità (f)	reklamë (f)	[rεklámə]
pubblicizzare (vt)	reklamoj	[rεklamój]
bilancio (m) (budget)	buxhet (m)	[budʒét]

annuncio (m)	reklamë (f)	[rεklámə]
pubblicità (f) televisiva	reklamë televizive (f)	[rεklámə tεlεvizívε]
pubblicità (f) radiofonica	reklamë në radio (f)	[rεklámə nə rádio]
pubblicità (f) esterna	reklamë ambientale (f)	[rεklámə ambiεntálε]

mass media (m pl)	masmedia (f)	[masmédia]
periodico (m)	botim periodik (m)	[botím pεriodík]
immagine (f)	imazh (m)	[imáʒ]

slogan (m)	slogan (m)	[slogán]
motto (m)	moto (f)	[móto]

campagna (f)	fushatë (f)	[fuʃátə]
campagna (f) pubblicitaria	fushatë reklamuese (f)	[fuʃátə rεklamúεsε]
gruppo (m) di riferimento	grup i synuar (m)	[grup i synúar]

biglietto (m) da visita	kartëvizitë (f)	[kartəvizítə]
volantino (m)	fletëpalosje (f)	[flεtəpalósjε]
opuscolo (m)	broshurë (f)	[broʃúrə]
pieghevole (m)	pamflet (m)	[pamflét]
bollettino (m)	buletin (m)	[bulεtín]

insegna (f) (di negozi, ecc.)	tabelë (f)	[tabélə]
cartellone (m)	poster (m)	[postér]
tabellone (m) pubblicitario	tabelë reklamash (f)	[tabélə rεklámaʃ]

112. Attività bancaria

banca (f)	bankë (f)	[bánkə]
filiale (f)	degë (f)	[dégə]

consulente (m)	punonjës banke (m)	[punóɲəs bánkε]
direttore (m)	drejtor (m)	[drεjtór]

conto (m) bancario	llogari bankare (f)	[ɬogarí bankárε]
numero (m) del conto	numër llogarie (m)	[númər ɬogaríε]
conto (m) corrente	llogari rrjedhëse (f)	[ɬogarí rjéðəsε]
conto (m) di risparmio	llogari kursimesh (f)	[ɬogarí kursímεʃ]

aprire un conto	hap një llogari	[hap ɲə ɬogarí]
chiudere il conto	mbyll një llogari	[mbýɬ ɲə ɬogarí]
versare sul conto	depozitoj në llogari	[dεpozitój nə ɬogarí]
prelevare dal conto	tërheq	[tərhéc]

deposito (m)	**depozitë** (f)	[dɛpozítə]
depositare (vt)	**kryej një depozitim**	[krýɛj ɲə dɛpozitím]
trasferimento (m) telegrafico	**transfer bankar** (m)	[transfér bankár]
rimettere i soldi	**transferoj para**	[transfɛrój pará]

somma (f)	**shumë** (f)	[ʃúmə]
Quanto?	**Sa?**	[sa?]

firma (f)	**nënshkrim** (m)	[nənʃkrím]
firmare (vt)	**nënshkruaj**	[nənʃkrúaj]

carta (f) di credito	**kartë krediti** (f)	[kártə krɛdíti]
codice (m)	**kodi PIN** (m)	[kódi pin]
numero (m) della carta di credito	**numri i kartës së kreditit** (m)	[númri i kártəs sə krɛdítit]
bancomat (m)	**bankomat** (m)	[bankomát]

assegno (m)	**çek** (m)	[tʃɛk]
emettere un assegno	**lëshoj një çek**	[ləʃój ɲə tʃék]
libretto (m) di assegni	**bllok çeqesh** (m)	[bɫók tʃécɛʃ]

prestito (m)	**kredi** (f)	[krɛdí]
fare domanda per un prestito	**aplikoj për kredi**	[aplikój pər krɛdí]
ottenere un prestito	**marr kredi**	[mar krɛdí]
concedere un prestito	**jap kredi**	[jap krɛdí]
garanzia (f)	**garanci** (f)	[garantsí]

113. Telefono. Conversazione telefonica

telefono (m)	**telefon** (m)	[tɛlɛfón]
telefonino (m)	**celular** (m)	[tsɛlulár]
segreteria (f) telefonica	**sekretari telefonike** (f)	[sɛkrɛtarí tɛlɛfoníkɛ]

telefonare (vi, vt)	**telefonoj**	[tɛlɛfonój]
chiamata (f)	**telefonatë** (f)	[tɛlɛfonátə]

comporre un numero	**i bie numrit**	[i bíɛ númrit]
Pronto!	**Përshëndetje!**	[pərʃəndétjɛ!]
chiedere (domandare)	**pyes**	[pýɛs]
rispondere (vi, vt)	**përgjigjem**	[pərɟíɟɛm]

udire (vt)	**dëgjoj**	[dəɟój]
bene	**mirë**	[mírə]
male	**jo mirë**	[jo mírə]
disturbi (m pl)	**zhurmë** (f)	[ʒúrmə]

cornetta (f)	**marrës** (m)	[márəs]
alzare la cornetta	**ngre telefonin**	[ŋré tɛlɛfónin]
riattaccare la cornetta	**mbyll telefonin**	[mbýɫ tɛlɛfónin]

occupato (agg)	**i zënë**	[i zə́nə]
squillare (del telefono)	**bie zilja**	[bíɛ zílja]
elenco (m) telefonico	**numerator telefonik** (m)	[numɛratór tɛlɛfoník]
locale (agg)	**lokale**	[lokálɛ]

telefonata (f) urbana	thirrje lokale (f)	[θírjɛ lokálɛ]
interurbano (agg)	distancë e largët	[distántsə ɛ lárgət]
telefonata (f) interurbana	thirrje në distancë (f)	[θírjɛ nə distántsə]
internazionale (agg)	ndërkombëtar	[ndərkombətár]
telefonata (f) internazionale	thirrje ndërkombëtare (f)	[θírjɛ ndərkombətárɛ]

114. Telefono cellulare

telefonino (m)	celular (m)	[tsɛlulár]
schermo (m)	ekran (m)	[ɛkrán]
tasto (m)	buton (m)	[butón]
scheda SIM (f)	karta SIM (m)	[kárta sim]

pila (f)	bateri (f)	[batɛrí]
essere scarico	e shkarkuar	[ɛ ʃkarkúar]
caricabatteria (m)	karikues (m)	[karikúɛs]

menù (m)	menu (f)	[mɛnú]
impostazioni (f pl)	parametra (f)	[paramétra]
melodia (f)	melodi (f)	[mɛlodí]
scegliere (vt)	përzgjedh	[pərʒɟéð]

calcolatrice (f)	makinë llogaritëse (f)	[makínə łogarítəsɛ]
segreteria (f) telefonica	postë zanore (f)	[póstə zanórɛ]
sveglia (f)	alarm (m)	[alárm]
contatti (m pl)	kontakte (pl)	[kontáktɛ]

messaggio (m) SMS	SMS (m)	[ɛsɛmɛs]
abbonato (m)	abonent (m)	[abonént]

115. Articoli di cancelleria

penna (f) a sfera	stilolaps (m)	[stiloláps]
penna (f) stilografica	stilograf (m)	[stilográf]

matita (f)	laps (m)	[láps]
evidenziatore (m)	shënjues (m)	[ʃənúɛs]
pennarello (m)	tushë me bojë (f)	[túʃə mɛ bójə]

taccuino (m)	bllok shënimesh (m)	[błók ʃəním ɛʃ]
agenda (f)	agjendë (f)	[aɟéndə]

righello (m)	vizore (f)	[vizórɛ]
calcolatrice (f)	makinë llogaritëse (f)	[makínə łogarítəsɛ]
gomma (f) per cancellare	gomë (f)	[gómə]
puntina (f)	pineskë (f)	[pinéskə]
graffetta (f)	kapëse fletësh (f)	[kápəsɛ flétəʃ]

colla (f)	ngjitës (m)	[nɟítəs]
pinzatrice (f)	ngjitës metalik (m)	[nɟítəs mɛtalík]
perforatrice (f)	hapës vrimash (m)	[hápəs vrímaʃ]
temperamatite (m)	mprehëse lapsash (m)	[mpréhəsɛ lápsaʃ]

116. Diversi tipi di documenti

resoconto (m)	raport (m)	[rapórt]
accordo (m)	marrëveshje (f)	[marəvéʃjɛ]
modulo (m) di richiesta	aplikacion (m)	[aplikatsión]
autentico (agg)	autentike	[autɛntíkɛ]
tesserino (m)	kartë identifikimi (f)	[kártə idɛntifikími]
biglietto (m) da visita	kartëvizitë (f)	[kartəvizítə]
certificato (m)	certifikatë (f)	[tsɛrtifikátə]
assegno (m) (fare un ~)	çek (m)	[tʃɛk]
conto (m) (in un ristorante)	llogari (f)	[ɫogarí]
costituzione (f)	kushtetutë (f)	[kuʃtɛtútə]
contratto (m)	kontratë (f)	[kontrátə]
copia (f)	kopje (f)	[kópjɛ]
copia (f) (~ di un contratto)	kopje (f)	[kópjɛ]
dichiarazione (f)	deklarim doganor (m)	[dɛklarím doganór]
documento (m)	dokument (m)	[dokumént]
patente (f) di guida	patentë shoferi (f)	[paténtə ʃoféri]
allegato (m)	shtojcë (f)	[ʃtójtsə]
modulo (m)	formular (m)	[formulár]
carta (f) d'identità	letërnjoftim (m)	[lɛtərɲoftím]
richiesta (f) di informazioni	kërkesë (f)	[kərkésə]
biglietto (m) d'invito	ftesë (f)	[ftésə]
fattura (f)	faturë (f)	[fatúrə]
legge (f)	ligj (m)	[liɉ]
lettera (f) (missiva)	letër (f)	[létər]
carta (f) intestata	kryeradhë (f)	[kryɛráðə]
lista (f) (~ di nomi, ecc.)	listë (f)	[lístə]
manoscritto (m)	dorëshkrim (m)	[dorəʃkrím]
bollettino (m)	buletin (m)	[bulɛtín]
appunto (m), nota (f)	shënim (m)	[ʃəním]
lasciapassare (m)	lejekalim (m)	[lɛjɛkalím]
passaporto (m)	pasaportë (f)	[pasapórtə]
permesso (m)	leje (f)	[léjɛ]
curriculum vitae (f)	resume (f)	[rɛsumé]
nota (f) di addebito	shënim borxhi (m)	[ʃəním bórdʒi]
ricevuta (f)	faturë (f)	[fatúrə]
scontrino (m)	faturë shitjesh (f)	[fatúrə ʃítjɛʃ]
rapporto (m)	raport (m)	[rapórt]
mostrare (vt)	tregoj	[trɛgój]
firmare (vt)	nënshkruaj	[nənʃkrúaj]
firma (f)	nënshkrim (m)	[nənʃkrím]
timbro (m) (su documenti)	vulë (f)	[vúlə]
testo (m)	tekst (m)	[tɛkst]
biglietto (m)	biletë (f)	[bilétə]
cancellare (~ dalla lista)	fshij	[fʃíj]
riempire (~ un modulo)	plotësoj	[plotəsój]

bolla (f) di consegna	faturë dërgese (f)	[fatúrǝ dǝrgésɛ]
testamento (m)	testament (m)	[tɛstamént]

117. Generi di attività commerciali

servizi (m pl) di contabilità	kontabilitet (m)	[kontabilitét]
pubblicità (f)	reklamë (f)	[rɛklámǝ]
agenzia (f) pubblicitaria	agjenci reklamash (f)	[aɉɛntsí rɛklámaʃ]
condizionatori (m pl) d'aria	kondicioner (m)	[konditsionér]
compagnia (f) aerea	kompani ajrore (f)	[kompaní ajrórɛ]

bevande (f pl) alcoliche	pije alkoolike (pl)	[píjɛ alkoólikɛ]
antiquariato (m)	antikitete (pl)	[antikitétɛ]
galleria (f) d'arte	galeri e artit (f)	[galɛrí ɛ ártit]
società (f)	shërbime auditimi (pl)	[ʃǝrbíme auditími]
di revisione contabile		

imprese (f pl) bancarie	industri bankare (f)	[industrí bankárɛ]
bar (m)	lokal (m)	[lokál]
salone (m) di bellezza	sallon bukurie (m)	[saɫón bukuríɛ]
libreria (f)	librari (f)	[librarí]
birreria (f)	birrari (f)	[birarí]
business centre (m)	qendër biznesi (f)	[céndǝr biznési]
scuola (f) di commercio	shkollë biznesi (f)	[ʃkóɫǝ biznési]

casinò (m)	kazino (f)	[kazíno]
edilizia (f)	ndërtim (m)	[ndǝrtím]
consulenza (f)	konsulencë (f)	[konsuléntsǝ]

odontoiatria (f)	klinikë dentare (f)	[kliníkǝ dɛntárɛ]
design (m)	dizajn (m)	[dizájn]
farmacia (f)	farmaci (f)	[farmatsí]
lavanderia (f) a secco	pastrim kimik (m)	[pastrím kimík]
agenzia (f) di collocamento	agjenci punësimi (f)	[aɉɛntsí punǝsími]

servizi (m pl) finanziari	shërbime financiare (pl)	[ʃǝrbíme finantsiárɛ]
industria (f) alimentare	mallra ushqimore (f)	[máɫra uʃcimórɛ]
agenzia (f) di pompe funebri	agjenci funeralesh (f)	[aɉɛntsí funɛráleʃ]
mobili (m pl)	orendi (f)	[orɛndí]
abbigliamento (m)	rroba (f)	[róba]
albergo, hotel (m)	hotel (m)	[hotél]

gelato (m)	akullore (f)	[akuɫórɛ]
industria (f)	industri (f)	[industrí]
assicurazione (f)	sigurim (m)	[sigurím]
internet (f)	internet (m)	[intɛrnét]
investimenti (m pl)	investim (m)	[invɛstím]

gioielliere (m)	argjendar (m)	[arɉɛndár]
gioielli (m pl)	bizhuteri (f)	[biʒutɛrí]
lavanderia (f)	lavanteri (f)	[lavantɛrí]
consulente (m) legale	këshilltar ligjor (m)	[kǝʃiɫtár liɉór]
industria (f) leggera	industri e lehtë (f)	[industrí ɛ léhtǝ]
rivista (f)	revistë (f)	[rɛvístǝ]

vendite (f pl) per corrispondenza	shitje me katalog (f)	[ʃítjɛ mɛ katalóg]
medicina (f)	mjekësi (f)	[mjɛkəsí]
cinema (m)	kinema (f)	[kinɛmá]
museo (m)	muze (m)	[muzé]

agenzia (f) di stampa	agjenci lajmesh (f)	[aɟɛntsí lájmɛʃ]
giornale (m)	gazetë (f)	[gazétə]
locale notturno (m)	klub nate (m)	[klúb nátɛ]

petrolio (m)	naftë (f)	[náftə]
corriere (m) espresso	shërbime postare (f)	[ʃərbímɛ postárɛ]
farmaci (m pl)	industria farmaceutike (f)	[industría farmatsɛutíkɛ]
stampa (f) (~ di libri)	shtyp (m)	[ʃtyp]
casa (f) editrice	shtëpi botuese (f)	[ʃtəpí botúɛsɛ]

radio (f)	radio (f)	[rádio]
beni (m pl) immobili	patundshmëri (f)	[patundʃmərí]
ristorante (m)	restorant (m)	[rɛstoránt]

agenzia (f) di sicurezza	kompani sigurimi (f)	[kompaní sigurími]
sport (m)	sport (m)	[sport]
borsa (f)	bursë (f)	[búrsə]
negozio (m)	dyqan (m)	[dycán]
supermercato (m)	supermarket (m)	[supɛrmarkét]
piscina (f)	pishinë (f)	[piʃínə]

sartoria (f)	rrobaqepësi (f)	[robacɛpəsí]
televisione (f)	televizor (m)	[tɛlɛvizór]
teatro (m)	teatër (m)	[tɛátər]
commercio (m)	tregti (f)	[trɛgtí]
mezzi (m pl) di trasporto	transport (m)	[transpórt]
viaggio (m)	udhëtim (m)	[uðətím]

veterinario (m)	veteriner (m)	[vɛtɛrinér]
deposito, magazzino (m)	magazinë (f)	[magazínə]
trattamento (m) dei rifiuti	mbledhja e mbeturinave (f)	[mbléðja ɛ mbɛturínavɛ]

Lavoro. Affari. Parte 2

118. Spettacolo. Mostra

fiera (f)	ekspozitë (f)	[εkspozítə]
fiera (f) campionaria	panair (m)	[panaír]
partecipazione (f)	pjesëmarrje (f)	[pjεsəmárjε]
partecipare (vi)	marr pjesë	[mar pjésə]
partecipante (m)	pjesëmarrës (m)	[pjεsəmárəs]
direttore (m)	drejtor (m)	[drεjtór]
ufficio (m) organizzativo	zyra drejtuese (f)	[zýra drεjtúεsε]
organizzatore (m)	organizator (m)	[organizatór]
organizzare (vt)	organizoj	[organizój]
domanda (f) di partecipazione	kërkesë për pjesëmarrje (f)	[kərkésə pər pjεsəmárjε]
riempire (vt)	plotësoj	[plotəsój]
dettagli (m pl)	hollësi (pl)	[hoɬəsí]
informazione (f)	informacion (m)	[informatsión]
prezzo (m)	çmim (m)	[tʃmím]
incluso (agg)	përfshirë	[pərfʃírə]
includere (vt)	përfshij	[pərfʃíj]
pagare (vi, vt)	paguaj	[pagúaj]
quota (f) d'iscrizione	taksa e regjistrimit (f)	[táksa ε rεɟistrímit]
entrata (f)	hyrje (f)	[hýrjε]
padiglione (m)	pavijon (m)	[pavijón]
registrare (vt)	regjistroj	[rεɟistrój]
tesserino (m)	kartë identifikimi (f)	[kártə idεntifikími]
stand (m)	kioskë (f)	[kióskə]
prenotare (riservare)	rezervoj	[rεzεrvój]
vetrina (f)	vitrinë (f)	[vitrínə]
faretto (m)	dritë (f)	[drítə]
design (m)	dizajn (m)	[dizájn]
collocare (vt)	vendos	[vεndós]
collocarsi (vr)	vendosur	[vεndósur]
distributore (m)	distributor (m)	[distributór]
fornitore (m)	furnitor (m)	[furnitór]
fornire (vt)	furnizoj	[furnizój]
paese (m)	shtet (m)	[ʃtεt]
straniero (agg)	huaj	[húaj]
prodotto (m)	produkt (m)	[prodúkt]
associazione (f)	shoqatë (f)	[ʃocátə]
sala (f) conferenze	sallë konference (f)	[sáɬə konfεréntsε]

| congresso (m) | kongres (m) | [koŋrés] |
| concorso (m) | konkurs (m) | [konkúrs] |

visitatore (m)	vizitor (m)	[vizitór]
visitare (vt)	vizitoj	[vizitój]
cliente (m)	klient (m)	[kliént]

119. Mezzi di comunicazione di massa

giornale (m)	gazetë (f)	[gazétə]
rivista (f)	revistë (f)	[rɛvístə]
stampa (f) (giornali, ecc.)	shtyp (m)	[ʃtyp]
radio (f)	radio (f)	[rádio]
stazione (f) radio	radio stacion (m)	[rádio statsión]
televisione (f)	televizor (m)	[tɛlɛvizór]

presentatore (m)	prezantues (m)	[prɛzantúɛs]
annunciatore (m)	prezantues lajmesh (m)	[prɛzantúɛs lájmɛʃ]
commentatore (m)	komentues (m)	[komɛntúɛs]

giornalista (m)	gazetar (m)	[gazɛtár]
corrispondente (m)	reporter (m)	[rɛportér]
fotocronista (m)	fotograf gazetar (m)	[fotográf gazɛtár]
cronista (m)	reporter (m)	[rɛportér]

| redattore (m) | redaktor (m) | [rɛdaktór] |
| redattore capo (m) | kryeredaktor (m) | [kryɛrɛdaktór] |

abbonarsi a ...	abonohem	[abonóhɛm]
abbonamento (m)	abonim (m)	[aboním]
abbonato (m)	abonent (m)	[abonént]
leggere (vi, vt)	lexoj	[lɛdzój]
lettore (m)	lexues (m)	[lɛdzúɛs]

tiratura (f)	qarkullim (m)	[carkuɫím]
mensile (agg)	mujore	[mujórɛ]
settimanale (agg)	javor	[javór]
numero (m)	edicion (m)	[ɛditsión]
fresco (agg)	i ri	[i rí]

testata (f)	kryeradhë (f)	[kryɛráðə]
trafiletto (m)	artikull i shkurtër (m)	[artíkuɫ i ʃkúrtər]
rubrica (f)	rubrikë (f)	[rubríkə]
articolo (m)	artikull (m)	[artíkuɫ]
pagina (f)	faqe (f)	[fácɛ]

servizio (m), reportage (m)	reportazh (m)	[rɛportáʒ]
evento (m)	ceremoni (f)	[tsɛrɛmoní]
sensazione (f)	ndjesi (f)	[ndjɛsí]
scandalo (m)	skandal (m)	[skandál]
scandaloso (agg)	skandaloz	[skandalóz]
enorme (un ~ scandalo)	i madh	[i máð]
trasmissione (f)	emision (m)	[ɛmisión]
intervista (f)	intervistë (f)	[intɛrvístə]

| trasmissione (f) in diretta | lidhje direkte (f) | [líðjɛ dirɛ́ktɛ] |
| canale (m) | kanal (m) | [kanál] |

120. Agricoltura

agricoltura (f)	agrikulturë (f)	[agrikultúrə]
contadino (m)	fshatar (m)	[fʃatár]
contadina (f)	fshatare (f)	[fʃatárɛ]
fattore (m)	fermer (m)	[fɛrmér]

| trattore (m) | traktor (m) | [traktór] |
| mietitrebbia (f) | autokombajnë (f) | [autokombájnə] |

aratro (m)	plug (m)	[plug]
arare (vt)	lëroj	[lərój]
terreno (m) coltivato	tokë bujqësore (f)	[tókə bujcəsórɛ]
solco (m)	brazdë (f)	[brázdə]

seminare (vt)	mbjell	[mbjéɫ]
seminatrice (f)	mbjellës (m)	[mbjéɫəs]
semina (f)	mbjellje (f)	[mbjéɫjɛ]

| falce (f) | kosë (f) | [kósə] |
| falciare (vt) | kosit | [kosít] |

| pala (f) | lopatë (f) | [lopátə] |
| scavare (vt) | lëroj | [lərój] |

zappa (f)	shat (m)	[ʃat]
zappare (vt)	prashis	[praʃís]
erbaccia (f)	bar i keq (m)	[bar i kɛc]

innaffiatoio (m)	vaditës (m)	[vadítəs]
innaffiare (vt)	ujis	[ujís]
innaffiamento (m)	vaditje (f)	[vadítjɛ]

| forca (f) | sfurk (m) | [sfúrk] |
| rastrello (m) | grabujë (f) | [grabújə] |

concime (m)	pleh (m)	[plɛh]
concimare (vt)	hedh pleh	[hɛð pléh]
letame (m)	pleh kafshësh (m)	[plɛh káfʃəʃ]

campo (m)	fushë (f)	[fúʃə]
prato (m)	lëndinë (f)	[ləndínə]
orto (m)	kopsht zarzavatesh (m)	[kópʃt zarzavátɛʃ]
frutteto (m)	kopsht frutor (m)	[kópʃt frutór]

pascolare (vt)	kullos	[kuɫós]
pastore (m)	bari (m)	[barí]
pascolo (m)	kullota (f)	[kuɫóta]

| allevamento (m) di bestiame | mbarështim bagëtish (m) | [mbarəʃtím bagətíʃ] |
| allevamento (m) di pecore | rritje e deleve (f) | [rítjɛ ɛ délɛvɛ] |

piantagione (f)	plantacion (m)	[plantatsión]
filare (m) (un ~ di alberi)	rresht (m)	[réʃt]
serra (f) da orto	serë (f)	[sérə]

| siccità (f) | thatësirë (f) | [θatəsírə] |
| secco, arido (un'estate ~a) | e thatë | [ε θátə] |

grano (m)	drithë (m)	[dríθə]
cereali (m pl)	drithëra (pl)	[dríθəra]
raccogliere (vt)	korr	[kor]

mugnaio (m)	mullixhi (m)	[muɫidʒí]
mulino (m)	mulli (m)	[muɫí]
macinare (~ il grano)	bluaj	[blúaj]
farina (f)	miell (m)	[míεɫ]
paglia (f)	kashtë (f)	[káʃtə]

121. Edificio. Attività di costruzione

cantiere (m) edile	kantier ndërtimi (m)	[kantiér ndərtími]
costruire (vt)	ndërtoj	[ndərtój]
operaio (m) edile	punëtor ndërtimi (m)	[punətór ndərtími]

progetto (m)	projekt (m)	[projékt]
architetto (m)	arkitekt (m)	[arkitékt]
operaio (m)	punëtor (m)	[punətór]

fondamenta (f pl)	themel (m)	[θεmél]
tetto (m)	çati (f)	[tʃatí]
palo (m) di fondazione	shtyllë themeli (f)	[ʃtýɫə θεméli]
muro (m)	mur (m)	[mur]

| barre (f pl) di rinforzo | shufra përforcuese (pl) | [ʃúfra pərfortsúεsε] |
| impalcatura (f) | skela (f) | [skéla] |

beton (m)	beton (m)	[bεtón]
granito (m)	granit (m)	[granít]
pietra (f)	gur (m)	[gur]
mattone (m)	tullë (f)	[túɫə]

sabbia (f)	rërë (f)	[rérə]
cemento (m)	çimento (f)	[tʃiménto]
intonaco (m)	suva (f)	[súva]
intonacare (vt)	suvatoj	[suvatój]

pittura (f)	bojë (f)	[bójə]
pitturare (vt)	lyej	[lýεj]
botte (f)	fuçi (f)	[futʃí]

gru (f)	vinç (m)	[vintʃ]
sollevare (vt)	ngreh	[ŋréh]
abbassare (vt)	ul	[ul]
bulldozer (m)	buldozer (m)	[buldozér]
scavatrice (f)	ekskavator (m)	[εkskavatór]

cucchiaia (f)	goja e ekskavatorit (f)	[gója ε εkskavatórit]
scavare (vt)	gërmoj	[gərmój]
casco (m) (~ di sicurezza)	helmetë (f)	[hεlmétə]

122. Scienza. Ricerca. Scienziati

scienza (f)	shkencë (f)	[ʃkéntsə]
scientifico (agg)	shkencore	[ʃkεntsóɾε]
scienziato (m)	shkencëtar (m)	[ʃkεntsətár]
teoria (f)	teori (f)	[tεorí]

assioma (m)	aksiomë (f)	[aksiómə]
analisi (f)	analizë (f)	[analízə]
analizzare (vt)	analizoj	[analizój]
argomento (m)	argument (m)	[argumént]
sostanza, materia (f)	substancë (f)	[substántsə]

ipotesi (f)	hipotezë (f)	[hipotézə]
dilemma (m)	dilemë (f)	[dilémə]
tesi (f)	disertacion (m)	[disεrtatsión]
dogma (m)	dogma (f)	[dógma]

dottrina (f)	doktrinë (f)	[doktrínə]
ricerca (f)	kërkim (m)	[kərkím]
fare ricerche	kërkoj	[kərkój]
prova (f)	analizë (f)	[analízə]
laboratorio (m)	laborator (m)	[laboratór]

metodo (m)	metodë (f)	[mεtódə]
molecola (f)	molekulë (f)	[molεkúlə]
monitoraggio (m)	monitorim (m)	[monitorím]
scoperta (f)	zbulim (m)	[zbulím]

postulato (m)	postulat (m)	[postulát]
principio (m)	parim (m)	[parím]
previsione (f)	parashikim (m)	[paraʃikím]
fare previsioni	parashikoj	[paraʃikój]

sintesi (f)	sintezë (f)	[sintézə]
tendenza (f)	trend (m)	[trεnd]
teorema (m)	teoremë (f)	[tεorémə]

| insegnamento (m) | mësim (m) | [məsím] |
| fatto (m) | fakt (m) | [fakt] |

| spedizione (f) | ekspeditë (f) | [εkspεdítə] |
| esperimento (m) | eksperiment (m) | [εkspεrimént] |

accademico (m)	akademik (m)	[akadεmík]
laureato (m)	baçelor (m)	[bátʃεlor]
dottore (m)	doktor shkencash (m)	[doktór ʃkéntsaʃ]
professore (m) associato	Profesor i Asociuar (m)	[profεsór i asotsiúar]
Master (m)	Master (m)	[mastér]
professore (m)	profesor (m)	[profεsór]

Professioni e occupazioni

123. Ricerca di un lavoro. Licenziamento

lavoro (m)	punë (f)	[púnə]
organico (m)	staf (m)	[staf]
personale (m)	personel (m)	[pɛrsonél]
carriera (f)	karrierë (f)	[kariérə]
prospettiva (f)	mundësi (f)	[mundəsí]
abilità (f pl)	aftësi (f)	[aftəsí]
selezione (f) (~ del personale)	përzgjedhje (f)	[pərzჯéðjɛ]
agenzia (f) di collocamento	agjenci punësimi (f)	[aɟɛntsí punəsími]
curriculum vitae (f)	resume (f)	[rɛsumé]
colloquio (m)	intervistë punësimi (f)	[intɛrvístə punəsími]
posto (m) vacante	vend i lirë pune (m)	[vɛnd i lírə púnɛ]
salario (m)	rrogë (f)	[rógə]
stipendio (m) fisso	rrogë fikse (f)	[rógə fíksɛ]
compenso (m)	pagesë (f)	[pagésə]
carica (f), funzione (f)	post (m)	[post]
mansione (f)	detyrë (f)	[dɛtýrə]
mansioni (f pl) di lavoro	lista e detyrave (f)	[lísta ɛ dɛtýravɛ]
occupato (agg)	i zënë	[i zénə]
licenziare (vt)	pushoj nga puna	[puʃój ŋa púna]
licenziamento (m)	pushim nga puna (m)	[puʃím ŋa púna]
disoccupazione (f)	papunësi (m)	[papunəsí]
disoccupato (m)	i papunë (m)	[i papúnə]
pensionamento (m)	pension (m)	[pɛnsión]
andare in pensione	dal në pension	[dál nə pɛnsión]

124. Gente d'affari

direttore (m)	drejtor (m)	[drɛjtór]
dirigente (m)	drejtor (m)	[drɛjtór]
capo (m)	bos (m)	[bos]
superiore (m)	epror (m)	[ɛprór]
capi (m pl)	eprorët (pl)	[ɛprórət]
presidente (m)	president (m)	[prɛsidént]
presidente (m) (impresa)	kryetar (m)	[kryɛtár]
vice (m)	zëvendës (m)	[zəvéndəs]
assistente (m)	ndihmës (m)	[ndíhməs]

| segretario (m) | sekretar (m) | [sɛkrɛtár] |
| assistente (m) personale | ndihmës personal (m) | [ndíhməs pɛrsonál] |

uomo (m) d'affari	biznesmen (m)	[biznɛsmén]
imprenditore (m)	sipërmarrës (m)	[sipərmárəs]
fondatore (m)	themelues (m)	[θɛmɛlúɛs]
fondare (vt)	themeloj	[θɛmɛlój]

socio (m)	bashkëthemelues (m)	[baʃkəθɛmɛlúɛs]
partner (m)	partner (m)	[partnér]
azionista (m)	aksioner (m)	[aksionér]

milionario (m)	milioner (m)	[milionér]
miliardario (m)	bilioner (m)	[bilionér]
proprietario (m)	pronar (m)	[pronár]
latifondista (m)	pronar tokash (m)	[pronár tókaʃ]

cliente (m) (di professionista)	klient (m)	[kliént]
cliente (m) abituale	klient i rregullt (m)	[kliént i réguɫt]
compratore (m)	blerës (m)	[blérəs]
visitatore (m)	vizitor (m)	[vizitór]

professionista (m)	profesionist (m)	[profɛsioníst]
esperto (m)	ekspert (m)	[ɛkspért]
specialista (m)	specialist (m)	[spɛtsialíst]

| banchiere (m) | bankier (m) | [bankiér] |
| broker (m) | komisioner (m) | [komisionér] |

cassiere (m)	arkëtar (m)	[arkətár]
contabile (m)	kontabilist (m)	[kontabilíst]
guardia (f) giurata	roje sigurimi (m)	[rójɛ sigurími]

investitore (m)	investitor (m)	[invɛstitór]
debitore (m)	debitor (m)	[dɛbitór]
creditore (m)	kreditor (m)	[krɛditór]
mutuatario (m)	huamarrës (m)	[huamárəs]

| importatore (m) | importues (m) | [importúɛs] |
| esportatore (m) | eksportues (m) | [ɛksportúɛs] |

produttore (m)	prodhues (m)	[proðúɛs]
distributore (m)	distributor (m)	[distributór]
intermediario (m)	ndërmjetës (m)	[ndərmjétəs]

consulente (m)	këshilltar (m)	[kəʃiɫtár]
rappresentante (m)	përfaqësues i shitjeve (m)	[pərfacəsúɛs i ʃitjévɛ]
agente (m)	agjent (m)	[aɟént]
assicuratore (m)	agjent sigurimesh (m)	[aɟént sigurímɛʃ]

125. Professioni amministrative

| cuoco (m) | kuzhinier (m) | [kuʒiniér] |
| capocuoco (m) | shef kuzhine (m) | [ʃɛf kuʒínɛ] |

fornaio (m)	furrtar (m)	[furtár]
barista (m)	banakier (m)	[banakiér]
cameriere (m)	kamerier (m)	[kamɛriér]
cameriera (f)	kameriere (f)	[kamɛriérɛ]

avvocato (m)	avokat (m)	[avokát]
esperto (m) legale	jurist (m)	[juríst]
notaio (m)	noter (m)	[notér]

elettricista (m)	elektricist (m)	[ɛlɛktritsíst]
idraulico (m)	hidraulik (m)	[hidraulík]
falegname (m)	marangoz (m)	[maraŋóz]

massaggiatore (m)	masazhist (m)	[masaʒíst]
massaggiatrice (f)	masazhiste (f)	[masaʒístɛ]
medico (m)	mjek (m)	[mjék]

taxista (m)	shofer taksie (m)	[ʃofér taksíɛ]
autista (m)	shofer (m)	[ʃofér]
fattorino (m)	postier (m)	[postiér]

cameriera (f)	pastruese (f)	[pastrúɛsɛ]
guardia (f) giurata	roje sigurimi (m)	[rójɛ sigurími]
hostess (f)	stjuardesë (f)	[stjuardésə]

insegnante (m, f)	mësues (m)	[məsúɛs]
bibliotecario (m)	punonjës biblioteke (m)	[punóɲəs bibliotékɛ]
traduttore (m)	përkthyes (m)	[pərkθýɛs]
interprete (m)	përkthyes (m)	[pərkθýɛs]
guida (f)	udhërrëfyes (m)	[uðərəfýɛs]

parrucchiere (m)	parukiere (f)	[parukiérɛ]
postino (m)	postier (m)	[postiér]
commesso (m)	shitës (m)	[ʃítəs]

giardiniere (m)	kopshtar (m)	[kopʃtár]
domestico (m)	shërbëtor (m)	[ʃərbətór]
domestica (f)	shërbëtore (f)	[ʃərbətórɛ]
donna (f) delle pulizie	pastruese (f)	[pastrúɛsɛ]

126. Professioni militari e gradi

soldato (m) semplice	ushtar (m)	[uʃtár]
sergente (m)	rreshter (m)	[rɛʃtér]
tenente (m)	toger (m)	[togér]
capitano (m)	kapiten (m)	[kapitén]

maggiore (m)	major (m)	[majór]
colonnello (m)	kolonel (m)	[kolonél]
generale (m)	gjeneral (m)	[ɟɛnɛrál]
maresciallo (m)	marshall (m)	[marʃáɫ]
ammiraglio (m)	admiral (m)	[admirál]
militare (m)	ushtri (f)	[uʃtrí]
soldato (m)	ushtar (m)	[uʃtár]

ufficiale (m)	oficer (m)	[ofitsér]
comandante (m)	komandant (m)	[komandánt]

guardia (f) di frontiera	roje kufiri (m)	[rójɛ kufíri]
marconista (m)	radist (m)	[radíst]
esploratore (m)	eksplorues (m)	[ɛksplorúɛs]
geniere (m)	xhenier (m)	[dʒɛniér]
tiratore (m)	shënjues (m)	[ʃəɲúɛs]
navigatore (m)	navigues (m)	[navigúɛs]

127. Funzionari. Sacerdoti

re (m)	mbret (m)	[mbrét]
regina (f)	mbretëreshë (f)	[mbrɛtəréʃə]

principe (m)	princ (m)	[prints]
principessa (f)	princeshë (f)	[printséʃə]

zar (m)	car (m)	[tsár]
zarina (f)	carina (f)	[tsarína]

presidente (m)	president (m)	[prɛsidént]
ministro (m)	ministër (m)	[minístər]
primo ministro (m)	kryeministër (m)	[kryɛminístər]
senatore (m)	senator (m)	[sɛnatór]

diplomatico (m)	diplomat (m)	[diplomát]
console (m)	konsull (m)	[kónsuɫ]
ambasciatore (m)	ambasador (m)	[ambasadór]
consigliere (m)	këshilltar diplomatik (m)	[kəʃiɫtár diplomatík]

funzionario (m)	zyrtar (m)	[zyrtár]
prefetto (m)	prefekt (m)	[prɛfékt]
sindaco (m)	kryetar komune (m)	[kryɛtár komúnɛ]

giudice (m)	gjykatës (m)	[ɟykátəs]
procuratore (m)	prokuror (m)	[prokurór]

missionario (m)	misionar (m)	[misionár]
monaco (m)	murg (m)	[murg]
abate (m)	abat (m)	[abát]
rabbino (m)	rabin (m)	[rabín]

visir (m)	vezir (m)	[vɛzír]
scià (m)	shah (m)	[ʃah]
sceicco (m)	sheik (m)	[ʃéik]

128. Professioni agricole

apicoltore (m)	bletar (m)	[blɛtár]
pastore (m)	bari (m)	[barí]
agronomo (m)	agronom (m)	[agronóm]

| allevatore (m) di bestiame | rritës bagëtish (m) | [rítəs bagətíʃ] |
| veterinario (m) | veteriner (m) | [vɛtɛrinér] |

fattore (m)	fermer (m)	[fɛrmér]
vinificatore (m)	prodhues verërash (m)	[proðúɛs vérəraʃ]
zoologo (m)	zoolog (m)	[zoológ]
cowboy (m)	lopar (m)	[lopár]

129. Professioni artistiche

| attore (m) | aktor (m) | [aktór] |
| attrice (f) | aktore (f) | [aktórɛ] |

| cantante (m) | këngëtar (m) | [kəŋətár] |
| cantante (f) | këngëtare (f) | [kəŋətárɛ] |

| danzatore (m) | valltar (m) | [vaɫtár] |
| ballerina (f) | valltare (f) | [vaɫtárɛ] |

| artista (m) | artist (m) | [artíst] |
| artista (f) | artiste (f) | [artístɛ] |

musicista (m)	muzikant (m)	[muzikánt]
pianista (m)	pianist (m)	[pianíst]
chitarrista (m)	kitarist (m)	[kitaríst]

direttore (m) d'orchestra	dirigjent (m)	[dirijént]
compositore (m)	kompozitor (m)	[kompozitór]
impresario (m)	organizator (m)	[organizatór]

regista (m)	regjisor (m)	[rɛɟisór]
produttore (m)	producent (m)	[produtsént]
sceneggiatore (m)	skenarist (m)	[skɛnaríst]
critico (m)	kritik (m)	[kritík]

scrittore (m)	shkrimtar (m)	[ʃkrimtár]
poeta (m)	poet (m)	[poét]
scultore (m)	skulptor (m)	[skulptór]
pittore (m)	piktor (m)	[piktór]

giocoliere (m)	zhongler (m)	[ʒoŋlér]
pagliaccio (m)	kloun (m)	[kloún]
acrobata (m)	akrobat (m)	[akrobát]
prestigiatore (m)	magjistar (m)	[maɟistár]

130. Professioni varie

medico (m)	mjek (m)	[mjék]
infermiera (f)	infermiere (f)	[infɛrmiérɛ]
psichiatra (m)	psikiatër (m)	[psikiátər]
dentista (m)	dentist (m)	[dɛntíst]
chirurgo (m)	kirurg (m)	[kirúrg]

astronauta (m)	astronaut (m)	[astronaút]
astronomo (m)	astronom (m)	[astronóm]
pilota (m)	pilot (m)	[pilót]

autista (m)	shofer (m)	[ʃofér]
macchinista (m)	makinist (m)	[makiníst]
meccanico (m)	mekanik (m)	[mɛkaník]

minatore (m)	minator (m)	[minatór]
operaio (m)	punëtor (m)	[punətór]
operaio (m) metallurgico	bravandreqës (m)	[bravandrécəs]
falegname (m)	marangoz (m)	[maraŋóz]
tornitore (m)	tornitor (m)	[tornitór]
operaio (m) edile	punëtor ndërtimi (m)	[punətór ndərtími]
saldatore (m)	saldator (m)	[saldatór]

professore (m)	profesor (m)	[profɛsór]
architetto (m)	arkitekt (m)	[arkitékt]
storico (m)	historian (m)	[historián]
scienziato (m)	shkencëtar (m)	[ʃkɛntsətár]
fisico (m)	fizikant (m)	[fizikánt]
chimico (m)	kimist (m)	[kimíst]

archeologo (m)	arkeolog (m)	[arkɛológ]
geologo (m)	gjeolog (m)	[ɟɛológ]
ricercatore (m)	studiues (m)	[studiúɛs]

| baby-sitter (m, f) | dado (f) | [dádo] |
| insegnante (m, f) | mësues (m) | [məsúɛs] |

redattore (m)	redaktor (m)	[rɛdaktór]
redattore capo (m)	kryeredaktor (m)	[kryɛrɛdaktór]
corrispondente (m)	korrespondent (m)	[korɛspondént]
dattilografa (f)	daktilografiste (f)	[daktilografístɛ]

designer (m)	projektues (m)	[projɛktúɛs]
esperto (m) informatico	ekspert kompjuterësh (m)	[ɛkspért kompjutérəʃ]
programmatore (m)	programues (m)	[programúɛs]
ingegnere (m)	inxhinier (m)	[indʒiniér]

marittimo (m)	marinar (m)	[marinár]
marinaio (m)	marinar (m)	[marinár]
soccorritore (m)	shpëtimtar (m)	[ʃpətimtár]

pompiere (m)	zjarrfikës (m)	[zjarfíkəs]
poliziotto (m)	polic (m)	[políts]
guardiano (m)	roje (f)	[rójɛ]
detective (m)	detektiv (m)	[dɛtɛktív]

doganiere (m)	doganier (m)	[doganiér]
guardia (f) del corpo	truprojë (f)	[truprójə]
guardia (f) carceraria	gardian burgu (m)	[gardián búrgu]
ispettore (m)	inspektor (m)	[inspɛktór]

| sportivo (m) | sportist (m) | [sportíst] |
| allenatore (m) | trajner (m) | [trajnér] |

macellaio (m)	**kasap** (m)	[kasáp]
calzolaio (m)	**këpucëtar** (m)	[kəputsətár]
uomo (m) d'affari	**tregtar** (m)	[trɛgtár]
caricatore (m)	**ngarkues** (m)	[ŋarkúɛs]

stilista (m)	**stilist** (m)	[stilíst]
modella (f)	**modele** (f)	[modélɛ]

131. Attività lavorative. Condizione sociale

scolaro (m)	**nxënës** (m)	[ndzénəs]
studente (m)	**student** (m)	[studént]

filosofo (m)	**filozof** (m)	[filozóf]
economista (m)	**ekonomist** (m)	[ɛkonomíst]
inventore (m)	**shpikës** (m)	[ʃpíkəs]

disoccupato (m)	**i papunë** (m)	[i papúnə]
pensionato (m)	**pensionist** (m)	[pɛnsioníst]
spia (f)	**spiun** (m)	[spiún]

detenuto (m)	**i burgosur** (m)	[i burgósur]
scioperante (m)	**grevist** (m)	[grɛvíst]
burocrate (m)	**burokrat** (m)	[burokrát]
viaggiatore (m)	**udhëtar** (m)	[uðətár]

omosessuale (m)	**homoseksual** (m)	[homosɛksuál]
hacker (m)	**haker** (m)	[hakér]
hippy (m, f)	**hipik** (m)	[hipík]

bandito (m)	**bandit** (m)	[bandít]
sicario (m)	**vrasës** (m)	[vrásəs]
drogato (m)	**narkoman** (m)	[narkomán]
trafficante (m) di droga	**trafikant droge** (m)	[trafikánt drógɛ]
prostituta (f)	**prostitutë** (f)	[prostitútə]
magnaccia (m)	**tutor** (m)	[tutór]

stregone (m)	**magjistar** (m)	[maɟistár]
strega (f)	**shtrigë** (f)	[ʃtrígə]
pirata (m)	**pirat** (m)	[pirát]
schiavo (m)	**skllav** (m)	[skɬav]
samurai (m)	**samurai** (m)	[samurái]
selvaggio (m)	**i egër** (m)	[i égər]

Sport

132. Tipi di sport. Sportivi

sportivo (m)	sportist (m)	[sportíst]
sport (m)	lloj sporti (m)	[łoj spórti]
pallacanestro (m)	basketboll (m)	[baskɛtbół]
cestista (m)	basketbollist (m)	[baskɛtbołíst]
baseball (m)	bejsboll (m)	[bɛjsbół]
giocatore (m) di baseball	lojtar bejsbolli (m)	[lojtár bɛjsbółi]
calcio (m)	futboll (m)	[futbół]
calciatore (m)	futbollist (m)	[futbołíst]
portiere (m)	portier (m)	[portiér]
hockey (m)	hokej (m)	[hokéj]
hockeista (m)	lojtar hokeji (m)	[lojtár hokéji]
pallavolo (m)	volejboll (m)	[volɛjbół]
pallavolista (m)	volejbollist (m)	[volɛjbołíst]
pugilato (m)	boks (m)	[boks]
pugile (m)	boksier (m)	[boksiér]
lotta (f)	mundje (f)	[múndjɛ]
lottatore (m)	mundës (m)	[múndəs]
karate (m)	karate (f)	[karátɛ]
karateka (m)	karateist (m)	[karatɛíst]
judo (m)	xhudo (f)	[dʒúdo]
judoista (m)	xhudist (m)	[dʒudíst]
tennis (m)	tenis (m)	[tɛnís]
tennista (m)	tenist (m)	[tɛníst]
nuoto (m)	not (m)	[not]
nuotatore (m)	notar (m)	[notár]
scherma (f)	skerma (f)	[skérma]
schermitore (m)	skermist (m)	[skɛrmíst]
scacchi (m pl)	shah (m)	[ʃah]
scacchista (m)	shahist (m)	[ʃahíst]
alpinismo (m)	alpinizëm (m)	[alpinízəm]
alpinista (m)	alpinist (m)	[alpiníst]
corsa (f)	vrapim (m)	[vrapím]

corridore (m)	vrapues (m)	[vrapúɛs]
atletica (f) leggera	atletikë (f)	[atlɛtíkə]
atleta (m)	atlet (m)	[atlét]

ippica (f)	kalërim (m)	[kalərím]
fantino (m)	kalorës (m)	[kalórəs]

pattinaggio (m) artistico	patinazh (m)	[patináʒ]
pattinatore (m)	patinator (m)	[patinatór]
pattinatrice (f)	patinatore (f)	[patinatórɛ]

pesistica (f)	peshëngritje (f)	[pɛʃəŋrítjɛ]
pesista (m)	peshëngritës (m)	[pɛʃəŋrítəs]

automobilismo (m)	garë me makina (f)	[gárə mɛ makína]
pilota (m)	shofer garash (m)	[ʃofér gáraʃ]

ciclismo (m)	çiklizëm (m)	[tʃiklízəm]
ciclista (m)	çiklist (m)	[tʃiklíst]

salto (m) in lungo	kërcim së gjati (m)	[kərtsím sə ɟáti]
salto (m) con l'asta	kërcim së larti (m)	[kərtsím sə lárti]
saltatore (m)	kërcyes (m)	[kərtsýɛs]

133. Tipi di sport. Varie

football (m) americano	futboll amerikan (m)	[futbóɫ amɛrikán]
badminton (m)	badminton (m)	[bádminton]
biathlon (m)	biatlon (m)	[biatlón]
biliardo (m)	bilardo (f)	[bilárdo]

bob (m)	bobsled (m)	[bobsléd]
culturismo (m)	bodybuilding (m)	[bodybuildíŋ]
pallanuoto (m)	vaterpol (m)	[vatɛrpól]
pallamano (m)	hendboll (m)	[hɛndbóɫ]
golf (m)	golf (m)	[golf]

canottaggio (m)	kanotazh (m)	[kanotáʒ]
immersione (f) subacquea	zhytje (f)	[ʒýtjɛ]
sci (m) di fondo	skijim nordik (m)	[skijím nordík]
tennis (m) da tavolo	ping pong (m)	[piŋ póŋ]

vela (f)	lundrim me vela (m)	[lundrím mɛ véla]
rally (m)	garë rally (f)	[gárə ráɫy]
rugby (m)	ragbi (m)	[rágbi]
snowboard (m)	snoubord (m)	[snoubórd]
tiro (m) con l'arco	gjuajtje me hark (f)	[ɟúajtjɛ mɛ hárk]

134. Palestra

bilanciere (m)	peshë (f)	[péʃə]
manubri (m pl)	gira (f)	[gíra]

attrezzo (m) sportivo	makinë trajnimi (f)	[makínə trajními]
cyclette (f)	biçikletë ushtrimesh (f)	[bitʃiklétə uʃtríməʃ]
tapis roulant (m)	makinë vrapi (f)	[makínə vrápi]
sbarra (f)	tra horizontal (m)	[tra horizontál]
parallele (f pl)	trarë paralele (pl)	[trárə paralélɛ]
cavallo (m)	kaluç (m)	[kalútʃ]
materassino (m)	tapet gjimnastike (m)	[tapét ɟimnastíkɛ]
corda (f) per saltare	litar kërcimi (m)	[litár kərtsími]
aerobica (f)	aerobik (m)	[aɛrobík]
yoga (m)	joga (f)	[jóga]

135. Hockey

hockey (m)	hokej (m)	[hokéj]
hockeista (m)	lojtar hokeji (m)	[lojtár hokéji]
giocare a hockey	luaj hokej	[lúaj hokéj]
ghiaccio (m)	akull (m)	[ákuɫ]
disco (m)	top hokeji (m)	[top hokéji]
bastone (m) da hockey	shkop hokeji (m)	[ʃkop hokéji]
pattini (m pl)	patina akulli (pl)	[patína ákuɫi]
bordo (m)	fushë hokeji (f)	[fúʃə hokéji]
tiro (m)	gjuajtje (f)	[ɟúajtjɛ]
portiere (m)	portier (m)	[portiér]
gol (m)	gol (m)	[gol]
segnare un gol	shënoj gol	[ʃənój gol]
tempo (m)	pjesë (f)	[pjésə]
secondo tempo (m)	pjesa e dytë	[pjésa ɛ dýtə]
panchina (f)	stol i rezervave (m)	[stol i rɛzérvavɛ]

136. Calcio

calcio (m)	futboll (m)	[futbóɫ]
calciatore (m)	futbollist (m)	[futboɫíst]
giocare a calcio	luaj futboll	[lúaj futbóɫ]
La Prima Divisione	liga e parë (f)	[líga ɛ párə]
società (f) calcistica	klub futbolli (m)	[klúb futbóɫi]
allenatore (m)	trajner (m)	[trajnér]
proprietario (m)	pronar (m)	[pronár]
squadra (f)	skuadër (f)	[skuádər]
capitano (m) di squadra	kapiteni i skuadrës (m)	[kapiténi i skuádrəs]
giocatore (m)	lojtar (m)	[lojtár]
riserva (f)	zëvendësues (m)	[zəvɛndəsúɛs]
attaccante (m)	sulmues (m)	[sulmúɛs]
centrocampista (m)	qendërsulmues (m)	[cɛndərsulmúɛs]

bomber (m)	golashënues (m)	[golaʃənúɛs]
terzino (m)	mbrojtës (m)	[mbrójtəs]
mediano (m)	mesfushor (m)	[mɛsfuʃór]

partita (f)	ndeshje (f)	[ndéʃjɛ]
incontrarsi (vr)	takoj	[takój]
finale (m)	finale	[finálɛ]
semifinale (m)	gjysmë-finale (f)	[ɟýsmə-finálɛ]
campionato (m)	kampionat (m)	[kampionát]

tempo (m)	pjesë (f)	[pjésə]
primo tempo (m)	pjesa e parë (f)	[pjésa ɛ párə]
intervallo (m)	pushim (m)	[puʃím]

porta (f)	gol (m)	[gol]
portiere (m)	portier (m)	[portiér]
palo (m)	shtyllë (f)	[ʃtýtə]
traversa (f)	traversa (f)	[travérsa]
rete (f)	rrjetë (f)	[rjétə]
subire un gol	pësoj gol	[pəsój gol]

pallone (m)	top (m)	[top]
passaggio (m)	pas (m)	[pas]
calcio (m), tiro (m)	goditje (f)	[godítjɛ]
tirare un calcio	godas	[godás]
calcio (m) di punizione	goditje e lirë (f)	[godítjɛ ɛ lírə]
calcio (m) d'angolo	goditje nga këndi (f)	[godítjɛ ŋa kəndi]

attacco (m)	sulm (m)	[sulm]
contrattacco (m)	kundërsulm (m)	[kundərsúlm]
combinazione (f)	kombinim (m)	[kombiním]

arbitro (m)	arbitër (m)	[arbítər]
fischiare (vi)	i bie bilbilit	[i bíɛ bilbílit]
fischio (m)	bilbil (m)	[bilbíl]
fallo (m)	faull (m)	[faúɫ]
fare un fallo	faulloj	[fauɫój]
espellere dal campo	nxjerr nga loja	[ndzjér ŋa lója]

cartellino (m) giallo	karton i verdhë (m)	[kartón i vérðə]
cartellino (m) rosso	karton i kuq (m)	[kartón i kúc]
squalifica (f)	diskualifikim (m)	[diskualifikím]
squalificare (vt)	diskualifikoj	[diskualifikój]

rigore (m)	goditje dënimi (f)	[godítjɛ dəními]
barriera (f)	mur (m)	[mur]
segnare (~ un gol)	shënoj	[ʃənój]
gol (m)	gol (m)	[gol]
segnare un gol	shënoj gol	[ʃənój gol]

sostituzione (f)	zëvendësim (m)	[zəvɛndəsím]
sostituire (vt)	zëvendësoj	[zəvɛndəsój]
regole (f pl)	rregullat (pl)	[réguɫat]
tattica (f)	taktikë (f)	[taktíkə]
stadio (m)	stadium (m)	[stadiúm]
tribuna (f)	tribunë (f)	[tribúnə]

| tifoso, fan (m) | tifoz (m) | [tifóz] |
| gridare (vi) | bërtas | [bərtás] |

| tabellone (m) segnapunti | tabela e rezultateve (f) | [tabéla ε rεzultátεvε] |
| punteggio (m) | rezultat (m) | [rεzultát] |

sconfitta (f)	humbje (f)	[húmbjε]
subire una sconfitta	humb	[húmb]
pareggio (m)	barazim (m)	[barazím]
pareggiare (vi)	barazoj	[barazój]

| vittoria (f) | fitore (f) | [fitórε] |
| vincere (vi) | fitoj | [fitój] |

campione (m)	kampion (m)	[kampión]
migliore (agg)	më i miri	[mə i míri]
congratularsi (con qn per qc)	përgëzoj	[pərgəzój]

commentatore (m)	komentues (m)	[komεntúεs]
commentare (vt)	komentoj	[komεntój]
trasmissione (f)	transmetim (m)	[transmεtím]

137. Sci alpino

sci (m pl)	ski (pl)	[skí]
sciare (vi)	bëj ski	[bəj skí]
stazione (f) sciistica	resort malor për ski (m)	[rεsórt malór pər skí]
sciovia (f)	ashensor për ski (m)	[aʃεnsór pər skí]

bastoni (m pl) da sci	heshta skish (pl)	[héʃta skíʃ]
pendio (m)	shpat (m)	[ʃpat]
slalom (m)	slalom (m)	[slalóm]

138. Tennis. Golf

golf (m)	golf (m)	[golf]
golf club (m)	klub golfi (m)	[klúb gólfi]
golfista (m)	golfist (m)	[golfíst]

buca (f)	vrimë (f)	[vrímə]
mazza (f) da golf	shkop golfi (m)	[ʃkop gólfi]
carrello (m) da golf	karrocë golfi (f)	[karótsə gólfi]

| tennis (m) | tenis (m) | [tεnís] |
| campo (m) da tennis | fushë tenisi (f) | [fúʃə tεnísi] |

| battuta (f) | servim (m) | [sεrvím] |
| servire (vt) | servoj | [sεrvój] |

racchetta (f)	reket (m)	[rεkét]
rete (f)	rrjetë (f)	[rjétə]
palla (f)	top (m)	[top]

139. Scacchi

scacchi (m pl)	shah (m)	[ʃah]
pezzi (m pl) degli scacchi	figura shahu (pl)	[figúra ʃáhu]
scacchista (m)	shahist (m)	[ʃahíst]
scacchiera (f)	fushë shahu (f)	[fúʃə ʃáhu]
pezzo (m)	figurë shahu (f)	[figúrə ʃáhu]
Bianchi (m pl)	të bardhat (pl)	[tə bárðat]
Neri (m pl)	të zezat (pl)	[tə zézat]
pedina (f)	ushtar (m)	[uʃtár]
alfiere (m)	oficer (m)	[ofitsér]
cavallo (m)	kalorës (m)	[kalórəs]
torre (f)	top (m)	[top]
regina (f)	mbretëreshë (f)	[mbrɛtəréʃə]
re (m)	mbret (m)	[mbrét]
mossa (m)	lëvizje (f)	[ləvízjɛ]
muovere (vt)	lëviz	[ləvíz]
sacrificare (vt)	sakrifikoj	[sakrifikój]
arrocco (m)	rokadë (f)	[rokádə]
scacco (m)	shah (m)	[ʃah]
scacco matto (m)	shah mat (m)	[ʃah mat]
torneo (m) di scacchi	turne shahu (m)	[turné ʃáhu]
gran maestro (m)	Mjeshtër i Madh (m)	[mjéʃtər i máð]
combinazione (f)	kombinim (m)	[kombiním]
partita (f) (~ a scacchi)	lojë (f)	[lójə]
dama (f)	damë (f)	[dámə]

140. Pugilato

pugilato (m), boxe (f)	boks (m)	[boks]
incontro (m)	ndeshje (f)	[ndéʃjɛ]
incontro (m) di boxe	ndeshje boksi (f)	[ndéʃjɛ bóksi]
round (m)	raund (m)	[ráund]
ring (m)	ring (m)	[riŋ]
gong (m)	gong (m)	[goŋ]
pugno (m)	goditje (f)	[godítjɛ]
knock down (m)	nokdaun (m)	[nokdáun]
knock-out (m)	nokaut (m)	[nokaút]
mettere knock-out	hedh nokaut	[hɛð nokaút]
guantone (m) da pugile	dorezë boksi (f)	[dorézə bóksi]
arbitro (m)	arbitër (m)	[arbítər]
peso (m) leggero	peshë e lehtë (f)	[péʃə ɛ léhtə]
peso (m) medio	peshë e mesme (f)	[péʃə ɛ mésmɛ]
peso (m) massimo	peshë e rëndë (f)	[péʃə ɛ rəndə]

141. Sport. Varie

Giochi (m pl) Olimpici	Lojërat Olimpike (pl)	[lójərat olimpíkɛ]
vincitore (m)	fitues (m)	[fitúɛs]
ottenere la vittoria	duke fituar	[dúkɛ fitúar]
vincere (vi)	fitoj	[fitój]

| leader (m), capo (m) | lider (m) | [lidér] |
| essere alla guida | udhëheq | [uðəhéc] |

primo posto (m)	vendi i parë	[véndi i párə]
secondo posto (m)	vendi i dytë	[véndi i dýtə]
terzo posto (m)	vendi i tretë	[véndi i trétə]

medaglia (f)	medalje (f)	[mɛdáljɛ]
trofeo (m)	trofe (f)	[trofé]
coppa (f) (trofeo)	kupë (f)	[kúpə]
premio (m)	çmim (m)	[tʃmím]
primo premio (m)	çmimi i parë (m)	[tʃmími i párə]

| record (m) | rekord (m) | [rɛkórd] |
| stabilire un record | vendos rekord | [vɛndós rɛkórd] |

| finale (m) | finale | [finálɛ] |
| finale (agg) | finale | [finálɛ] |

| campione (m) | kampion (m) | [kampión] |
| campionato (m) | kampionat (m) | [kampionát] |

stadio (m)	stadium (m)	[stadiúm]
tribuna (f)	tribunë (f)	[tribúnə]
tifoso, fan (m)	tifoz (m)	[tifóz]
avversario (m)	kundërshtar (m)	[kundərʃtár]

| partenza (f) | start (m) | [start] |
| traguardo (m) | cak (m) | [tsák] |

| sconfitta (f) | humbje (f) | [húmbjɛ] |
| perdere (vt) | humb | [húmb] |

arbitro (m)	arbitër (m)	[arbítər]
giuria (f)	juri (f)	[jurí]
punteggio (m)	rezultat (m)	[rɛzultát]
pareggio (m)	barazim (m)	[barazím]
pareggiare (vi)	barazoj	[barazój]
punto (m)	pikë (f)	[píkə]
risultato (m)	rezultat (m)	[rɛzultát]

| tempo (primo ~) | pjesë (f) | [pjésə] |
| intervallo (m) | pushim (m) | [puʃím] |

doping (m)	doping (m)	[dopíɲ]
penalizzare (vt)	penalizoj	[pɛnalizój]
squalificare (vt)	diskualifikoj	[diskualifikój]
attrezzatura (f)	aparat (m)	[aparát]

giavellotto (m)	hedhje e shtizës (f)	[héðjɛ ɛ ʃtízəs]
peso (m) (sfera metallica)	gjyle (f)	[ɟýlɛ]
biglia (f) (palla)	bile (f)	[bílɛ]

obiettivo (m)	shënjestër (f)	[ʃəɲéstər]
bersaglio (m)	shënjestër (f)	[ʃəɲéstər]
sparare (vi)	qëlloj	[cəɬój]
preciso (agg)	e saktë	[ɛ sáktə]

allenatore (m)	trajner (m)	[trajnér]
allenare (vt)	stërvit	[stərvít]
allenarsi (vr)	stërvitem	[stərvítɛm]
allenamento (m)	trajnim (m)	[trajním]

palestra (f)	palestër (f)	[paléstər]
esercizio (m)	ushtrime (f)	[uʃtrímɛ]
riscaldamento (m)	ngrohje (f)	[ŋróhjɛ]

Istruzione

142. Scuola

scuola (f)	shkollë (f)	[ʃkótə]
direttore (m) di scuola	drejtor shkolle (m)	[drɛjtór ʃkótɛ]
allievo (m)	nxënës (m)	[ndzénəs]
allieva (f)	nxënëse (f)	[ndzénəsɛ]
scolaro (m)	nxënës (m)	[ndzénəs]
scolara (f)	nxënëse (f)	[ndzénəsɛ]
insegnare (qn)	jap mësim	[jap məsím]
imparare (una lingua)	mësoj	[məsój]
imparare a memoria	mësoj përmendësh	[məsój pərméndəʃ]
studiare (vi)	mësoj	[məsój]
frequentare la scuola	jam në shkollë	[jam nə ʃkótə]
andare a scuola	shkoj në shkollë	[ʃkoj nə ʃkótə]
alfabeto (m)	alfabet (m)	[alfabét]
materia (f)	lëndë (f)	[léndə]
classe (f)	klasë (f)	[klásə]
lezione (f)	mësim (m)	[məsím]
ricreazione (f)	pushim (m)	[puʃím]
campanella (f)	zile e shkollës (f)	[zílɛ ɛ ʃkótəs]
banco (m)	bankë e shkollës (f)	[bánkə ɛ ʃkótəs]
lavagna (f)	tabelë e zezë (f)	[tabélə ɛ zézə]
voto (m)	notë (f)	[nótə]
voto (m) alto	notë e mirë (f)	[nótə ɛ mírə]
voto (m) basso	notë e keqe (f)	[nótə ɛ kécɛ]
dare un voto	vendos notë	[vɛndós nótə]
errore (m)	gabim (m)	[gabím]
fare errori	bëj gabime	[bəj gabímɛ]
correggere (vt)	korrigjoj	[koriɉój]
bigliettino (m)	kopje (f)	[kópjɛ]
compiti (m pl)	detyrë shtëpie (f)	[dɛtýrə ʃtəpíɛ]
esercizio (m)	ushtrim (m)	[uʃtrím]
essere presente	jam prezent	[jam prɛzént]
essere assente	mungoj	[muɲój]
mancare le lezioni	mungoj në shkollë	[muɲój nə ʃkótə]
punire (vt)	ndëshkoj	[ndəʃkój]
punizione (f)	ndëshkim (m)	[ndəʃkím]
comportamento (m)	sjellje (f)	[sjétjɛ]

pagella (f)	dëftesë (f)	[dǝftésǝ]
matita (f)	laps (m)	[láps]
gomma (f) per cancellare	gomë (f)	[gómǝ]
gesso (m)	shkumës (m)	[ʃkúmǝs]
astuccio (m) portamatite	portofol lapsash (m)	[portofól lápsaʃ]

cartella (f)	çantë shkolle (f)	[tʃántǝ ʃkótɛ]
penna (f)	stilolaps (m)	[stiloláps]
quaderno (m)	fletore (f)	[flɛtórɛ]
manuale (m)	tekst mësimor (m)	[tɛkst mǝsimór]
compasso (m)	kompas (m)	[kompás]

| disegnare (tracciare) | vizatoj | [vizatój] |
| disegno (m) tecnico | vizatim teknik (m) | [vizatím tɛkník] |

poesia (f)	poezi (f)	[poɛzí]
a memoria	përmendësh	[pǝrméndǝʃ]
imparare a memoria	mësoj përmendësh	[mǝsój pǝrméndǝʃ]

vacanze (f pl) scolastiche	pushimet e shkollës (m)	[puʃímɛt ɛ ʃkótǝs]
essere in vacanza	jam me pushime	[jam mɛ puʃímɛ]
passare le vacanze	kaloj pushimet	[kalój puʃímɛt]

prova (f) scritta	test (m)	[tɛst]
composizione (f)	ese (f)	[ɛsé]
dettato (m)	diktim (m)	[diktím]
esame (m)	provim (m)	[provím]
sostenere un esame	kam provim	[kam provím]
esperimento (m)	eksperiment (m)	[ɛkspɛrimént]

143. Istituto superiore. Università

accademia (f)	akademi (f)	[akadɛmí]
università (f)	universitet (m)	[univɛrsitét]
facoltà (f)	fakultet (m)	[fakultét]

studente (m)	student (m)	[studént]
studentessa (f)	studente (f)	[studéntɛ]
docente (m, f)	pedagog (m)	[pɛdagóg]

| aula (f) | auditor (m) | [auditór] |
| diplomato (m) | i diplomuar (m) | [i diplomúar] |

| diploma (m) | diplomë (f) | [diplómǝ] |
| tesi (f) | disertacion (m) | [disɛrtatsión] |

| ricerca (f) | studim (m) | [studím] |
| laboratorio (m) | laborator (m) | [laboratór] |

| lezione (f) | leksion (m) | [lɛksión] |
| compagno (m) di corso | shok kursi (m) | [ʃok kúrsi] |

| borsa (f) di studio | bursë (f) | [búrsǝ] |
| titolo (m) accademico | diplomë akademike (f) | [diplómǝ akadɛmíkɛ] |

144. Scienze. Discipline

matematica (f)	matematikë (f)	[matɛmatíkə]
algebra (f)	algjebër (f)	[alɟébər]
geometria (f)	gjeometri (f)	[ɟɛomɛtrí]
astronomia (f)	astronomi (f)	[astronomí]
biologia (f)	biologji (f)	[bioloɟí]
geografia (f)	gjeografi (f)	[ɟɛografí]
geologia (f)	gjeologji (f)	[ɟɛoloɟí]
storia (f)	histori (f)	[historí]
medicina (f)	mjekësi (f)	[mjɛkəsí]
pedagogia (f)	pedagogji (f)	[pɛdagoɟí]
diritto (m)	drejtësi (f)	[drɛjtəsí]
fisica (f)	fizikë (f)	[fizíkə]
chimica (f)	kimi (f)	[kimí]
filosofia (f)	filozofi (f)	[filozofí]
psicologia (f)	psikologji (f)	[psikoloɟí]

145. Sistema di scrittura. Ortografia

grammatica (f)	gramatikë (f)	[gramatíkə]
lessico (m)	fjalor (m)	[fjalór]
fonetica (f)	fonetikë (f)	[fonɛtíkə]
sostantivo (m)	emër (m)	[émər]
aggettivo (m)	mbiemër (m)	[mbiémər]
verbo (m)	folje (f)	[fóljɛ]
avverbio (m)	ndajfolje (f)	[ndajfóljɛ]
pronome (m)	përemër (m)	[pərémər]
interiezione (f)	pasthirrmë (f)	[pasθírrmə]
preposizione (f)	parafjalë (f)	[parafjálə]
radice (f)	rrënjë (f)	[réɲə]
desinenza (f)	fundore (f)	[fundórɛ]
prefisso (m)	parashtesë (f)	[paraʃtésə]
sillaba (f)	rrokje (f)	[rókjɛ]
suffisso (m)	prapashtesë (f)	[prapaʃtésə]
accento (m)	theks (m)	[θɛks]
apostrofo (m)	apostrof (m)	[apostróf]
punto (m)	pikë (f)	[píkə]
virgola (f)	presje (f)	[présjɛ]
punto (m) e virgola	pikëpresje (f)	[pikəprésjɛ]
due punti	dy pika (f)	[dy píka]
puntini di sospensione	tre pika (f)	[trɛ píka]
punto (m) interrogativo	pikëpyetje (f)	[pikəpýɛtjɛ]
punto (m) esclamativo	pikëçuditje (f)	[pikətʃudítjɛ]

127

virgolette (f pl)	thonjëza (f)	[θóɲəza]
tra virgolette	në thonjëza	[nə θóɲəza]
parentesi (f pl)	kllapa (f)	[kɫápa]
tra parentesi	brenda kllapave	[brénda kɫápavɛ]

trattino (m)	vizë ndarëse (f)	[vízə ndárəsɛ]
lineetta (f)	vizë (f)	[vízə]
spazio (m) (tra due parole)	hapësirë (f)	[hapəsírə]

| lettera (f) | shkronjë (f) | [ʃkróɲə] |
| lettera (f) maiuscola | shkronjë e madhe (f) | [ʃkróɲə ɛ máðɛ] |

| vocale (f) | zanore (f) | [zanórɛ] |
| consonante (f) | bashkëtingëllore (f) | [baʃkətiŋəɫórɛ] |

proposizione (f)	fjali (f)	[fjalí]
soggetto (m)	kryefjalë (f)	[kryɛfjálə]
predicato (m)	kallëzues (m)	[kaɫəzúɛs]

riga (f)	rresht (m)	[réʃt]
a capo	rresht i ri	[réʃt i rí]
capoverso (m)	paragraf (m)	[paragráf]

parola (f)	fjalë (f)	[fjálə]
gruppo (m) di parole	grup fjalësh (m)	[grup fjáləʃ]
espressione (f)	shprehje (f)	[ʃpréhjɛ]
sinonimo (m)	sinonim (m)	[sinoním]
antonimo (m)	antonim (m)	[antoním]

regola (f)	rregull (m)	[réguɫ]
eccezione (f)	përjashtim (m)	[pərjaʃtím]
giusto (corretto)	saktë	[sáktə]

coniugazione (f)	lakim (m)	[lakím]
declinazione (f)	rasë	[rásə]
caso (m) nominativo	rasë emërore (f)	[rásə ɛmərórɛ]
domanda (f)	pyetje (f)	[pýɛtjɛ]
sottolineare (vt)	nënvijëzoj	[nənvijəzój]
linea (f) tratteggiata	vijë me ndërprerje (f)	[víjə mɛ ndərprérjɛ]

146. Lingue straniere

lingua (f)	gjuhë (f)	[ɟúhə]
straniero (agg)	huaj	[húaj]
lingua (f) straniera	gjuhë e huaj (f)	[ɟúhə ɛ húaj]
studiare (vt)	studioj	[studiój]
imparare (una lingua)	mësoj	[məsój]

leggere (vi, vt)	lexoj	[lɛdzój]
parlare (vi, vt)	flas	[flas]
capire (vt)	kuptoj	[kuptój]
scrivere (vi, vt)	shkruaj	[ʃkrúaj]
rapidamente	shpejt	[ʃpɛjt]
lentamente	ngadalë	[ŋadálə]

correntemente	rrjedhshëm	[rjéðʃəm]
regole (f pl)	rregullat (pl)	[réguɫat]
grammatica (f)	gramatikë (f)	[gramatíkə]
lessico (m)	fjalor (m)	[fjalór]
fonetica (f)	fonetikë (f)	[fonɛtíkə]

manuale (m)	tekst mësimor (m)	[tɛkst məsimór]
dizionario (m)	fjalor (m)	[fjalór]
manuale (m) autodidattico	libër i mësimit autodidakt (m)	[líbər i məsímit autodidákt]
frasario (m)	libër frazeologjik (m)	[líbər frazɛoloɟík]

cassetta (f)	kasetë (f)	[kasétə]
videocassetta (f)	videokasetë (f)	[vidɛokasétə]
CD (m)	CD (f)	[tsɛdé]
DVD (m)	DVD (m)	[dividí]

alfabeto (m)	alfabet (m)	[alfabét]
compitare (vt)	gërmëzoj	[gərməzój]
pronuncia (f)	shqiptim (m)	[ʃciptím]

accento (m)	aksent (m)	[aksént]
con un accento	me aksent	[mɛ aksént]
senza accento	pa aksent	[pa aksént]

| vocabolo (m) | fjalë (f) | [fjálə] |
| significato (m) | kuptim (m) | [kuptím] |

corso (m) (~ di francese)	kurs (m)	[kurs]
iscriversi (vr)	regjistrohem	[rɛɟistróhɛm]
insegnante (m, f)	mësues (m)	[məsúɛs]

traduzione (f) (fare una ~)	përkthim (m)	[pərkθím]
traduzione (f) (un testo)	përkthim (m)	[pərkθím]
traduttore (m)	përkthyes (m)	[pərkθýɛs]
interprete (m)	përkthyes (m)	[pərkθýɛs]

| poliglotta (m) | poliglot (m) | [poliglót] |
| memoria (f) | kujtesë (f) | [kujtésə] |

147. Personaggi delle fiabe

Babbo Natale (m)	Santa Klaus (m)	[sánta kláus]
Cenerentola (f)	Hirushja (f)	[hirúʃja]
sirena (f)	sirenë (f)	[sirénə]
Nettuno (m)	Neptuni (m)	[nɛptúni]

mago (m)	magjistar (m)	[maɟistár]
fata (f)	zanë (f)	[zánə]
magico (agg)	magjike	[maɟíkɛ]
bacchetta (f) magica	shkop magjik (m)	[ʃkop maɟík]

| fiaba (f), favola (f) | përrallë (f) | [pəráɫə] |
| miracolo (m) | mrekulli (f) | [mrɛkuɫí] |

| nano (m) | xhuxh (m) | [dʒudʒ] |
| trasformarsi in … | shndërrohem … | [ʃndəróhɛm …] |

fantasma (m)	fantazmë (f)	[fantázmə]
spettro (m)	fantazmë (f)	[fantázmə]
mostro (m)	bishë (f)	[bíʃə]
drago (m)	dragua (m)	[dragúa]
gigante (m)	gjigant (m)	[ɟigánt]

148. Segni zodiacali

Ariete (m)	Dashi (m)	[dáʃi]
Toro (m)	Demi (m)	[démi]
Gemelli (m pl)	Binjakët (pl)	[biɲákət]
Cancro (m)	Gaforrja (f)	[gafórja]
Leone (m)	Luani (m)	[luáni]
Vergine (f)	Virgjëresha (f)	[virɟəréʃa]

Bilancia (f)	Peshorja (f)	[pɛʃórja]
Scorpione (m)	Akrepi (m)	[akrépi]
Sagittario (m)	Shigjetari (m)	[ʃiɟɛtári]
Capricorno (m)	Bricjapi (m)	[britsjápi]
Acquario (m)	Ujori (m)	[ujóri]
Pesci (m pl)	Peshqit (pl)	[péʃcit]

carattere (m)	karakter (m)	[karaktér]
tratti (m pl) del carattere	tipare të karakterit (pl)	[tipárɛ tə karaktérit]
comportamento (m)	sjellje (f)	[sjétjɛ]
predire il futuro	parashikoj fatin	[paraʃikój fátin]
cartomante (f)	lexuese e fatit (f)	[lɛdzúɛsɛ ɛ fátit]
oroscopo (m)	horoskop (m)	[horoskóp]

Arte

149. Teatro

teatro (m)	teatër (m)	[tɛátər]
opera (f)	operë (f)	[opérə]
operetta (f)	operetë (f)	[opɛrétə]
balletto (m)	balet (m)	[balét]
cartellone (m)	afishe teatri (f)	[afíʃɛ tɛátri]
compagnia (f) teatrale	trupë teatrale (f)	[trúpə tɛatrálɛ]
tournée (f)	turne (f)	[turné]
andare in tourn?e	jam në turne	[jam nə turné]
fare le prove	bëj prova	[bəj próva]
prova (f)	provë (f)	[próvə]
repertorio (m)	repertor (m)	[rɛpɛrtór]
rappresentazione (f)	shfaqje (f)	[ʃfácjɛ]
spettacolo (m)	shfaqje teatrale (f)	[ʃfácjɛ tɛatrálɛ]
opera (f) teatrale	dramë (f)	[drámə]
biglietto (m)	biletë (f)	[bilétə]
botteghino (m)	zyrë e shitjeve të biletave (f)	[zýrə ɛ ʃítjɛvɛ tə bilétavɛ]
hall (f)	holl (m)	[hoɬ]
guardaroba (f)	dhoma e xhaketave (f)	[ðóma ɛ dʒakétavɛ]
cartellino (m) del guardaroba	numri i xhaketës (m)	[númri i dʒakétəs]
binocolo (m)	dylbi (f)	[dylbí]
maschera (f)	portier (m)	[portiér]
platea (f)	plato (f)	[plató]
balconata (f)	ballkon (m)	[baɬkón]
prima galleria (f)	galeria e parë (f)	[galɛría ɛ párə]
palco (m)	lozhë (f)	[lóʒə]
fila (f)	rresht (m)	[réʃt]
posto (m)	karrige (f)	[karígɛ]
pubblico (m)	publiku (m)	[publíku]
spettatore (m)	spektator (m)	[spɛktatór]
battere le mani	duartrokas	[duartrokás]
applauso (m)	duartrokitje (f)	[duartrokítjɛ]
ovazione (f)	brohoritje (f)	[brohorítjɛ]
palcoscenico (m)	skenë (f)	[skénə]
sipario (m)	perde (f)	[pérdɛ]
scenografia (f)	skenografi (f)	[skɛnografí]
quinte (f pl)	prapaskenë (f)	[prapaskénə]
scena (f) (l'ultima ~)	skenë (f)	[skénə]
atto (m)	akt (m)	[ákt]
intervallo (m)	pushim (m)	[puʃím]

150. Cinema

attore (m)	aktor (m)	[aktór]
attrice (f)	aktore (f)	[aktórɛ]

cinema (m) (industria)	kinema (f)	[kinɛmá]
film (m)	film (m)	[film]
puntata (f)	episod (m)	[ɛpisód]

film (m) giallo	triller (m)	[triɬér]
film (m) d'azione	aksion (m)	[aksión]
film (m) d'avventure	aventurë (f)	[avɛntúrə]
film (m) di fantascienza	fanta-shkencë (f)	[fánta-ʃkéntsə]
film (m) d'orrore	film horror (m)	[fílm horór]

film (m) comico	komedi (f)	[komɛdí]
melodramma (m)	melodramë (f)	[mɛlodrámə]
dramma (m)	dramë (f)	[drámə]

film (m) a soggetto	film fiktiv (m)	[fílm fiktív]
documentario (m)	dokumentar (m)	[dokumɛntár]
cartoni (m pl) animati	film vizatimor (m)	[fílm vizatimór]
cinema (m) muto	filma pa zë (m)	[fílma pa zə]

parte (f)	rol (m)	[rol]
parte (f) principale	rol kryesor (m)	[rol kryɛsór]
recitare (vi, vt)	luaj	[lúaj]

star (f), stella (f)	yll kinemaje (m)	[yɬ kinɛmájɛ]
noto (agg)	i njohur	[i ɲóhur]
famoso (agg)	i famshëm	[i fámʃəm]
popolare (agg)	popullor	[popuɬór]

sceneggiatura (m)	skenar (m)	[skɛnár]
sceneggiatore (m)	skenarist (m)	[skɛnaríst]
regista (m)	regjisor (m)	[rɛɟisór]
produttore (m)	producent (m)	[produtsént]
assistente (m)	ndihmës (m)	[ndíhməs]
cameraman (m)	kameraman (m)	[kamɛramán]
cascatore (m)	dubla (f)	[dúbla]
controfigura (f)	dubla (f)	[dúbla]

girare un film	xhiroj film	[dʒirój film]
provino (m)	provë (f)	[próvə]
ripresa (f)	xhirim (m)	[dʒirím]
troupe (f) cinematografica	ekip kinematografik (m)	[ɛkíp kinɛmatografík]
set (m)	set kinematografik (m)	[sɛt kinɛmatografík]
cinepresa (f)	kamerë (f)	[kamérə]

cinema (m) (~ all'aperto)	kinema (f)	[kinɛmá]
schermo (m)	ekran (m)	[ɛkrán]
proiettare un film	shfaq film	[ʃfac film]

colonna (f) sonora	muzikë e filmit (f)	[muzíkə ɛ filmit]
effetti (m pl) speciali	efekte speciale (pl)	[ɛféktɛ spɛtsiálɛ]

sottotitoli (m pl)	titra (pl)	[títra]
titoli (m pl) di coda	lista e pjesëmarrësve (f)	[lísta ε pjɛsəmárəsvɛ]
traduzione (f)	përkthim (m)	[pərkθím]

151. Pittura

arte (f)	art (m)	[art]
belle arti (f pl)	artet e bukura (pl)	[ártɛt ε búkura]
galleria (f) d'arte	galeri arti (f)	[galɛrí árti]
mostra (f)	ekspozitë (f)	[ɛkspozítə]

pittura (f)	pikturë (f)	[piktúrə]
grafica (f)	art grafik (m)	[árt grafík]
astrattismo (m)	art abstrakt (m)	[árt abstrákt]
impressionismo (m)	impresionizëm (m)	[imprɛsionízəm]

quadro (m)	pikturë (f)	[piktúrə]
disegno (m)	vizatim (m)	[vizatím]
cartellone, poster (m)	poster (m)	[postér]

illustrazione (f)	ilustrim (m)	[ilustrím]
miniatura (f)	miniaturë (f)	[miniatúrə]
copia (f)	kopje (f)	[kópjɛ]
riproduzione (f)	riprodhim (m)	[riproðím]

mosaico (m)	mozaik (m)	[mozaík]
vetrata (f)	pikturë në dritare (f)	[piktúrə nə dritárɛ]
affresco (m)	afresk (m)	[afrésk]
incisione (f)	gravurë (f)	[gravúrə]

busto (m)	bust (m)	[búst]
scultura (f)	skulpturë (f)	[skulptúrə]
statua (f)	statujë (f)	[statújə]
gesso (m)	allçi (f)	[aɫtʃí]
in gesso	me allçi	[mɛ aɫtʃí]

ritratto (m)	portret (m)	[portrét]
autoritratto (m)	autoportret (m)	[autoportrét]
paesaggio (m)	peizazh (m)	[pɛizáʒ]
natura (f) morta	natyrë e qetë (f)	[natýrə ε cétə]
caricatura (f)	karikaturë (f)	[karikatúrə]
abbozzo (m)	skicë (f)	[skítsə]

colore (m)	bojë (f)	[bójə]
acquerello (m)	bojë uji (f)	[bójə úji]
olio (m)	bojë vaji (f)	[bójə váji]
matita (f)	laps (m)	[láps]
inchiostro (m) di china	bojë stilografi (f)	[bójə stilográfi]
carbone (m)	karbon (m)	[karbón]

disegnare (a matita)	vizatoj	[vizatój]
dipingere (un quadro)	pikturoj	[pikturój]
posare (vi)	pozoj	[pozój]
modello (m)	model (m)	[modél]

modella (f)	modele (f)	[modélɛ]
pittore (m)	piktor (m)	[piktór]
opera (f) d'arte	vepër arti (f)	[vépər árti]
capolavoro (m)	kryevepër (f)	[kryɛvépər]
laboratorio (m) (di artigiano)	studio (f)	[stúdio]
tela (f)	kanavacë (f)	[kanavátsə]
cavalletto (m)	këmbalec (m)	[kəmbaléts]
tavolozza (f)	paletë (f)	[palétə]
cornice (f) (~ di un quadro)	kornizë (f)	[kornízə]
restauro (m)	restaurim (m)	[rɛstaurím]
restaurare (vt)	restauroj	[rɛstaurój]

152. Letteratura e poesia

letteratura (f)	letërsi (f)	[lɛtərsí]
autore (m)	autor (m)	[autór]
pseudonimo (m)	pseudonim (m)	[psɛudoním]
libro (m)	libër (m)	[líbər]
volume (m)	vëllim (m)	[vəɫím]
sommario (m), indice (m)	tabela e përmbajtjes (f)	[tabéla ɛ pərmbájtjɛs]
pagina (f)	faqe (f)	[fácɛ]
protagonista (m)	personazhi kryesor (m)	[pɛrsonáʒi kryɛsór]
autografo (m)	autograf (m)	[autográf]
racconto (m)	tregim i shkurtër (m)	[trɛgím i ʃkúrtər]
romanzo (m) breve	novelë (f)	[novélə]
romanzo (m)	roman (m)	[román]
opera (f) (~ letteraria)	vepër (m)	[vépər]
favola (f)	fabula (f)	[fábula]
giallo (m)	roman policesk (m)	[román politsésk]
verso (m)	vjershë (f)	[vjérʃə]
poesia (f) (~ lirica)	poezi (f)	[poɛzí]
poema (m)	poemë (f)	[poémə]
poeta (m)	poet (m)	[poét]
narrativa (f)	trillim (m)	[triɫím]
fantascienza (f)	fanta-shkencë (f)	[fánta-ʃkéntsə]
avventure (f pl)	aventurë (f)	[avɛntúrə]
letteratura (f) formativa	letërsi edukative (f)	[lɛtərsí ɛdukatívɛ]
libri (m pl) per l'infanzia	letërsi për fëmijë (f)	[lɛtərsí pər fəmíjə]

153. Circo

circo (m)	cirk (m)	[tsírk]
tendone (m) del circo	cirk udhëtues (m)	[tsírk uðətúɛs]
programma (m)	program (m)	[prográm]
spettacolo (m)	shfaqje (f)	[ʃfácjɛ]
numero (m)	akt (m)	[ákt]

arena (f)	arenë cirku (f)	[arénə tsírku]
pantomima (m)	pantomimë (f)	[pantomímə]
pagliaccio (m)	kloun (m)	[kloún]

acrobata (m)	akrobat (m)	[akrobát]
acrobatica (f)	akrobaci (f)	[akrobatsí]
ginnasta (m)	gjimnast (m)	[ɟimnást]
ginnastica (m)	gjimnastikë (f)	[ɟimnastíkə]
salto (m) mortale	salto (f)	[sálto]

forzuto (m)	atlet (m)	[atlét]
domatore (m)	zbutës (m)	[zbútəs]
cavallerizzo (m)	kalorës (m)	[kalórəs]
assistente (m)	ndihmës (m)	[ndíhməs]

acrobazia (f)	akrobaci (f)	[akrobatsí]
gioco (m) di prestigio	truk magjik (m)	[truk maɟík]
prestigiatore (m)	magjistar (m)	[maɟistár]

giocoliere (m)	zhongler (m)	[ʒoŋlér]
giocolare (vi)	luaj	[lúaj]
ammaestratore (m)	zbutës kafshësh (m)	[zbútəs káfʃəʃ]
ammaestramento (m)	zbutje kafshësh (f)	[zbútjɛ káfʃəʃ]
ammaestrare (vt)	stërvit	[stərvít]

154. Musica. Musica pop

musica (f)	muzikë (f)	[muzíkə]
musicista (m)	muzikant (m)	[muzikánt]
strumento (m) musicale	instrument muzikor (m)	[instrumént muzikór]
suonare ...	i bie ...	[i bíɛ ...]

chitarra (f)	kitarë (f)	[kitárə]
violino (m)	violinë (f)	[violínə]
violoncello (m)	violonçel (m)	[violontʃél]
contrabbasso (m)	kontrabas (m)	[kontrabás]
arpa (f)	lira (f)	[líra]

pianoforte (m)	piano (f)	[piáno]
pianoforte (m) a coda	pianoforte (f)	[pianofórtɛ]
organo (m)	organo (f)	[orgáno]

strumenti (m pl) a fiato	instrumente frymore (pl)	[instruméntɛ frymórɛ]
oboe (m)	oboe (f)	[obóɛ]
sassofono (m)	saksofon (m)	[saksofón]
clarinetto (m)	klarinetë (f)	[klarinétə]
flauto (m)	flaut (m)	[flaút]
tromba (f)	trombë (f)	[trómbə]

| fisarmonica (f) | fizarmonikë (f) | [fizarmoníkə] |
| tamburo (m) | daulle (f) | [daúłɛ] |

| duetto (m) | duet (m) | [duét] |
| trio (m) | trio (f) | [trío] |

quartetto (m)	**kuartet** (m)	[kuartét]
coro (m)	**kor** (m)	[kor]
orchestra (f)	**orkestër** (f)	[orkéstər]

musica (f) pop	**muzikë pop** (f)	[muzíkə pop]
musica (f) rock	**muzikë rok** (m)	[muzíkə rok]
gruppo (m) rock	**grup rok** (m)	[grup rók]
jazz (m)	**xhaz** (m)	[dʒaz]

idolo (m)	**idhull** (m)	[íðuɫ]
ammiratore (m)	**admirues** (m)	[admirúɛs]

concerto (m)	**koncert** (m)	[kontsért]
sinfonia (f)	**simfoni** (f)	[simfoní]
composizione (f)	**kompozicion** (m)	[kompozitsión]
comporre (vt), scrivere (vt)	**kompozoj**	[kompozój]

canto (m)	**këndim** (m)	[kəndím]
canzone (f)	**këngë** (f)	[kéŋə]
melodia (f)	**melodi** (f)	[mɛlodí]
ritmo (m)	**ritëm** (m)	[rítəm]
blues (m)	**bluz** (m)	[blúz]

note (f pl)	**partiturë** (f)	[partitúrə]
bacchetta (f)	**shkopi i dirigjimit** (m)	[ʃkopi i diriɟímit]
arco (m)	**hark** (m)	[hárk]
corda (f)	**tel** (m)	[tɛl]
custodia (f) (~ della chitarra)	**kuti** (f)	[kutí]

Ristorante. Intrattenimento. Viaggi

155. Escursione. Viaggio

turismo (m)	turizëm (m)	[turízəm]
turista (m)	turist (m)	[turíst]
viaggio (m) (all'estero)	udhëtim (m)	[uðətím]
avventura (f)	aventurë (f)	[avɛntúrə]
viaggio (m) (corto)	udhëtim (m)	[uðətím]
vacanza (f)	pushim (m)	[puʃím]
essere in vacanza	jam me pushime	[jam mɛ puʃímɛ]
riposo (m)	pushim (m)	[puʃím]
treno (m)	tren (m)	[trɛn]
in treno	me tren	[mɛ trén]
aereo (m)	avion (m)	[avión]
in aereo	me avion	[mɛ avión]
in macchina	me makinë	[mɛ makínə]
in nave	me anije	[mɛ aníjɛ]
bagaglio (m)	bagazh (m)	[bagáʒ]
valigia (f)	valixhe (f)	[valídʒɛ]
carrello (m)	karrocë bagazhesh (f)	[karótsə bagáʒɛʃ]
passaporto (m)	pasaportë (f)	[pasapórtə]
visto (m)	vizë (f)	[vízə]
biglietto (m)	biletë (f)	[bilétə]
biglietto (m) aereo	biletë avioni (f)	[bilétə avióni]
guida (f)	guidë turistike (f)	[guídə turistíkɛ]
carta (f) geografica	hartë (f)	[hártə]
località (f)	zonë (f)	[zónə]
luogo (m)	vend (m)	[vɛnd]
ogetti (m pl) esotici	ekzotikë (f)	[ɛkzotíkə]
esotico (agg)	ekzotik	[ɛkzotík]
sorprendente (agg)	mahnitëse	[mahnítəsɛ]
gruppo (m)	grup (m)	[grup]
escursione (f)	ekskursion (m)	[ɛkskursión]
guida (f) (cicerone)	udhërrëfyes (m)	[uðərəfýɛs]

156. Hotel

albergo, hotel (m)	hotel (m)	[hotél]
motel (m)	motel (m)	[motél]
tre stelle	me tre yje	[mɛ trɛ ýjɛ]

cinque stelle	me pesë yje	[mɛ pésə ýjɛ]
alloggiare (vi)	qëndroj	[cəndrój]

camera (f)	dhomë (f)	[ðómə]
camera (f) singola	dhomë teke (f)	[ðómə tékɛ]
camera (f) doppia	dhomë dyshe (f)	[ðómə dýʃɛ]
prenotare una camera	rezervoj një dhomë	[rɛzɛrvój ɲə ðómə]

mezza pensione (f)	gjysmë-pension (m)	[ɟýsmə-pɛnsión]
pensione (f) completa	pension i plotë (m)	[pɛnsión i plótə]

con bagno	me banjo	[mɛ báɲo]
con doccia	me dush	[mɛ dúʃ]
televisione (f) satellitare	televizor satelitor (m)	[tɛlɛvizór satɛlitór]
condizionatore (m)	kondicioner (m)	[konditsionér]
asciugamano (m)	peshqir (m)	[pɛʃcír]
chiave (f)	çelës (m)	[tʃéləs]

amministratore (m)	administrator (m)	[administratór]
cameriera (f)	pastruese (f)	[pastrúɛsɛ]
portabagagli (m)	portier (m)	[portiér]
portiere (m)	portier (m)	[portiér]

ristorante (m)	restorant (m)	[rɛstoránt]
bar (m)	pab (m), pijetore (f)	[pab], [pijɛtórɛ]
colazione (f)	mëngjes (m)	[mənɟés]
cena (f)	darkë (f)	[dárkə]
buffet (m)	bufe (f)	[bufé]

hall (f) (atrio d'ingresso)	holl (m)	[hoɫ]
ascensore (m)	ashensor (m)	[aʃɛnsór]

NON DISTURBARE	MOS SHQETËSONI	[mos ʃcɛtəsóni]
VIETATO FUMARE!	NDALOHET DUHANI	[ndalóhɛt duháni]

157. Libri. Lettura

libro (m)	libër (m)	[líbər]
autore (m)	autor (m)	[autór]
scrittore (m)	shkrimtar (m)	[ʃkrimtár]
scrivere (vi, vt)	shkruaj	[ʃkrúaj]

lettore (m)	lexues (m)	[lɛdzúɛs]
leggere (vi, vt)	lexoj	[lɛdzój]
lettura (f) (sala di ~)	lexim (m)	[lɛdzím]

in silenzio (leggere ~)	pa zë	[pa zə]
ad alta voce	me zë	[mɛ zə]

pubblicare (vt)	botoj	[botój]
pubblicazione (f)	botim (m)	[botím]
editore (m)	botues (m)	[botúɛs]
casa (f) editrice	shtëpi botuese (f)	[ʃtəpí botúɛsɛ]
uscire (vi)	botohet	[botóhɛt]

| uscita (f) | botim (m) | [botím] |
| tiratura (f) | edicion (m) | [ɛditsión] |

| libreria (f) | librari (f) | [librarí] |
| biblioteca (f) | bibliotekë (f) | [bibliotékə] |

romanzo (m) breve	novelë (f)	[novélə]
racconto (m)	tregim i shkurtër (m)	[trɛgím i ʃkúrtər]
romanzo (m)	roman (m)	[román]
giallo (m)	roman policesk (m)	[román politsésk]

memorie (f pl)	kujtime (pl)	[kujtímɛ]
leggenda (f)	legjendë (f)	[lɛɟéndə]
mito (m)	mit (m)	[mit]

poesia (f), versi (m pl)	poezi (f)	[poɛzí]
autobiografia (f)	autobiografi (f)	[autobiografí]
opere (f pl) scelte	vepra të zgjedhura (f)	[vépra tə zɟéðura]
fantascienza (f)	fanta-shkencë (f)	[fánta-ʃkéntsə]

titolo (m)	titull (m)	[títuɫ]
introduzione (f)	hyrje (f)	[hýrjɛ]
frontespizio (m)	faqe e titullit (f)	[fácɛ ɛ títuɫit]

capitolo (m)	kreu (m)	[kréu]
frammento (m)	ekstrakt (m)	[ɛkstrákt]
episodio (m)	episod (m)	[ɛpisód]

soggetto (m)	fabul (f)	[fábul]
contenuto (m)	përmbajtje (f)	[pərmbájtjɛ]
sommario (m)	tabela e përmbajtjes (f)	[tabéla ɛ pərmbájtjɛs]
protagonista (m)	personazhi kryesor (m)	[pɛrsonáʒi kryɛsór]

volume (m)	vëllim (m)	[vəɫím]
copertina (f)	kopertinë (f)	[kopɛrtínə]
rilegatura (f)	libërlidhje (f)	[libərlíðjɛ]
segnalibro (m)	shënjim (m)	[ʃəɲím]

pagina (f)	faqe (f)	[fácɛ]
sfogliare (~ le pagine)	kaloj faqet	[kalój fácɛt]
margini (m pl)	margjinat (pl)	[marɟínat]
annotazione (f)	shënim (m)	[ʃəním]
nota (f) (a fondo pagina)	fusnotë (f)	[fusnótə]

testo (m)	tekst (m)	[tɛkst]
carattere (m)	lloji i shkrimit (m)	[ɫóji i ʃkrímit]
refuso (m)	gabim ortografik (m)	[gabím ortografík]

traduzione (f)	përkthim (m)	[pərkθím]
tradurre (vt)	përkthej	[pərkθéj]
originale (m) (leggere l'~)	origjinal (m)	[oriɟinál]

famoso (agg)	i famshëm	[i fámʃəm]
sconosciuto (agg)	i panjohur	[i paɲóhur]
interessante (agg)	interesant	[intɛrɛsánt]
best seller (m)	libër më i shitur (m)	[líbər mə i ʃítur]

dizionario (m)	fjalor (m)	[fjalór]
manuale (m)	tekst mësimor (m)	[tɛkst məsimór]
enciclopedia (f)	enciklopedi (f)	[ɛntsiklopɛdí]

158. Caccia. Pesca

caccia (f)	gjueti (f)	[ɟuɛtí]
cacciare (vt)	dal për gjah	[dál pər ɟáh]
cacciatore (m)	gjahtar (m)	[ɟahtár]

sparare (vi)	qëlloj	[cətój]
fucile (m)	pushkë (f)	[púʃkə]
cartuccia (f)	fishek (m)	[fiʃék]
pallini (m pl) da caccia	plumb (m)	[plúmb]

tagliola (f) (~ per orsi)	grackë (f)	[grátskə]
trappola (f) (~ per uccelli)	kurth (m)	[kurθ]
cadere in trappola	bie në grackë	[bíɛ nə grátskə]
tendere una trappola	ngre grackë	[ŋré grátskə]

bracconiere (m)	gjahtar i jashtëligjshëm (m)	[ɟahtár i jaʃtəlíɟʃəm]
cacciagione (m)	gjah (m)	[ɟáh]
cane (m) da caccia	zagar (m)	[zagár]
safari (m)	safari (m)	[safári]
animale (m) impagliato	kafshë e balsamosur (f)	[káfʃə ɛ balsamósur]

pescatore (m)	peshkatar (m)	[pɛʃkatár]
pesca (f)	peshkim (m)	[pɛʃkím]
pescare (vi)	peshkoj	[pɛʃkój]

canna (f) da pesca	kallam peshkimi (m)	[kałám pɛʃkími]
lenza (f)	tojë peshkimi (f)	[tójə pɛʃkími]
amo (m)	grep (m)	[grép]

| galleggiante (m) | tapë (f) | [tápə] |
| esca (f) | karrem (m) | [karém] |

| lanciare la canna | hedh grepin | [hɛð grépin] |
| abboccare (pesce) | bie në grep | [bíɛ nə grép] |

| pescato (m) | kapje peshku (f) | [kápjɛ péʃku] |
| buco (m) nel ghiaccio | vrimë në akull (f) | [vrímə nə ákuł] |

| rete (f) | rrjetë peshkimi (f) | [rjétə pɛʃkími] |
| barca (f) | varkë (f) | [várkə] |

prendere con la rete	peshkoj me rrjeta	[pɛʃkój mɛ rjéta]
gettare la rete	hedh rrjetat	[hɛð rjétat]
tirare le reti	tërheq rrjetat	[tərhéc rjétat]
cadere nella rete	bie në rrjetë	[bíɛ nə rjétə]

baleniere (m)	gjuetar balenash (m)	[ɟuɛtár balénaʃ]
baleniera (f) (nave)	balenagjuajtëse (f)	[balɛnaɟúajtəsɛ]
rampone (m)	fuzhnjë (f)	[fúʒɲə]

159. Ciochi. Biliardo

biliardo (m)	**bilardo** (f)	[bilárdo]
sala (f) da biliardo	**sallë bilardosh** (f)	[sátə bilárdoʃ]
bilia (f)	**bile** (f)	[bílɛ]
imbucare (vt)	**fus në vrimë**	[fús nə vrímə]
stecca (f) da biliardo	**stekë** (f)	[stékə]
buca (f)	**xhep** (m), **vrimë** (f)	[dʒɛp], [vrímə]

160. Giochi. Carte da gioco

quadri (m pl)	**karo** (f)	[káro]
picche (f pl)	**maç** (m)	[matʃ]
cuori (m pl)	**kupë** (f)	[kúpə]
fiori (m pl)	**spathi** (m)	[spáθi]
asso (m)	**as** (m)	[ás]
re (m)	**mbret** (m)	[mbrét]
donna (f)	**mbretëreshë** (f)	[mbrɛtəréʃə]
fante (m)	**fant** (m)	[fant]
carta (f) da gioco	**letër** (f)	[létər]
carte (f pl)	**letrat** (pl)	[létrat]
briscola (f)	**letër e fortë** (f)	[létər ɛ fórtə]
mazzo (m) di carte	**set letrash** (m)	[sɛt létraʃ]
punto (m)	**pikë** (f)	[píkə]
dare le carte	**ndaj**	[ndáj]
mescolare (~ le carte)	**përziej**	[pərzíɛj]
turno (m)	**radha** (f)	[ráða]
baro (m)	**mashtrues** (m)	[maʃtrúɛs]

161. Casinò. Roulette

casinò (m)	**kazino** (f)	[kazíno]
roulette (f)	**ruletë** (f)	[rulétə]
puntata (f)	**bast** (m)	[bast]
puntare su ...	**vë bast**	[və bast]
rosso (m)	**e kuqe** (f)	[ɛ kúcɛ]
nero (m)	**e zezë** (f)	[ɛ zézə]
puntare sul rosso	**vë bast në të kuqe**	[və bast nə tə kúcɛ]
puntare sul nero	**vë bast në të zezë**	[və bast nə tə zézə]
croupier (m)	**krupier** (m)	[krupiér]
far girare la ruota	**rrotulloj ruletën**	[rotutój rulétən]
regole (f pl) del gioco	**rregullat** (pl)	[régutat]
fiche (f)	**fishe** (f)	[fíʃɛ]
vincere (vi, vt)	**fitoj**	[fitój]
vincita (f)	**fitim** (m)	[fitím]

| perdere (vt) | humb | [húmb] |
| perdita (f) | humbje (f) | [húmbjɛ] |

giocatore (m)	lojtar (m)	[lojtár]
black jack (m)	blackjack (m)	[blatskjátsk]
gioco (m) dei dadi	lojë me zare (f)	[lójə mɛ zárɛ]
dadi (m pl)	zare (f)	[zárɛ]
slot machine (f)	makinë e lojërave të fatit (f)	[makínə ɛ lojərávɛ tə fátit]

162. Riposo. Giochi. Varie

passeggiare (vi)	shëtitem	[ʃətítɛm]
passeggiata (f)	shëtitje (f)	[ʃətítjɛ]
gita (f)	xhiro me makinë (f)	[dʒíro mɛ makínə]
avventura (f)	aventurë (f)	[avɛntúrə]
picnic (m)	piknik (m)	[pikník]

gioco (m)	lojë (f)	[lójə]
giocatore (m)	lojtar (m)	[lojtár]
partita (f) (~ a scacchi)	një lojë (f)	[ɲə lójə]

collezionista (m)	koleksionist (m)	[kolɛksioníst]
collezionare (vt)	koleksionoj	[kolɛksionój]
collezione (f)	koleksion (m)	[kolɛksión]

cruciverba (m)	fjalëkryq (m)	[fjaləkrýc]
ippodromo (m)	hipodrom (m)	[hipodróm]
discoteca (f)	disko (f)	[dísko]

| sauna (f) | sauna (f) | [saúna] |
| lotteria (f) | lotari (f) | [lotarí] |

campeggio (m)	kamping (m)	[kampíŋ]
campo (m)	kamp (m)	[kamp]
tenda (f) da campeggio	çadër kampingu (f)	[tʃádər kampíŋu]
bussola (f)	kompas (m)	[kompás]
campeggiatore (m)	kampinist (m)	[kampiníst]

guardare (~ un film)	shikoj	[ʃikój]
telespettatore (m)	teleshikues (m)	[tɛlɛʃikúɛs]
trasmissione (f)	program televiziv (m)	[prográm tɛlɛvizív]

163. Fotografia

| macchina (f) fotografica | aparat fotografik (m) | [aparát fotografík] |
| fotografia (f) | foto (f) | [fóto] |

fotografo (m)	fotograf (m)	[fotográf]
studio (m) fotografico	studio fotografike (f)	[stúdio fotografíkɛ]
album (m) di fotografie	album fotografik (m)	[albúm fotografík]
obiettivo (m)	objektiv (m)	[objɛktív]
teleobiettivo (m)	teleobjektiv (m)	[tɛlɛobjɛktív]

filtro (m)	filtër (m)	[fíltər]
lente (f)	lente (f)	[léntɛ]

ottica (f)	optikë (f)	[optíkə]
diaframma (m)	diafragma (f)	[diafrágma]
tempo (m) di esposizione	koha e ekspozimit (f)	[kóha ɛ ɛkspozímit]
mirino (m)	tregues i kuadrit (m)	[trɛgúɛs i kuádrit]

fotocamera (f) digitale	kamerë digjitale (f)	[kamérə diɉitálɛ]
cavalletto (m)	tripod (m)	[tripód]
flash (m)	blic (m)	[blits]

fotografare (vt)	fotografoj	[fotografój]
fare foto	bëj foto	[bəj fóto]
fotografarsi	bëj fotografi	[bəj fotografí]

fuoco (m)	fokus (m)	[fokús]
mettere a fuoco	fokusoj	[fokusój]
nitido (agg)	i qartë	[i cártə]
nitidezza (f)	qartësi (f)	[cartəsí]

contrasto (m)	kontrast (m)	[kontrást]
contrastato (agg)	me kontrast	[mɛ kontrást]

foto (f)	foto (f)	[fóto]
negativa (f)	negativ (m)	[nɛgatív]
pellicola (f) fotografica	film negativash (m)	[fílm nɛgatívaʃ]
fotogramma (m)	imazh (m)	[imáʒ]
stampare (~ le foto)	printoj	[printój]

164. Spiaggia. Nuoto

spiaggia (f)	plazh (m)	[plaʒ]
sabbia (f)	rërë (f)	[rə́rə]
deserto (agg)	plazh i shkretë	[plaʒ i ʃkrétə]

abbronzatura (f)	nxirje nga dielli (f)	[ndzírjɛ ŋa díɛli]
abbronzarsi (vr)	nxihem	[ndzíhɛm]
abbronzato (agg)	i nxirë	[i ndzírə]
crema (f) solare	krem dielli (f)	[krɛm díɛli]

bikini (m)	bikini (m)	[bikíni]
costume (m) da bagno	rrobë banje (f)	[róbə báɲɛ]
slip (m) da bagno	mbathje banjo (f)	[mbáθjɛ báɲo]

piscina (f)	pishinë (f)	[piʃínə]
nuotare (vi)	notoj	[notój]
doccia (f)	dush (m)	[duʃ]
cambiarsi (~ i vestiti)	ndërroj	[ndərój]
asciugamano (m)	peshqir (m)	[pɛʃcír]

barca (f)	varkë (f)	[várkə]
motoscafo (m)	skaf (m)	[skaf]
sci (m) nautico	ski ujor (m)	[ski ujór]

pedalò (m)	varkë me pedale (f)	[várkə mɛ pɛdálɛ]
surf (m)	surf (m)	[surf]
surfista (m)	surfist (m)	[surfíst]

autorespiratore (m)	komplet për skuba (f)	[komplét pər skúba]
pinne (f pl)	këmbale noti (pl)	[kəmbálɛ nóti]
maschera (f)	maskë (f)	[máskə]
subacqueo (m)	zhytës (m)	[ʒýtəs]
tuffarsi (vr)	zhytem	[ʒýtɛm]
sott'acqua	nën ujë	[nən újə]

ombrellone (m)	çadër plazhi (f)	[tʃádər pláʒi]
sdraio (f)	shezlong (m)	[ʃɛzlóŋ]
occhiali (m pl) da sole	syze dielli (f)	[sýzɛ diéɫi]
materasso (m) ad aria	dyshek me ajër (m)	[dyʃék mɛ ájər]

giocare (vi)	loz	[loz]
fare il bagno	notoj	[notój]

pallone (m)	top plazhi (m)	[top pláʒi]
gonfiare (vt)	fryj	[fryj]
gonfiabile (agg)	që fryhet	[cə frýhɛt]

onda (f)	dallgë (f)	[dáɫgə]
boa (f)	tapë (f)	[tápə]
annegare (vi)	mbytem	[mbýtɛm]

salvare (vt)	shpëtoj	[ʃpətój]
giubbotto (m) di salvataggio	jelek shpëtimi (m)	[jɛlék ʃpətími]
osservare (vt)	vëzhgoj	[vəʒgój]
bagnino (m)	rojë bregdetare (m)	[rójə brɛgdɛtárɛ]

ATTREZZATURA TECNICA. MEZZI DI TRASPORTO

Attrezzatura tecnica

165. Computer

computer (m)	kompjuter (m)	[kompjutér]
computer (m) portatile	laptop (m)	[laptóp]
accendere (vt)	ndez	[ndɛz]
spegnere (vt)	fik	[fik]
tastiera (f)	tastiera (f)	[tastiéra]
tasto (m)	çelës (m)	[tʃéləs]
mouse (m)	maus (m)	[máus]
tappetino (m) del mouse	shtroje e mausit (f)	[ʃtrójɛ ɛ máusit]
tasto (m)	buton (m)	[butón]
cursore (m)	kursor (m)	[kursór]
monitor (m)	monitor (m)	[monitór]
schermo (m)	ekran (m)	[ɛkrán]
disco (m) rigido	hard disk (m)	[hárd dísk]
spazio (m) sul disco rigido	kapaciteti i hard diskut (m)	[kapatsitéti i hárd dískut]
memoria (f)	memorie (f)	[mɛmóriɛ]
memoria (f) operativa	memorie operative (f)	[mɛmóriɛ opɛratívɛ]
file (m)	skedë (f)	[skédə]
cartella (f)	dosje (f)	[dósjɛ]
aprire (vt)	hap	[hap]
chiudere (vt)	mbyll	[mbyɫ]
salvare (vt)	ruaj	[rúaj]
eliminare (vt)	fshij	[fʃíj]
copiare (vt)	kopjoj	[kopjój]
ordinare (vt)	sistemoj	[sistɛmój]
trasferire (vt)	transferoj	[transfɛrój]
programma (m)	program (m)	[prográm]
software (m)	softuer (f)	[softuér]
programmatore (m)	programues (m)	[programúɛs]
programmare (vt)	programoj	[programój]
hacker (m)	haker (m)	[hakér]
password (f)	fjalëkalim (m)	[fjaləkalím]
virus (m)	virus (m)	[virús]
trovare (un virus, ecc.)	zbuloj	[zbulój]
byte (m)	bajt (m)	[bájt]

megabyte (m)	megabajt (m)	[mɛgabájt]
dati (m pl)	të dhënat (pl)	[tə ðénat]
database (m)	databazë (f)	[databázə]

cavo (m)	kabllo (f)	[kábło]
sconnettere (vt)	shkëpus	[ʃkəpús]
collegare (vt)	lidh	[lið]

166. Internet. Posta elettronica

internet (f)	internet (m)	[intɛrnét]
navigatore (m)	shfletues (m)	[ʃflɛtúɛs]
motore (m) di ricerca	makineri kërkimi (f)	[makinɛrí kərkími]
provider (m)	ofrues (m)	[ofrúɛs]

webmaster (m)	uebmaster (m)	[uɛbmástɛr]
sito web (m)	ueb-faqe (f)	[uéb-fácɛ]
pagina web (f)	ueb-faqe (f)	[uéb-fácɛ]

| indirizzo (m) | adresë (f) | [adrésə] |
| rubrica (f) indirizzi | libërth adresash (m) | [líbərθ adrésaʃ] |

casella (f) di posta	kuti postare (f)	[kutí postárɛ]
posta (f)	postë (f)	[póstə]
troppo piena (agg)	i mbushur	[i mbúʃur]

messaggio (m)	mesazh (m)	[mɛsáʒ]
messaggi (m pl) in arrivo	mesazhe të ardhura (pl)	[mɛsáʒɛ tə árðura]
messaggi (m pl) in uscita	mesazhe të dërguara (pl)	[mɛsáʒɛ tə dərgúara]

mittente (m)	dërguesi (m)	[dərgúɛsi]
inviare (vt)	dërgoj	[dərgój]
invio (m)	dërgesë (f)	[dərgésə]

| destinatario (m) | pranues (m) | [pranúɛs] |
| ricevere (vt) | pranoj | [pranój] |

| corrispondenza (f) | korrespondencë (f) | [korɛspondéntsə] |
| essere in corrispondenza | komunikim | [komuniкím] |

file (m)	skedë (f)	[skédə]
scaricare (vt)	shkarkoj	[ʃkarkój]
creare (vt)	krijoj	[krijój]
eliminare (vt)	fshij	[fʃij]
eliminato (agg)	e fshirë	[ɛ fʃírə]

connessione (f)	lidhje (f)	[líðjɛ]
velocità (f)	shpejtësi (f)	[ʃpɛjtəsí]
modem (m)	modem (m)	[modém]
accesso (m)	hyrje (f)	[hýrjɛ]
porta (f)	port (m)	[port]

| collegamento (m) | lidhje (f) | [líðjɛ] |
| collegarsi a ... | lidhem me ... | [líðɛm mɛ ...] |

scegliere (vt)	**përzgjedh**	[pərzʝéð]
cercare (vt)	**kërkoj ...**	[kərkój ...]

167. Elettricità

elettricità (f)	**elektricitet** (m)	[ɛlɛktritsitét]
elettrico (agg)	**elektrik**	[ɛlɛktrík]
centrale (f) elettrica	**hidrocentral** (m)	[hidrotsɛntrál]
energia (f)	**energji** (f)	[ɛnɛrʝí]
energia (f) elettrica	**energji elektrike** (f)	[ɛnɛrʝí ɛlɛktríkɛ]

lampadina (f)	**poç** (m)	[potʃ]
torcia (f) elettrica	**llambë dore** (f)	[ɬámbə dórɛ]
lampione (m)	**llambë rruge** (f)	[ɬámbə rúgɛ]

luce (f)	**dritë** (f)	[drítə]
accendere (luce)	**ndez**	[ndɛz]
spegnere (vt)	**fik**	[fik]
spegnere la luce	**fik dritën**	[fík drítən]

fulminarsi (vr)	**digjet**	[díʝɛt]
corto circuito (m)	**qark i shkurtër** (m)	[cark i ʃkúrtər]
rottura (f) (~ di un cavo)	**tel i prishur** (m)	[tɛl i príʃur]
contatto (m)	**kontakt** (m)	[kontákt]

interruttore (m)	**çelës drite** (m)	[tʃéləs drítɛ]
presa (f) elettrica	**prizë** (f)	[prízə]
spina (f)	**spinë** (f)	[spínə]
prolunga (f)	**zgjatues** (m)	[zʝatúɛs]

fusibile (m)	**siguresë** (f)	[sigurésə]
filo (m)	**kabllo** (f)	[kábɬo]
impianto (m) elettrico	**rrjet elektrik** (m)	[rjét ɛlɛktrík]

ampere (m)	**amper** (m)	[ampér]
intensità di corrente	**amperazh** (f)	[ampɛráʒ]
volt (m)	**volt** (m)	[volt]
tensione (f)	**voltazh** (m)	[voltáʒ]

apparecchio (m) elettrico	**aparat elektrik** (m)	[aparát ɛlɛktrík]
indicatore (m)	**indikator** (m)	[indikatór]

elettricista (m)	**elektricist** (m)	[ɛlɛktritsíst]
saldare (vt)	**saldoj**	[saldój]
saldatoio (m)	**pajisje saldimi** (f)	[pajísjɛ saldími]
corrente (f)	**korrent elektrik** (m)	[korént ɛlɛktrík]

168. Utensili

utensile (m)	**vegël** (f)	[végəl]
utensili (m pl)	**vegla** (pl)	[végla]
impianto (m)	**pajisje** (f)	[pajísjɛ]

martello (m)	çekiç (m)	[tʃɛkítʃ]
giravite (m)	kaçavidë (f)	[katʃavídə]
ascia (f)	sëpatë (f)	[səpátə]

sega (f)	sharrë (f)	[ʃárə]
segare (vt)	sharroj	[ʃarój]
pialla (f)	zdrukthues (m)	[zdrukθúɛs]
piallare (vt)	zdrukthoj	[zdrukθój]
saldatoio (m)	pajisje saldimi (f)	[pajísjɛ saldími]
saldare (vt)	saldoj	[saldój]

lima (f)	limë (f)	[límə]
tenaglie (f pl)	darë (f)	[dárə]
pinza (f) a punte piatte	pinca (f)	[píntsa]
scalpello (m)	daltë (f)	[dáltə]

punta (f) da trapano	turjelë (f)	[turjélə]
trapano (m) elettrico	shpuese elektrike (f)	[ʃpúɛsɛ ɛlɛktríkɛ]
trapanare (vt)	shpoj	[ʃpoj]

coltello (m)	thikë (f)	[θíkə]
coltello (m) da tasca	thikë xhepi (f)	[θíkə dʒépi]
lama (f)	teh (m)	[tɛh]

affilato (coltello ~)	i mprehtë	[i mpréhtə]
smussato (agg)	i topitur	[i topítur]
smussarsi (vr)	bëhet e topitur	[bə́hɛt ɛ topítur]
affilare (vt)	mpreh	[mpréh]

bullone (m)	vidë (f)	[vídə]
dado (m)	dado (f)	[dádo]
filettatura (f)	filetë e vidhës (f)	[filétə ɛ víðəs]
vite (f)	vidhë druri (f)	[víðə drúri]

| chiodo (m) | gozhdë (f) | [góʒdə] |
| testa (f) di chiodo | kokë gozhde (f) | [kókə góʒdɛ] |

regolo (m)	vizore (f)	[vizórɛ]
nastro (m) metrico	metër (m)	[métər]
livella (f)	nivelizues (m)	[nivɛlizúɛs]
lente (f) d'ingradimento	lente zmadhuese (f)	[léntɛ zmaðúɛsɛ]

strumento (m) di misurazione	mjet matës (m)	[mjét mátəs]
misurare (vt)	mas	[mas]
scala (f) graduata	gradë (f)	[grádə]
lettura, indicazione (f)	matjet (pl)	[mátjɛt]

| compressore (m) | kompresor (m) | [komprɛsór] |
| microscopio (m) | mikroskop (m) | [mikroskóp] |

pompa (f) (~ dell'acqua)	pompë (f)	[pómpə]
robot (m)	robot (m)	[robót]
laser (m)	laser (m)	[lasér]

| chiave (f) | çelës (m) | [tʃéləs] |
| nastro (m) adesivo | shirit ngjitës (m) | [ʃirít ɲítəs] |

colla (f)	ngjitës (m)	[nɟítəs]
carta (f) smerigliata	letër smeril (f)	[létər smɛríl]
molla (f)	sustë (f)	[sústə]
magnete (m)	magnet (m)	[magnét]
guanti (m pl)	dorëza (pl)	[dórəza]

corda (f)	litar (m)	[litár]
cordone (m)	kordon (m)	[kordón]
filo (m) (~ del telefono)	tel (m)	[tɛl]
cavo (m)	kabllo (f)	[kábɫo]

mazza (f)	çekan i rëndë (m)	[tʃɛkán i rəndə]
palanchino (m)	levë (f)	[lévə]
scala (f) a pioli	shkallë (f)	[ʃkáɫə]
scala (m) a libretto	shkallëz (f)	[ʃkáɫəz]

avvitare (stringere)	vidhos	[viðós]
svitare (vt)	zhvidhos	[ʒviðós]
stringere (vt)	shtrëngoj	[ʃtrəŋój]
incollare (vt)	ngjes	[nɟés]
tagliare (vt)	pres	[prɛs]

guasto (m)	avari (f)	[avarí]
riparazione (f)	riparim (m)	[riparím]
riparare (vt)	riparoj	[riparój]
regolare (~ uno strumento)	rregulloj	[rɛguɫój]

verificare (ispezionare)	kontrolloj	[kontroɫój]
controllo (m)	kontroll (m)	[kontróɫ]
lettura, indicazione (f)	matjet (pl)	[mátjɛt]

sicuro (agg)	e sigurt	[ɛ sígurt]
complesso (agg)	komplekse	[kompléksɛ]

arrugginire (vi)	ndryshket	[ndrýʃkɛt]
arrugginito (agg)	e ndryshkur	[ɛ ndrýʃkur]
ruggine (f)	ndryshk (m)	[ndrýʃk]

Mezzi di trasporto

169. Aeroplano

aereo (m)	avion (m)	[avión]
biglietto (m) aereo	biletë avioni (f)	[bilétə avióni]
compagnia (f) aerea	kompani ajrore (f)	[kompaní ajrórɛ]
aeroporto (m)	aeroport (m)	[aɛropórt]
supersonico (agg)	supersonik	[supɛrsoník]
comandante (m)	kapiten (m)	[kapitén]
equipaggio (m)	ekip (m)	[ɛkíp]
pilota (m)	pilot (m)	[pilót]
hostess (f)	stjuardesë (f)	[stjuardésə]
navigatore (m)	navigues (m)	[navigúɛs]
ali (f pl)	krahë (pl)	[kráhə]
coda (f)	bisht (m)	[biʃt]
cabina (f)	kabinë (f)	[kabínə]
motore (m)	motor (m)	[motór]
carrello (m) d'atterraggio	karrel (m)	[karél]
turbina (f)	turbinë (f)	[turbínə]
elica (f)	helikë (f)	[hɛlíkə]
scatola (f) nera	kuti e zezë (f)	[kutí ɛ zézə]
barra (f) di comando	timon (m)	[timón]
combustibile (m)	karburant (m)	[karburánt]
safety card (f)	udhëzime sigurie (pl)	[uðəzímɛ siguríɛ]
maschera (f) ad ossigeno	maskë oksigjeni (f)	[máskə oksiɟéni]
uniforme (f)	uniformë (f)	[unifórmə]
giubbotto (m) di salvataggio	jelek shpëtimi (m)	[jɛlék ʃpətími]
paracadute (m)	parashutë (f)	[paraʃútə]
decollo (m)	ngritje (f)	[ŋrítjɛ]
decollare (vi)	fluturon	[fluturón]
pista (f) di decollo	pista e fluturimit (f)	[písta ɛ fluturímit]
visibilità (f)	shikueshmëri (f)	[ʃikuɛʃmərí]
volo (m)	fluturim (m)	[fluturím]
altitudine (f)	lartësi (f)	[lartəsí]
vuoto (m) d'aria	xhep ajri (m)	[dʒɛp ájri]
posto (m)	karrige (f)	[karígɛ]
cuffia (f)	kufje (f)	[kúfjɛ]
tavolinetto (m) pieghevole	tabaka (f)	[tabaká]
oblò (m), finestrino (m)	dritare avioni (f)	[dritárɛ avióni]
corridoio (m)	korridor (m)	[koridór]

170. Treno

treno (m)	tren (m)	[trɛn]
elettrotreno (m)	tren elektrik (m)	[trɛn ɛlɛktrík]
treno (m) rapido	tren ekspres (m)	[trɛn ɛksprés]
locomotiva (f) diesel	lokomotivë me naftë (f)	[lokomótivə mɛ náftə]
locomotiva (f) a vapore	lokomotivë me avull (f)	[lokomótivə mɛ ávuɫ]
carrozza (f)	vagon (m)	[vagón]
vagone (m) ristorante	vagon restorant (m)	[vagón rɛstoránt]
rotaie (f pl)	shina (pl)	[ʃína]
ferrovia (f)	hekurudhë (f)	[hɛkurúðə]
traversa (f)	traversë (f)	[travérsə]
banchina (f) (~ ferroviaria)	platformë (f)	[platfórmə]
binario (m) (~ 1, 2)	binar (m)	[binár]
semaforo (m)	semafor (m)	[sɛmafór]
stazione (f)	stacion (m)	[statsión]
macchinista (m)	makinist (m)	[makiníst]
portabagagli (m)	portier (m)	[portiér]
cuccettista (m, f)	konduktor (m)	[konduktór]
passeggero (m)	pasagjer (m)	[pasaɟér]
controllore (m)	konduktor (m)	[konduktór]
corridoio (m)	korridor (m)	[koridór]
freno (m) di emergenza	frena urgjence (f)	[fréna urɟéntsɛ]
scompartimento (m)	ndarje (f)	[ndárjɛ]
cuccetta (f)	kat (m)	[kat]
cuccetta (f) superiore	kati i sipërm (m)	[káti i sípərm]
cuccetta (f) inferiore	kati i poshtëm (m)	[káti i póʃtem]
biancheria (f) da letto	shtroje shtrati (pl)	[ʃtrójɛ ʃtráti]
biglietto (m)	biletë (f)	[bilétə]
orario (m)	orar (m)	[orár]
tabellone (m) orari	tabelë e informatave (f)	[tabéla ɛ informátavɛ]
partire (vi)	niset	[nísɛt]
partenza (f)	nisje (f)	[nísjɛ]
arrivare (di un treno)	arrij	[aríj]
arrivo (m)	arritje (f)	[arítjɛ]
arrivare con il treno	arrij me tren	[aríj mɛ trɛn]
salire sul treno	hip në tren	[hip nə trén]
scendere dal treno	zbres nga treni	[zbrɛs ŋa tréni]
deragliamento (m)	aksident hekurudhor (m)	[aksidént hɛkuruðór]
deragliare (vi)	del nga shinat	[dɛl ŋa ʃínat]
locomotiva (f) a vapore	lokomotivë me avull (f)	[lokomótivə mɛ ávuɫ]
fuochista (m)	mbikëqyrës i zjarrit (m)	[mbikəcýrəs i zjárit]
forno (m)	furrë (f)	[fúrə]
carbone (m)	qymyr (m)	[cymýr]

171. Nave

nave (f)	anije (f)	[aníjɛ]
imbarcazione (f)	mjet lundrues (m)	[mjét lundrúɛs]
piroscafo (m)	anije me avull (f)	[aníjɛ mɛ ávuɫ]
barca (f) fluviale	anije lumi (f)	[aníjɛ lúmi]
transatlantico (m)	krocierë (f)	[krotsiérə]
incrociatore (m)	anije luftarake (f)	[aníjɛ luftarákɛ]
yacht (m)	jaht (m)	[jáht]
rimorchiatore (m)	anije rimorkiuese (f)	[aníjɛ rimorkiúɛsɛ]
chiatta (f)	anije transportuese (f)	[aníjɛ transportúɛsɛ]
traghetto (m)	traget (m)	[tragét]
veliero (m)	anije me vela (f)	[aníjɛ mɛ véla]
brigantino (m)	brigantinë (f)	[brigantínə]
rompighiaccio (m)	akullthyese (f)	[akuɫθýɛsɛ]
sottomarino (m)	nëndetëse (f)	[nəndétəsɛ]
barca (f)	barkë (f)	[bárkə]
scialuppa (f)	gomone (f)	[gomónɛ]
scialuppa (f) di salvataggio	varkë shpëtimi (f)	[várkə ʃpətími]
motoscafo (m)	skaf (m)	[skaf]
capitano (m)	kapiten (m)	[kapitén]
marittimo (m)	marinar (m)	[marinár]
marinaio (m)	marinar (m)	[marinár]
equipaggio (m)	ekip (m)	[ɛkíp]
nostromo (m)	kryemarinar (m)	[kryɛmarinár]
mozzo (m) di nave	djali i anijes (m)	[djáli i aníjɛs]
cuoco (m)	kuzhinier (m)	[kuʒiniér]
medico (m) di bordo	doktori i anijes (m)	[doktóri i aníjɛs]
ponte (m)	kuverta (f)	[kuvérta]
albero (m)	direk (m)	[dirék]
vela (f)	vela (f)	[véla]
stiva (f)	bagazh (m)	[bagáʒ]
prua (f)	harku sipëror (m)	[hárku sipərór]
poppa (f)	pjesa e pasme (f)	[pjésa ɛ pásmɛ]
remo (m)	rrem (m)	[rɛm]
elica (f)	helikë (f)	[hɛlíkə]
cabina (f)	kabinë (f)	[kabínə]
quadrato (m) degli ufficiali	zyrë e oficerëve (m)	[zýrə ɛ ofitsérəvɛ]
sala (f) macchine	salla e motorit (m)	[sáɫa ɛ motórit]
ponte (m) di comando	urë komanduese (f)	[úrə komandúɛsɛ]
cabina (f) radiotelegrafica	kabina radiotelegrafike (f)	[kabína radiotɛlɛgrafíkɛ]
onda (f)	valë (f)	[válə]
giornale (m) di bordo	libri i shënimeve (m)	[líbri i ʃənímɛvɛ]
cannocchiale (m)	dylbi (f)	[dylbí]
campana (f)	këmbanë (f)	[kəmbánə]

bandiera (f)	flamur (m)	[flamúr]
cavo (m) (~ d'ormeggio)	pallamar (m)	[paɫamár]
nodo (m)	nyjë (f)	[nýjə]

| ringhiera (f) | parmakë (pl) | [parmákə] |
| passerella (f) | shkallë (f) | [ʃkáɫə] |

ancora (f)	spirancë (f)	[spirántsə]
levare l'ancora	ngre spirancën	[ŋré spirántsən]
gettare l'ancora	hedh spirancën	[hɛð spirántsən]
catena (f) dell'ancora	zinxhir i spirancës (m)	[zindʒír i spirántsəs]

porto (m)	port (m)	[port]
banchina (f)	skelë (f)	[skélə]
ormeggiarsi (vr)	ankoroj	[ankorój]
salpare (vi)	niset	[nísɛt]

viaggio (m)	udhëtim (m)	[uðətím]
crociera (f)	udhëtim me krocierë (f)	[uðətím mɛ krotsiérə]
rotta (f)	kursi i udhëtimit (m)	[kúrsi i uðətímit]
itinerario (m)	itinerar (m)	[itinɛrár]

tratto (m) navigabile	ujëra të lundrueshme (f)	[újəra tə lundrúɛʃmɛ]
secca (f)	cekëtinë (f)	[tsɛkətínə]
arenarsi (vr)	bllokohet në rërë	[bɫokóhɛt nə rərə]

tempesta (f)	stuhi (f)	[stuhí]
segnale (m)	sinjal (m)	[siɲál]
affondare (andare a fondo)	fundoset	[fundósɛt]
Uomo in mare!	Njeri në det!	[ɲɛrí nə dɛt!]
SOS	SOS (m)	[sos]
salvagente (m) anulare	bovë shpëtuese (f)	[bóvə ʃpətúɛsɛ]

172. Aeroporto

aeroporto (m)	aeroport (m)	[aɛropórt]
aereo (m)	avion (m)	[avión]
compagnia (f) aerea	kompani ajrore (f)	[kompaní ajrórɛ]
controllore (m) di volo	kontroll i trafikut ajror (m)	[kontróɫ i trafíkut ajrór]

partenza (f)	nisje (f)	[nísjɛ]
arrivo (m)	arritje (f)	[arítjɛ]
arrivare (vi)	arrij me avion	[aríj mɛ avión]

| ora (f) di partenza | nisja (f) | [nísja] |
| ora (f) di arrivo | arritja (f) | [arítja] |

| essere ritardato | vonesë | [vonésə] |
| volo (m) ritardato | vonesë avioni (f) | [vonésə avióni] |

tabellone (m) orari	ekrani i informacioneve (m)	[ɛkráni i informatsiónɛvɛ]
informazione (f)	informacion (m)	[informatsión]
annunciare (vt)	njoftoj	[ɲoftój]
volo (m)	fluturim (m)	[fluturím]

dogana (f)	doganë (f)	[dogánə]
doganiere (m)	doganier (m)	[doganiér]

dichiarazione (f)	deklarim doganor (m)	[dɛklarím doganór]
riempire	plotësoj	[plotəsój]
(~ una dichiarazione)		
riempire una dichiarazione	plotësoj deklaratën	[plotəsój dɛklarátən]
controllo (m) passaporti	kontroll pasaportash (m)	[kontróɫ pasapórtaʃ]

bagaglio (m)	bagazh (m)	[bagáʒ]
bagaglio (m) a mano	bagazh dore (m)	[bagáʒ dórɛ]
carrello (m)	karrocë bagazhesh (f)	[karótsə bagáʒɛʃ]

atterraggio (m)	aterrim (m)	[atɛrím]
pista (f) di atterraggio	pistë aterrimi (f)	[místə atɛrími]
atterrare (vi)	aterroj	[atɛrój]
scaletta (f) dell'aereo	shkallë avioni (f)	[ʃkáɫə avióni]

check-in (m)	regjistrim (m)	[rɛɟistrím]
banco (m) del check-in	sportel regjistrimi (m)	[sportél rɛɟistrími]
fare il check-in	regjistrohem	[rɛɟistróhɛm]
carta (f) d'imbarco	biletë e hyrjes (f)	[bilétə ɛ hýrjɛs]
porta (f) d'imbarco	porta e nisjes (f)	[pórta ɛ nísjɛs]

transito (m)	transit (m)	[transít]
aspettare (vt)	pres	[prɛs]
sala (f) d'attesa	salla e nisjes (f)	[sáɫa ɛ nísjɛs]
accompagnare (vt)	përcjell	[pərtsjéɫ]
congedarsi (vr)	përshëndetem	[pərʃəndétɛm]

173. Bicicletta. Motocicletta

bicicletta (f)	biçikletë (f)	[bitʃiklétə]
motorino (m)	skuter (m)	[skutér]
motocicletta (f)	motoçikletë (f)	[mototʃiklétə]

andare in bicicletta	shkoj me biçikletë	[ʃkoj mɛ bitʃiklétə]
manubrio (m)	timon (m)	[timón]
pedale (m)	pedale (f)	[pɛdálɛ]
freni (m pl)	frenat (pl)	[frénat]
sellino (m)	shalë (f)	[ʃálə]

pompa (f)	pompë (f)	[pómpə]
portabagagli (m)	mbajtëse (f)	[mbájtəsɛ]
fanale (m) anteriore	drita e përparme (f)	[dríta ɛ pərpármɛ]
casco (m)	helmetë (f)	[hɛlmétə]

ruota (f)	rrotë (f)	[rótə]
parafango (m)	parafango (f)	[parafáɲo]
cerchione (m)	rreth i jashtëm i rrotës (m)	[rɛθ i jáʃtəm i rótəs]
raggio (m)	telat e diskut (m)	[télat ɛ dískut]

Automobili

174. Tipi di automobile

automobile (f)	makinë (f)	[makínǝ]
auto (f) sportiva	makinë sportive (f)	[makínǝ sportívɛ]
limousine (f)	limuzinë (f)	[limuzínǝ]
fuoristrada (m)	fuoristradë (f)	[fuoristrádǝ]
cabriolet (m)	kabriolet (m)	[kabriolét]
pulmino (m)	furgon (m)	[furgón]
ambulanza (f)	ambulancë (f)	[ambulántsǝ]
spazzaneve (m)	borëpastruese (f)	[borǝpastrúɛsɛ]
camion (m)	kamion (m)	[kamión]
autocisterna (f)	autocisternë (f)	[autotsistérnǝ]
furgone (m)	furgon mallrash (m)	[furgón máɫraʃ]
motrice (f)	kamionçinë (f)	[kamiontʃínǝ]
rimorchio (m)	rimorkio (f)	[rimórkio]
confortevole (agg)	i rehatshëm	[i rɛhátʃǝm]
di seconda mano	i përdorur	[i pǝrdórur]

175. Automobili. Carrozzeria

cofano (m)	kofano (f)	[kófano]
parafango (m)	parafango (f)	[parafáɲo]
tetto (m)	çati (f)	[tʃatí]
parabrezza (m)	xham i përparmë (m)	[dʒam i pǝrpármǝ]
retrovisore (m)	pasqyrë për prapa (f)	[pascýrǝ pǝr prápa]
lavacristallo (m)	larëse xhami (f)	[lárǝsɛ dʒámi]
tergicristallo (m)	fshirëse xhami (f)	[fʃírǝsɛ dʒámi]
finestrino (m) laterale	xham anësor (m)	[dʒam anǝsór]
alzacristalli (m)	levë xhami (f)	[lévǝ dʒámi]
antenna (f)	antenë (f)	[anténǝ]
tettuccio (m) apribile	çati diellore (f)	[tʃatí diɛɫórɛ]
paraurti (m)	parakolp (m)	[parakólp]
bagagliaio (m)	bagazh (m)	[bagáʒ]
portapacchi (m)	bagazh mbi çati (m)	[bagáʒ mbi tʃatí]
portiera (f)	derë (f)	[dérǝ]
maniglia (f)	doreza e derës (m)	[doréza ɛ dérǝs]
serratura (f)	kyç (m)	[kytʃ]
targa (f)	targë makine (f)	[tárgǝ makínɛ]
marmitta (f)	silenciator (m)	[silɛntsiatór]

| serbatoio (m) della benzina | serbator (m) | [sɛrbatór] |
| tubo (m) di scarico | tub shkarkimi (m) | [tub ʃkarkími] |

acceleratore (m)	gaz (m)	[gaz]
pedale (m)	këmbëz (f)	[kémbəz]
pedale (m) dell'acceleratore	pedal i gazit (m)	[pɛdál i gázit]

freno (m)	freni (m)	[fréni]
pedale (m) del freno	pedal i frenave (m)	[pɛdál i frénavɛ]
frenare (vi)	frenoj	[frɛnój]
freno (m) a mano	freni i dorës (m)	[fréni i dórəs]

frizione (f)	friksion (m)	[friksión]
pedale (m) della frizione	pedal i friksionit (m)	[pɛdál i friksiónit]
disco (m) della frizione	disk i friksionit (m)	[dísk i friksiónit]
ammortizzatore (m)	amortizator (m)	[amortizatór]

ruota (f)	rrotë (f)	[rótə]
ruota (f) di scorta	gomë rezervë (f)	[gómə rɛzérvə]
pneumatico (m)	gomë (f)	[gómə]
copriruota (m)	mbulesë gome (f)	[mbulésə gómɛ]

ruote (f pl) motrici	rrota makine (f)	[róta makínɛ]
a trazione anteriore	me rrotat e përparme	[mɛ rotat ɛ pərpármɛ]
a trazione posteriore	me rrotat e pasme	[mɛ rótat ɛ pásmɛ]
a trazione integrale	me të gjitha rrotat	[mɛ tə ɟíθa rótat]

scatola (f) del cambio	kutia e marsheve (f)	[kutía ɛ márʃɛvɛ]
automatico (agg)	automatik	[automatík]
meccanico (agg)	mekanik	[mɛkaník]
leva (f) del cambio	levë e marshit (f)	[lévə ɛ márʃit]

| faro (m) | dritë e përparme (f) | [drítə ɛ pərpármɛ] |
| luci (f pl), fari (m pl) | dritat e përparme (pl) | [drítat ɛ pərpármɛ] |

luci (f pl) anabbaglianti	dritat e shkurtra (pl)	[drítat ɛ ʃkúrtra]
luci (f pl) abbaglianti	dritat e gjata (pl)	[drítat ɛ ɟáta]
luci (f pl) di arresto	dritat e frenave (pl)	[drítat ɛ frénavɛ]

luci (f pl) di posizione	dritat për parkim (pl)	[drítat pər parkím]
luci (f pl) di emergenza	sinjal për urgjencë (m)	[siɲál pər urɟéntsə]
fari (m pl) antinebbia	drita mjegulle (pl)	[dríta mjégutɛ]
freccia (f)	sinjali i kthesës (m)	[siɲáli i kθésəs]
luci (f pl) di retromarcia	dritat e prapme (pl)	[drítat ɛ prápmɛ]

176. Automobili. Vano passeggeri

abitacolo (m)	interier (m)	[intɛriér]
di pelle	prej lëkure	[prɛj ləkúrɛ]
in velluto	kadife	[kadífɛ]
rivestimento (m)	veshje (f)	[véʃjɛ]

| strumento (m) di bordo | instrument (m) | [instrumént] |
| cruscotto (m) | panel instrumentesh (m) | [panél instruméntɛʃ] |

tachimetro (m)	matës i shpejtësisë (m)	[mátəs i ʃpɛjtəsísə]
lancetta (f)	shigjetë (f)	[ʃiʝétə]

contachilometri (m)	kilometrazh (m)	[kilomɛtráʒ]
indicatore (m)	indikator (m)	[indikatór]
livello (m)	nivel (m)	[nivél]
spia (f) luminosa	dritë paralajmëruese (f)	[drítə paralajmərúɛsɛ]

volante (m)	timon (m)	[timón]
clacson (m)	bori (f)	[borí]
pulsante (m)	buton (m)	[butón]
interruttore (m)	çelës drite (m)	[tʃéləs drítɛ]

sedile (m)	karrige (f)	[karígɛ]
spalliera (f)	shpinore (f)	[ʃpinórɛ]
appoggiatesta (m)	mbështetësja e kokës (m)	[mbəʃtétəsja ɛ kókəs]
cintura (f) di sicurezza	rrip i sigurimit (m)	[rip i sigurímit]
allacciare la cintura	lidh rripin e sigurimit	[lið rípin ɛ sigurímit]
regolazione (f)	rregulloj (m)	[rɛguɫój]

airbag (m)	jastëk ajri (m)	[jastək ájri]
condizionatore (m)	kondicioner (m)	[konditsionér]

radio (f)	radio (f)	[rádio]
lettore (m) CD	disk CD (m)	[dísk tsɛdé]
accendere (vt)	ndez	[ndɛz]
antenna (f)	antenë (f)	[anténə]
vano (m) portaoggetti	kroskot (m)	[kroskót]
portacenere (m)	taketuke (f)	[takɛtúkɛ]

177. Automobili. Motore

motore (m)	motor (m)	[motór]
a diesel	me naftë	[mɛ náftə]
a benzina	me benzinë	[mɛ bɛnzínə]

cilindrata (f)	vëllim i motorit (m)	[vəɫím i motórit]
potenza (f)	fuqi (f)	[fucí]
cavallo vapore (m)	kuaj-fuqi (f)	[kúaj-fucí]
pistone (m)	piston (m)	[pistón]
cilindro (m)	cilindër (m)	[tsilíndər]
valvola (f)	valvulë (f)	[valvúlə]

iniettore (m)	injektor (m)	[iɲɛktór]
generatore (m)	gjenerator (m)	[ʝɛnɛratór]
carburatore (m)	karburator (m)	[karburatór]
olio (m) motore	vaj i motorit (m)	[vaj i motórit]

radiatore (m)	radiator (m)	[radiatór]
liquido (m) di raffreddamento	antifriz (m)	[antifríz]
ventilatore (m)	ventilator (m)	[vɛntilatór]

batteria (m)	bateri (f)	[batɛrí]
motorino (m) d'avviamento	motorino (f)	[motoríno]

accensione (f)	kuadër ndezës (m)	[kuádər ndézəs]
candela (f) d'accensione	kandelë (f)	[kandélə]

morsetto (m)	morseta e baterisë (f)	[morséta ε batɛrísə]
più (m)	kahu pozitiv (m)	[káhu pózitiv]
meno (m)	kahu negativ (m)	[káhu négativ]
fusibile (m)	siguresë (f)	[sigurésə]

filtro (m) dell'aria	filtri i ajrit (m)	[fíltri i ájrit]
filtro (m) dell'olio	filtri i vajit (m)	[fíltri i vájit]
filtro (m) del carburante	filtri i karburantit (m)	[fíltri i karburántit]

178. Automobili. Incidente. Riparazione

incidente (m)	aksident (m)	[aksidént]
incidente (m) stradale	aksident rrugor (m)	[aksidént rúgor]
sbattere contro ...	përplasem në mur	[pərplásɛm nə mur]
avere un incidente	aksident i rëndë	[aksidént i rəndə]
danno (m)	dëm (m)	[dəm]
illeso (agg)	pa dëmtime	[pa dəmtímɛ]

guasto (m), avaria (f)	avari (f)	[avarí]
essere rotto	prishet	[prífɛt]
cavo (m) di rimorchio	kabllo rimorkimi (f)	[kábɫo rimorkími]

foratura (f)	shpim (m)	[ʃpim]
essere a terra	shpohet	[ʃpóhɛt]
gonfiare (vt)	fryj	[fryj]
pressione (f)	presion (m)	[prɛsión]
controllare (verificare)	kontrolloj	[kontroɫój]

riparazione (f)	riparim (m)	[riparím]
officina (f) meccanica	auto servis (m)	[áuto sɛrvís]
pezzo (m) di ricambio	pjesë këmbimi (f)	[pjésə kəmbími]
pezzo (m)	pjesë (f)	[pjésə]

bullone (m)	bulona (f)	[bulóna]
bullone (m) a vite	vida (f)	[vída]
dado (m)	dado (f)	[dádo]
rondella (f)	rondelë (f)	[rondélə]
cuscinetto (m)	kushineta (f)	[kuʃinéta]

tubo (m)	tub (m)	[tub]
guarnizione (f)	rondelë (f)	[rondélə]
filo (m), cavo (m)	kabllo (f)	[kábɫo]

cric (m)	krik (m)	[krik]
chiave (f)	çelës (m)	[tʃéləs]
martello (m)	çekiç (m)	[tʃɛkítʃ]
pompa (f)	pompë (f)	[pómpə]
giravite (m)	kaçavidë (f)	[katʃavídə]
estintore (m)	bombolë kundër zjarrit (f)	[bombólə kúndər zjárit]
triangolo (m) di emergenza	trekëndësh paralajmërues (m)	[trékəndəʃ paralajmərúɛs]

spegnersi (vr)	fiket	[fíkɛt]
spegnimento (m) motore	fikje (f)	[fíkjɛ]
essere rotto	prishet	[príʃɛt]

surriscaldarsi (vr)	nxehet	[ndzéhɛt]
intasarsi (vr)	bllokohet	[bɫokóhɛt]
ghiacciarsi (di tubi, ecc.)	ngrihet	[ŋríhɛt]
spaccarsi (vr)	plas tubi	[plas túbi]

pressione (f)	presion (m)	[prɛsión]
livello (m)	nivel (m)	[nivél]
lento (cinghia ~a)	i lirshëm	[i líɾʃəm]

ammaccatura (f)	shtypje (f)	[ʃtýpjɛ]
battito (m) (nel motore)	zhurmë motori (f)	[ʒúɾmə motóri]
fessura (f)	çarje (f)	[tʃárjɛ]
graffiatura (f)	gërvishtje (f)	[gərvíʃtjɛ]

179. Automobili. Strada

strada (f)	rrugë (f)	[rúgə]
autostrada (f)	autostradë (f)	[autostrádə]
superstrada (f)	autostradë (f)	[autostrádə]
direzione (f)	drejtim (m)	[drɛjtím]
distanza (f)	largësi (f)	[largəsí]

ponte (m)	urë (f)	[úrə]
parcheggio (m)	parking (m)	[parkíŋ]
piazza (f)	shesh (m)	[ʃɛʃ]
svincolo (m)	kryqëzim rrugësh (m)	[krycəzím rúgəʃ]
galleria (f), tunnel (m)	tunel (m)	[tunél]

distributore (m) di benzina	pikë karburanti (f)	[píkə karburánti]
parcheggio (m)	parking (m)	[parkíŋ]
pompa (f) di benzina	pompë karburanti (f)	[pómpə karburánti]
officina (f) meccanica	auto servis (m)	[áuto sɛrvís]
fare benzina	furnizohem me gaz	[furnizóhɛm mɛ gáz]
carburante (m)	karburant (m)	[karburánt]
tanica (f)	bidon (m)	[bidón]

asfalto (m)	asfalt (m)	[asfált]
segnaletica (f) stradale	vijëzime të rrugës (pl)	[vijəzímɛ tə rúgəs]
cordolo (m)	bordurë (f)	[bordúrə]
barriera (f) di sicurezza	parmakë të sigurisë (pl)	[parmákə tə sigurísə]
fosso (m)	kanal (m)	[kanál]
ciglio (m) della strada	shpatull rrugore (f)	[ʃpátuɫ rugórɛ]
lampione (m)	shtyllë dritash (f)	[ʃtýɫə drítaʃ]

guidare (~ un veicolo)	ngas	[ŋas]
girare (~ a destra)	kthej	[kθɛj]
fare un'inversione a U	marr kthesë U	[mar kθésə u]
retromarcia (m)	marsh prapa (m)	[marʃ prápa]
suonare il clacson	i bie borisë	[i bíɛ borísə]
colpo (m) di clacson	tyt (m)	[tyt]

incastrarsi (vr)	ngec në baltë	[ŋɛts nə báltə]
impantanarsi (vr)	xhiroj gomat	[dʒirój gómat]
spegnere (~ il motore)	fik	[fik]

velocità (f)	shpejtësi (f)	[ʃpɛjtəsí]
superare i limiti di velocità	kaloj minimumin e shpejtësisë	[kalój minimúmin ɛ ʃpɛjtəsísə]
multare (vt)	vë gjobë	[və ɉóbə]
semaforo (m)	semafor (m)	[sɛmafór]
patente (f) di guida	patentë shoferi (f)	[paténtə ʃoféri]

passaggio (m) a livello	kalim hekurudhor (m)	[kalím hɛkuruðór]
incrocio (m)	kryqëzim (m)	[krycəzím]
passaggio (m) pedonale	kalim për këmbësorë (m)	[kalím pər kəmbəsórə]
curva (f)	kthesë (f)	[kθésə]
zona (f) pedonale	zonë këmbësorësh (f)	[zónə kəmbəsórəʃ]

180. Segnaletica stradale

codice (m) stradale	rregullat e trafikut rrugor (pl)	[régułat ɛ trafíkut rugór]
segnale (m) stradale	shenjë trafiku (f)	[ʃéɲə trafíku]
sorpasso (m)	tejkalim	[tɛjkalím]
curva (f)	kthesë	[kθésə]
inversione ad U	kthesë U	[kθésə u]
rotatoria (f)	rrethrrotullim	[rɛθrotułím]

divieto d'accesso	Ndalohet hyrja	[ndalóhɛt hýrja]
divieto di transito	Ndalohen automjetet	[ndalóhɛn automjétɛt]
divieto di sorpasso	Ndalohet tejkalimi	[ndalóhɛt tɛjkalími]
divieto di sosta	Ndalohet parkimi	[ndalóhɛt parkími]
divieto di fermata	Ndalohet qëndrimi	[ndalóhɛt cəndrími]

curva (f) pericolosa	kthesë e rrezikshme	[kθésə ɛ rɛzíkʃmɛ]
discesa (f) ripida	pjerrësi e fortë	[pjɛrəsí ɛ fórtə]
senso (m) unico	rrugë me një drejtim	[rúgə mɛ ɲə drɛjtím]
passaggio (m) pedonale	kalim për këmbësorë (m)	[kalím pər kəmbəsórə]
strada (f) scivolosa	rrugë e rrëshqitshme	[rúgə ɛ rəʃcítʃmɛ]
dare la precedenza	HAP UDHËN	[hap úðən]

GENTE. SITUAZIONI QUOTIDIANE

Situazioni quotidiane

181. Vacanze. Evento

festa (f)	festë (f)	[féstə]
festa (f) nazionale	festë kombëtare (f)	[féstə kombətárɛ]
festività (f) civile	festë publike (f)	[féstə publíkɛ]
festeggiare (vt)	festoj	[fɛstój]
avvenimento (m)	ceremoni (f)	[tsɛrɛmoní]
evento (m) (organizzare un ~)	eveniment (m)	[ɛvɛnimént]
banchetto (m)	banket (m)	[bankét]
ricevimento (m)	pritje (f)	[prítjɛ]
festino (m)	aheng (m)	[ahéŋ]
anniversario (m)	përvjetor (m)	[pərvjɛtór]
giubileo (m)	jubile (m)	[jubilé]
festeggiare (vt)	festoj	[fɛstój]
Capodanno (m)	Viti i Ri (m)	[víti i rí]
Buon Anno!	Gëzuar Vitin e Ri!	[gəzúar vítin ɛ rí!]
Babbo Natale (m)	Santa Klaus (m)	[sánta kláus]
Natale (m)	Krishtlindje (f)	[kriʃtlíndjɛ]
Buon Natale!	Gëzuar Krishtlindjen!	[gəzúar kriʃtlíndjɛn!]
Albero (m) di Natale	péma e Krishtlindjes (f)	[péma ɛ kriʃtlíndjɛs]
fuochi (m pl) artificiali	fishekzjarrë (m)	[fiʃɛkzjárə]
nozze (f pl)	dasmë (f)	[dásmə]
sposo (m)	dhëndër (m)	[ðə́ndər]
sposa (f)	nuse (f)	[núsɛ]
invitare (vt)	ftoj	[ftoj]
invito (m)	ftesë (f)	[ftésə]
ospite (m)	mysafir (m)	[mysafír]
andare a trovare	vizitoj	[vizitój]
accogliere gli invitati	takoj të ftuarit	[takój tə ftúarit]
regalo (m)	dhuratë (f)	[ðurátə]
offrire (~ un regalo)	dhuroj	[ðurój]
ricevere i regali	marr dhurata	[mar ðuráta]
mazzo (m) di fiori	buqetë (f)	[bucétə]
auguri (m pl)	urime (f)	[urímɛ]
augurare (vt)	përgëzoj	[pərgəzój]
cartolina (f)	kartolinë (f)	[kartolínə]

mandare una cartolina	dërgoj kartolinë	[dərgój kartolínə]
ricevere una cartolina	marr kartolinë	[mar kartolínə]

brindisi (m)	dolli (f)	[doɫí]
offrire (~ qualcosa da bere)	qeras	[cɛrás]
champagne (m)	shampanjë (f)	[ʃampáɲə]

divertirsi (vr)	kënaqem	[kənácɛm]
allegria (f)	gëzim (m)	[gəzím]
gioia (f)	gëzim (m)	[gəzím]

danza (f), ballo (m)	vallëzim (m)	[vaɫəzím]
ballare (vi, vt)	vallëzoj	[vaɫəzój]

valzer (m)	vals (m)	[vals]
tango (m)	tango (f)	[táŋo]

182. Funerali. Sepoltura

cimitero (m)	varreza (f)	[varéza]
tomba (f)	varr (m)	[var]
croce (f)	kryq (m)	[kryc]
pietra (f) tombale	gur varri (m)	[gur vári]
recinto (m)	gardh (m)	[garð]
cappella (f)	kishëz (m)	[kíʃəz]

morte (f)	vdekje (f)	[vdékjɛ]
morire (vi)	vdes	[vdɛs]
defunto (m)	i vdekuri (m)	[i vdékuri]
lutto (m)	zi (f)	[zi]

seppellire (vt)	varros	[varós]
sede (f) di pompe funebri	agjenci funeralesh (f)	[aɟɛntsí funɛrálɛʃ]
funerale (m)	funeral (m)	[funɛrál]

corona (f) di fiori	kurorë (f)	[kurórə]
bara (f)	arkivol (m)	[arkivól]
carro (m) funebre	makinë funebre (f)	[makínə funébrɛ]
lenzuolo (m) funebre	qefin (m)	[cɛfín]

corteo (m) funebre	kortezh (m)	[kortéʒ]
urna (f) funeraria	urnë (f)	[úrnə]
crematorio (m)	kremator (m)	[krɛmatór]

necrologio (m)	përkujtim (m)	[pərkujtím]
piangere (vi)	qaj	[caj]
singhiozzare (vi)	qaj me dënesë	[caj mɛ dənésə]

183. Guerra. Soldati

plotone (m)	togë (f)	[tógə]
compagnia (f)	kompani (f)	[kompaní]

reggimento (m)	regjiment (m)	[rɛɟimént]
esercito (m)	ushtri (f)	[uʃtrí]
divisione (f)	divizion (m)	[divizión]

distaccamento (m)	skuadër (f)	[skuádər]
armata (f)	armatë (f)	[armátə]

soldato (m)	ushtar (m)	[uʃtár]
ufficiale (m)	oficer (m)	[ofitsér]

soldato (m) semplice	ushtar (m)	[uʃtár]
sergente (m)	rreshter (m)	[rɛʃtér]
tenente (m)	toger (m)	[togér]
capitano (m)	kapiten (m)	[kapitén]
maggiore (m)	major (m)	[majór]
colonnello (m)	kolonel (m)	[kolonél]
generale (m)	gjeneral (m)	[ɟɛnɛrál]

marinaio (m)	marinar (m)	[marinár]
capitano (m)	kapiten (m)	[kapitén]
nostromo (m)	kryemarinar (m)	[kryɛmarinár]

artigliere (m)	artiljer (m)	[artiljér]
paracadutista (m)	parashutist (m)	[paraʃutíst]
pilota (m)	pilot (m)	[pilót]
navigatore (m)	navigues (m)	[navigúɛs]
meccanico (m)	mekanik (m)	[mɛkaník]

geniere (m)	xhenier (m)	[dʒɛniér]
paracadutista (m)	parashutist (m)	[paraʃutíst]
esploratore (m)	agjent zbulimi (m)	[aɟént zbulími]
cecchino (m)	snajper (m)	[snajpér]

pattuglia (f)	patrullë (f)	[patrúɫə]
pattugliare (vt)	patrulloj	[patruɫój]
sentinella (f)	rojë (f)	[rójə]

guerriero (m)	luftëtar (m)	[luftətár]
patriota (m)	patriot (m)	[patriót]

eroe (m)	hero (m)	[hɛró]
eroina (f)	heroinë (f)	[hɛroínə]

traditore (m)	tradhtar (m)	[traðtár]
tradire (vt)	tradhtoj	[traðtój]

disertore (m)	dezertues (m)	[dɛzɛrtúɛs]
disertare (vi)	dezertoj	[dɛzɛrtój]

mercenario (m)	mercenar (m)	[mɛrtsɛnár]
recluta (f)	rekrut (m)	[rɛkrút]
volontario (m)	vullnetar (m)	[vuɫnɛtár]

ucciso (m)	vdekur (m)	[vdékur]
ferito (m)	i plagosur (m)	[i plagósur]
prigioniero (m) di guerra	rob lufte (m)	[rob lúftɛ]

184. Guerra. Azioni militari. Parte 1

guerra (f)	luftë (f)	[lúftə]
essere in guerra	në luftë	[nə lúftə]
guerra (f) civile	luftë civile (f)	[lúftə tsivílɛ]
perfidamente	pabesisht	[pabɛsíʃt]
dichiarazione (f) di guerra	shpallje lufte (f)	[ʃpáɫjɛ lúftɛ]
dichiarare (~ guerra)	shpall	[ʃpaɫ]
aggressione (f)	agresion (m)	[agrɛsión]
attaccare (vt)	sulmoj	[sulmój]
invadere (vt)	pushtoj	[puʃtój]
invasore (m)	pushtues (m)	[puʃtúɛs]
conquistatore (m)	pushtues (m)	[puʃtúɛs]
difesa (f)	mbrojtje (f)	[mbrójtjɛ]
difendere (~ un paese)	mbroj	[mbrój]
difendersi (vr)	mbrohem	[mbróhɛm]
nemico (m)	armik (m)	[armík]
avversario (m)	kundërshtar (m)	[kundərʃtár]
ostile (agg)	armike	[armíkɛ]
strategia (f)	strategji (f)	[stratɛɟí]
tattica (f)	taktikë (f)	[taktíkə]
ordine (m)	urdhër (m)	[úrðər]
comando (m)	komandë (f)	[komándə]
ordinare (vt)	urdhëroj	[urðərój]
missione (f)	mision (m)	[misión]
segreto (agg)	sekret	[sɛkrét]
battaglia (f), combattimento (m)	betejë (f)	[bɛtéjə]
combattimento (m)	luftim (m)	[luftím]
attacco (m)	sulm (m)	[sulm]
assalto (m)	sulm (m)	[sulm]
assalire (vt)	sulmoj	[sulmój]
assedio (m)	nën rrethim (m)	[nən rɛθím]
offensiva (f)	sulm (m)	[sulm]
passare all'offensiva	kaloj në sulm	[kalój nə súlm]
ritirata (f)	tërheqje (f)	[tərhécjɛ]
ritirarsi (vr)	tërhiqem	[tərhícɛm]
accerchiamento (m)	rrethim (m)	[rɛθím]
accerchiare (vt)	rrethoj	[rɛθój]
bombardamento (m)	bombardim (m)	[bombardím]
lanciare una bomba	hedh bombë	[hɛð bómbə]
bombardare (vt)	bombardoj	[bombardój]
esplosione (f)	shpërthim (m)	[ʃpərθím]
sparo (m)	e shtënë (f)	[ɛ ʃténə]

| sparare un colpo | qëlloj | [cəłój] |
| sparatoria (f) | të shtëna (pl) | [tə ʃténa] |

puntare su ...	vë në shënjestër	[və nə ʃəɲéstər]
puntare (~ una pistola)	drejtoj armën	[drɛjtój ármən]
colpire (~ il bersaglio)	qëlloj	[cəłój]

affondare (mandare a fondo)	fundos	[fundós]
falla (f)	vrimë (f)	[vrímə]
affondare (andare a fondo)	fundoset	[fundósɛt]

fronte (m) (~ di guerra)	front (m)	[front]
evacuazione (f)	evakuim (m)	[ɛvakuím]
evacuare (vt)	evakuoj	[ɛvakuój]

trincea (f)	llogore (f)	[łogórɛ]
filo (m) spinato	tel me gjemba (m)	[tɛl mɛ ɟémba]
sbarramento (m)	pengesë (f)	[pɛɲésə]
torretta (f) di osservazione	kullë vrojtuese (f)	[kúłə vrojtúɛsɛ]

ospedale (m) militare	spital ushtarak (m)	[spitál uʃtarák]
ferire (vt)	plagos	[plagós]
ferita (f)	plagë (f)	[plágə]
ferito (m)	i plagosur (m)	[i plagósuɾ]
rimanere ferito	jam i plagosur	[jam i plagósuɾ]
grave (ferita ~)	rëndë	[réndə]

185. Guerra. Azioni militari. Parte 2

prigionia (f)	burgosje (f)	[burgósjɛ]
fare prigioniero	zë rob	[zə rob]
essere prigioniero	mbahem rob	[mbáhɛm rób]
essere fatto prigioniero	zihem rob	[zíhɛm rob]

campo (m) di concentramento	kamp përqendrimi (m)	[kamp pərcɛndrími]
prigioniero (m) di guerra	rob lufte (m)	[rob lúftɛ]
fuggire (vi)	arratisem	[aratísɛm]

tradire (vt)	tradhtoj	[traðtój]
traditore (m)	tradhtar (m)	[traðtár]
tradimento (m)	tradhti (f)	[traðtí]

| fucilare (vt) | ekzekutoj | [ɛkzɛkutój] |
| fucilazione (f) | ekzekutim (m) | [ɛkzɛkutím] |

divisa (f) militare	armatim (m)	[armatím]
spallina (f)	spaletë (f)	[spalétə]
maschera (f) antigas	maskë antigaz (f)	[máskə antigáz]

radiotrasmettitore (m)	radiomarrëse (f)	[radiomárəsɛ]
codice (m)	kod sekret (m)	[kód sɛkrét]
complotto (m)	komplot (m)	[komplót]
parola (f) d'ordine	fjalëkalim (m)	[fjalëkalím]
mina (f)	minë tokësore (f)	[mínə tokəsórɛ]

minare (~ la strada)	minoj	[minój]
campo (m) minato	fushë e minuar (f)	[fúʃə ɛ minúar]
allarme (m) aereo	alarm sulmi ajror (m)	[alárm súlmi ajrór]
allarme (m)	alarm (m)	[alárm]
segnale (m)	sinjal (m)	[siɲál]
razzo (m) di segnalazione	sinjalizues (m)	[siɲalizúɛs]
quartier (m) generale	selia qendrore (f)	[sɛlía cɛndrórɛ]
esplorazione (m)	zbulim (m)	[zbulím]
situazione (f)	gjendje (f)	[ɟéndjɛ]
rapporto (m)	raport (m)	[rapórt]
agguato (m)	pritë (f)	[prítə]
rinforzo (m)	përforcim (m)	[pərfortsím]
bersaglio (m)	shënjestër (f)	[ʃəɲéstər]
terreno (m) di caccia	poligon (m)	[poligón]
manovre (f pl)	manovra ushtarake (f)	[manóvra uʃtarákɛ]
panico (m)	panik (m)	[paník]
devastazione (f)	shkatërrim (m)	[ʃkatərím]
distruzione (m)	gërmadha (pl)	[gərmáða]
distruggere (vt)	shkatërroj	[ʃkatərój]
sopravvivere (vi, vt)	mbijetoj	[mbijɛtój]
disarmare (vt)	çarmatos	[tʃarmatós]
maneggiare (una pistola, ecc.)	manovroj	[manovrój]
Attenti!	Gatitu!	[gatitú!]
Riposo!	Qetësohu!	[cɛtəsóhu!]
atto (m) eroico	akt heroik (m)	[ákt hɛroík]
giuramento (m)	betim (m)	[bɛtím]
giurare (vi)	betohem	[bɛtóhɛm]
decorazione (f)	dekoratë (f)	[dɛkorátə]
decorare (qn)	dekoroj	[dɛkorój]
medaglia (f)	medalje (f)	[mɛdáljɛ]
ordine (m) (~ al Merito)	urdhër medalje (m)	[úrðər mɛdáljɛ]
vittoria (f)	fitore (f)	[fitórɛ]
sconfitta (m)	humbje (f)	[húmbjɛ]
armistizio (m)	armëpushim (m)	[arməpuʃím]
bandiera (f)	flamur beteje (m)	[flamúr bɛtéjɛ]
gloria (f)	famë (f)	[fámə]
parata (f)	paradë (f)	[parádə]
marciare (in parata)	marshoj	[marʃój]

186. Armi

armi (f pl)	armë (f)	[ármə]
arma (f) da fuoco	armë zjarri (f)	[ármə zjári]

arma (f) bianca	armë të ftohta (pl)	[ármə tə ftóhta]
armi (f pl) chimiche	armë kimike (f)	[ármə kimíkɛ]
nucleare (agg)	nukleare	[nuklɛárɛ]
armi (f pl) nucleari	armë nukleare (f)	[ármə nuklɛárɛ]
bomba (f)	bombë (f)	[bómbə]
bomba (f) atomica	bombë atomike (f)	[bómbə atomíkɛ]
pistola (f)	pistoletë (f)	[pistolétə]
fucile (m)	pushkë (f)	[púʃkə]
mitra (m)	mitraloz (m)	[mitralóz]
mitragliatrice (f)	mitraloz (m)	[mitralóz]
bocca (f)	grykë (f)	[grýkə]
canna (f)	tytë pushke (f)	[týtə púʃkɛ]
calibro (m)	kalibër (m)	[kalíbər]
grilletto (m)	këmbëz (f)	[kémbəz]
mirino (m)	shënjestër (f)	[ʃəɲéstər]
caricatore (m)	karikator (m)	[karikatór]
calcio (m)	qytë (f)	[cýtə]
bomba (f) a mano	bombë dore (f)	[bómbə dórɛ]
esplosivo (m)	eksploziv (m)	[ɛksplozív]
pallottola (f)	plumb (m)	[plúmb]
cartuccia (f)	fishek (m)	[fiʃék]
carica (f)	karikim (m)	[karikím]
munizioni (f pl)	municion (m)	[munitsión]
bombardiere (m)	avion bombardues (m)	[avión bombardúɛs]
aereo (m) da caccia	avion luftarak (m)	[avión luftarák]
elicottero (m)	helikopter (m)	[hɛlikoptér]
cannone (m) antiaereo	armë anti-ajrore (f)	[ármə ánti-ajrórɛ]
carro (m) armato	tank (m)	[tank]
cannone (m)	top tanku (m)	[top tánku]
artiglieria (f)	artileri (f)	[artilɛrí]
cannone (m)	top (m)	[top]
mirare a ...	vë në shënjestër	[və nə ʃəɲéstər]
proiettile (m)	mortajë (f)	[mortájə]
granata (f) da mortaio	bombë mortaje (f)	[bómbə mortájɛ]
mortaio (m)	mortajë (f)	[mortájə]
scheggia (f)	copëz mortaje (f)	[tsópəz mortájɛ]
sottomarino (m)	nëndetëse (f)	[nəndétəsɛ]
siluro (m)	silurë (f)	[silúrə]
missile (m)	raketë (f)	[rakétə]
caricare (~ una pistola)	mbush	[mbúʃ]
sparare (vi)	qëlloj	[cəɫój]
puntare su ...	drejtoj	[drɛjtój]
baionetta (f)	bajonetë (f)	[bajonétə]
spada (f)	shpatë (f)	[ʃpátə]

sciabola (f)	shpatë (f)	[ʃpátə]
lancia (f)	shtizë (f)	[ʃtízə]
arco (m)	hark (m)	[hárk]
freccia (f)	shigjetë (f)	[ʃɟétə]
moschetto (m)	musketë (f)	[muskétə]
balestra (f)	pushkë-shigjetë (f)	[púʃkə-ʃɟétə]

187. Gli antichi

primitivo (agg)	prehistorik	[prɛhistorík]
preistorico (agg)	prehistorike	[prɛhistoríkɛ]
antico (agg)	i lashtë	[i láʃtə]

Età (f) della pietra	Epoka e Gurit (f)	[ɛpóka ɛ gúrit]
Età (f) del bronzo	Epoka e Bronzit (f)	[ɛpóka ɛ brónzit]
epoca (f) glaciale	Epoka e akullit (f)	[ɛpóka ɛ ákuɫit]

tribù (f)	klan (m)	[klan]
cannibale (m)	kanibal (m)	[kanibál]
cacciatore (m)	gjahtar (m)	[ɟahtár]
cacciare (vt)	dal për gjah	[dál pər ɟáh]
mammut (m)	mamut (m)	[mamút]

caverna (f), grotta (f)	shpellë (f)	[ʃpéɫə]
fuoco (m)	zjarr (m)	[zjar]
falò (m)	zjarr kampingu (m)	[zjar kampíŋu]
pittura (f) rupestre	vizatim në shpella (m)	[vizatím nə ʃpéɫa]

strumento (m) di lavoro	vegël (f)	[végəl]
lancia (f)	shtizë (f)	[ʃtízə]
ascia (f) di pietra	sëpatë guri (f)	[səpátə gúri]
essere in guerra	në luftë	[nə lúftə]
addomesticare (vt)	zbus	[zbus]

| idolo (m) | idhull (m) | [íðuɫ] |
| idolatrare (vt) | adhuroj | [aðurój] |

| superstizione (f) | besëtytni (f) | [bɛsətytní] |
| rito (m) | rit (m) | [rit] |

| evoluzione (f) | evolucion (m) | [ɛvolutsión] |
| sviluppo (m) | zhvillim (m) | [ʒviɫím] |

| estinzione (f) | zhdukje (f) | [ʒdúkjɛ] |
| adattarsi (vr) | përshtatem | [pərʃtátɛm] |

archeologia (f)	arkeologji (f)	[arkɛoloɟí]
archeologo (m)	arkeolog (m)	[arkɛológ]
archeologico (agg)	arkeologjike	[arkɛoloɟíkɛ]

sito (m) archeologico	vendi i gërmimeve (m)	[véndi i gərmímɛvɛ]
scavi (m pl)	gërmime (pl)	[gərmímɛ]
reperto (m)	zbulim (m)	[zbulím]
frammento (m)	fragment (m)	[fragmént]

188. Il Medio Evo

popolo (m)	popull (f)	[pópuɫ]
popoli (m pl)	popuj (pl)	[pópuj]
tribù (f)	klan (m)	[klan]
tribù (f pl)	klane (pl)	[klánɛ]

barbari (m pl)	barbarë (pl)	[barbárə]
galli (m pl)	Galët (pl)	[gálət]
goti (m pl)	Gotët (pl)	[gótət]
slavi (m pl)	Sllavët (pl)	[sɫávət]
vichinghi (m pl)	Vikingët (pl)	[vikíŋət]

romani (m pl)	Romakët (pl)	[romákət]
romano (agg)	romak	[romák]

bizantini (m pl)	Bizantinët (pl)	[bizantínət]
Bisanzio (m)	Bizanti (m)	[bizánti]
bizantino (agg)	bizantine	[bizantínɛ]

imperatore (m)	perandor (m)	[pɛrandór]
capo (m)	prijës (m)	[príjəs]
potente (un re ~)	i fuqishëm	[i fucíʃəm]
re (m)	mbret (m)	[mbrét]
governante (m) (sovrano)	sundimtar (m)	[sundimtár]

cavaliere (m)	kalorës (m)	[kalórəs]
feudatario (m)	lord feudal (m)	[lórd fɛudál]
feudale (agg)	feudal	[fɛudál]
vassallo (m)	vasal (m)	[vasál]

duca (m)	dukë (f)	[dúkə]
conte (m)	kont (m)	[kont]
barone (m)	baron (m)	[barón]
vescovo (m)	peshkop (m)	[pɛʃkóp]

armatura (f)	parzmore (f)	[parzmórɛ]
scudo (m)	mburojë (f)	[mburójə]
spada (f)	shpatë (f)	[ʃpátə]
visiera (f)	ballnik (m)	[baɫník]
cotta (f) di maglia	thurak (m)	[θurák]

crociata (f)	Kryqëzata (f)	[krycəzáta]
crociato (m)	kryqtar (m)	[kryctár]

territorio (m)	territor (m)	[tɛritór]
attaccare (vt)	sulmoj	[sulmój]
conquistare (vt)	mposht	[mpóʃt]
occupare (invadere)	pushtoj	[puʃtój]

assedio (m)	nën rrethim (m)	[nən rɛθím]
assediato (agg)	i rrethuar	[i rɛθúar]
assediare (vt)	rrethoj	[rɛθój]
inquisizione (f)	inkuizicion (m)	[inkuizitsión]
inquisitore (m)	inkuizitor (m)	[inkuizitór]

tortura (f)	torturë (f)	[tortúrə]
crudele (agg)	mizor	[mizór]
eretico (m)	heretik (m)	[hɛrɛtík]
eresia (f)	herezi (f)	[hɛrɛzí]

navigazione (f)	lundrim (m)	[lundrím]
pirata (m)	pirat (m)	[pirát]
pirateria (f)	pirateri (f)	[piratɛrí]
arrembaggio (m)	sulm me anije (m)	[sulm mɛ aníjɛ]
bottino (m)	plaçkë (f)	[plátʃkə]
tesori (m)	thesare (pl)	[θɛsárɛ]

scoperta (f)	zbulim (m)	[zbulím]
scoprire (~ nuove terre)	zbuloj	[zbulój]
spedizione (f)	ekspeditë (f)	[ɛkspɛdítə]

moschettiere (m)	musketar (m)	[muskɛtár]
cardinale (m)	kardinal (m)	[kardinál]
araldica (f)	heraldikë (f)	[hɛraldíkə]
araldico (agg)	heraldik	[hɛraldík]

189. Leader. Capo. Le autorità

re (m)	mbret (m)	[mbrét]
regina (f)	mbretëreshë (f)	[mbrɛtəréʃə]
reale (agg)	mbretërore	[mbrɛtərórɛ]
regno (m)	mbretëri (f)	[mbrɛtərí]

| principe (m) | princ (m) | [prints] |
| principessa (f) | princeshë (f) | [printséʃə] |

presidente (m)	president (m)	[prɛsidént]
vicepresidente (m)	zëvendës president (m)	[zəvéndəs prɛsidént]
senatore (m)	senator (m)	[sɛnatór]

monarca (m)	monark (m)	[monárk]
governante (m) (sovrano)	sundimtar (m)	[sundimtár]
dittatore (m)	diktator (m)	[diktatór]
tiranno (m)	tiran (m)	[tirán]
magnate (m)	manjat (m)	[maɲát]

direttore (m)	drejtor (m)	[drɛjtór]
capo (m)	udhëheqës (m)	[uðəhécəs]
dirigente (m)	drejtor (m)	[drɛjtór]
capo (m)	bos (m)	[bos]
proprietario (m)	pronar (m)	[pronár]

leader (m)	lider (m)	[lidér]
capo (m) (~ delegazione)	kryetar (m)	[kryɛtár]
autorità (f pl)	autoritetet (pl)	[autoritétɛt]
superiori (m pl)	eprorët (pl)	[ɛprórət]

| governatore (m) | guvernator (m) | [guvɛrnatór] |
| console (m) | konsull (m) | [kónsuɬ] |

diplomatico (m)	diplomat (m)	[diplomát]
sindaco (m)	kryetar komune (m)	[kryɛtár komúnɛ]
sceriffo (m)	sherif (m)	[ʃɛríf]

imperatore (m)	perandor (m)	[pɛrandór]
zar (m)	car (m)	[tsár]
faraone (m)	faraon (m)	[faraón]
khan (m)	khan (m)	[khán]

190. Strada. Via. Indicazioni

| strada (f) | rrugë (f) | [rúgə] |
| cammino (m) | drejtim (m) | [drɛjtím] |

superstrada (f)	autostradë (f)	[autostrádə]
autostrada (f)	autostradë (f)	[autostrádə]
strada (f) statale	rrugë nacionale (f)	[rúgə natsionálɛ]

| strada (f) principale | rrugë kryesore (f) | [rúgə kryɛsórɛ] |
| strada (f) sterrata | rrugë fushe (f) | [rúgə fúʃɛ] |

| viottolo (m) | shteg (m) | [ʃtɛg] |
| sentiero (m) | shteg (m) | [ʃtɛg] |

Dove? (~ è?)	Ku?	[ku?]
Dove? (~ vai?)	Për ku?	[pər ku?]
Di dove?, Da dove?	Nga ku?	[ŋa ku?]

| direzione (f) | drejtim (m) | [drɛjtím] |
| indicare (~ la strada) | tregoj | [trɛgój] |

a sinistra (girare ~)	në të majtë	[nə tə májtə]
a destra (girare ~)	në të djathtë	[nə tə djáθtə]
dritto (avv)	drejt	[dréjt]
indietro (tornare ~)	pas	[pas]

curva (f)	kthesë (f)	[kθésə]
girare (~ a destra)	kthej	[kθɛj]
fare un'inversione a U	marr kthesë U	[mar kθésə u]

| essere visibile | të dukshme | [tə dúkʃmɛ] |
| apparire (vi) | shfaq | [ʃfac] |

sosta (f) (breve fermata)	ndalesë (f)	[ndalésə]
riposarsi, fermarsi (vr)	pushoj	[puʃój]
riposo (m)	pushim (m)	[puʃím]

perdersi (vr)	humb rrugën	[húmb rúgən]
portare verso …	të çon	[tə tʃon]
raggiungere (arrivare a)	dal	[dal]
tratto (m) di strada	copëz (m)	[tsópəz]

| asfalto (m) | asfalt (m) | [asfált] |
| cordolo (m) | bordurë (f) | [bordúrə] |

fosso (m)	kanal (m)	[kanál]
tombino (m)	pusetë (f)	[puséte]
ciglio (m) della strada	shpatull rrugore (f)	[ʃpátuɫ rugórɛ]
buca (f)	gropë (f)	[grópe]

| andare (a piedi) | ec në këmbë | [ɛts nə kémbe] |
| sorpassare (vt) | tejkaloj | [tɛjkalój] |

| passo (m) | hap (m) | [hap] |
| a piedi | në këmbë | [nə kémbe] |

sbarrare (~ la strada)	bllokoj	[bɫokój]
sbarra (f)	postbllok (m)	[postbɫók]
vicolo (m) cieco	rrugë pa krye (f)	[rúgə pa krýɛ]

191. Infrangere la legge. Criminali. Parte 1

bandito (m)	bandit (m)	[bandít]
delitto (m)	krim (m)	[krim]
criminale (m)	kriminel (m)	[kriminél]

ladro (m)	hajdut (m)	[hajdút]
rubare (vi, vt)	vjedh	[vjɛð]
furto (m), ruberia (f)	vjedhje (f)	[vjéðjɛ]

rapire (vt)	rrëmbej	[rəmbéj]
rapimento (m)	rrëmbim (m)	[rəmbím]
rapitore (m)	rrëmbyes (m)	[rəmbýɛs]

| riscatto (m) | shpërblesë (f) | [ʃpərblésə] |
| chiedere il riscatto | kërkoj shpërblesë | [kərkój ʃpərblésə] |

rapinare (vt)	grabis	[grabís]
rapina (f)	grabitje (f)	[grabítjɛ]
rapinatore (m)	grabitës (m)	[grabítəs]

estorcere (vt)	zhvat	[ʒvat]
estorsore (m)	zhvatës (m)	[ʒvátəs]
estorsione (f)	zhvatje (f)	[ʒvátjɛ]

uccidere (vt)	vras	[vras]
assassinio (m)	vrasje (f)	[vrásjɛ]
assassino (m)	vrasës (m)	[vrásəs]

sparo (m)	e shtënë (f)	[ɛ ʃténe]
tirare un colpo	qëlloj	[cəɫój]
abbattere (con armi da fuoco)	qëlloj për vdekje	[cəɫój pər vdékjɛ]
sparare (vi)	qëlloj	[cəɫój]
sparatoria (f)	të shtëna (pl)	[tə ʃténa]

incidente (m) (rissa, ecc.)	incident (m)	[intsidént]
rissa (f)	përleshje (f)	[pərléʃjɛ]
Aiuto!	Ndihmë!	[ndíhmə!]
vittima (f)	viktimë (f)	[viktíme]

danneggiare (vt)	dëmtoj	[dəmtój]
danno (m)	dëm (m)	[dəm]
cadavere (m)	kufomë (f)	[kufómə]
grave (reato ~)	i rëndë	[i réndə]

aggredire (vt)	sulmoj	[sulmój]
picchiare (vt)	rrah	[rah]
malmenare (picchiare)	sakatoj	[sakatój]
sottrarre (vt)	rrëmbej	[rəmbéj]
accoltellare a morte	ther për vdekje	[θɛr pər vdékjɛ]
mutilare (vt)	gjymtoj	[ɟymtój]
ferire (vt)	plagos	[plagós]

ricatto (m)	shantazh (m)	[ʃantáʒ]
ricattare (vt)	bëj shantazh	[bəj ʃantáʒ]
ricattatore (m)	shantazhist (m)	[ʃantaʒíst]

estorsione (f)	rrjet mashtrimi (m)	[rjét maʃtrími]
estortore (m)	mashtrues (m)	[maʃtrúɛs]
gangster (m)	gangster (m)	[gaŋstér]
mafia (f)	mafia (f)	[máfia]

borseggiatore (m)	vjedhës xhepash (m)	[vjéðəs dʒépaʃ]
scassinatore (m)	hajdut (m)	[hajdút]
contrabbando (m)	trafikim (m)	[trafikím]
contrabbandiere (m)	trafikues (m)	[trafikúɛs]

falsificazione (f)	falsifikim (m)	[falsifikím]
falsificare (vt)	falsifikoj	[falsifikój]
falso, falsificato (agg)	fals	[fáls]

192. Infrangere la legge. Criminali. Parte 2

stupro (m)	përdhunim (m)	[pərðuním]
stuprare (vt)	përdhunoj	[pərðunój]
stupratore (m)	përdhunues (m)	[pərðunúɛs]
maniaco (m)	maniak (m)	[maniák]

prostituta (f)	prostitutë (f)	[prostitútə]
prostituzione (f)	prostitucion (m)	[prostitutsión]
magnaccia (m)	tutor (m)	[tutór]

| drogato (m) | narkoman (m) | [narkomán] |
| trafficante (m) di droga | trafikant droge (m) | [trafikánt drógɛ] |

far esplodere	shpërthej	[ʃpərθéj]
esplosione (f)	shpërthim (m)	[ʃpərθím]
incendiare (vt)	vë flakën	[və flákən]
incendiario (m)	zjarrvënës (m)	[zjarvénəs]

terrorismo (m)	terrorizëm (m)	[tɛrorízəm]
terrorista (m)	terrorist (m)	[tɛroríst]
ostaggio (m)	peng (m)	[pɛŋ]
imbrogliare (vt)	mashtroj	[maʃtrój]

| imbroglio (m) | mashtrim (m) | [maʃtrím] |
| imbroglione (m) | mashtrues (m) | [maʃtrúɛs] |

corrompere (vt)	jap ryshfet	[jap ryʃfét]
corruzione (f)	ryshfet (m)	[ryʃfét]
bustarella (f)	ryshfet (m)	[ryʃfét]

veleno (m)	helm (m)	[hɛlm]
avvelenare (vt)	helmoj	[hɛlmój]
avvelenarsi (vr)	helmohem	[hɛlmóhɛm]

| suicidio (m) | vetëvrasje (f) | [vɛtəvrásjɛ] |
| suicida (m) | vetëvrasës (m) | [vɛtəvrásəs] |

minacciare (vt)	kërcënoj	[kərtsənój]
minaccia (f)	kërcënim (m)	[kərtsəním]
attentare (vi)	tentoj	[tɛntój]
attentato (m)	atentat (m)	[atɛntát]

| rubare (~ una macchina) | vjedh | [vjɛð] |
| dirottare (~ un aereo) | rrëmbej | [rəmbéj] |

| vendetta (f) | hakmarrje (f) | [hakmárjɛ] |
| vendicare (vt) | hakmerrem | [hakmérɛm] |

torturare (vt)	torturoj	[torturój]
tortura (f)	torturë (f)	[tortúrə]
maltrattare (vt)	torturoj	[torturój]

pirata (m)	pirat (m)	[pirát]
teppista (m)	huligan (m)	[huligán]
armato (agg)	i armatosur	[i armatósur]
violenza (f)	dhunë (f)	[ðúnə]
illegale (agg)	ilegal	[ilɛgál]

| spionaggio (m) | spiunazh (m) | [spiunáʒ] |
| spiare (vi) | spiunoj | [spiunój] |

193. Polizia. Legge. Parte 1

| giustizia (f) | drejtësi (f) | [drɛjtəsí] |
| tribunale (m) | gjykatë (f) | [ɟykátə] |

giudice (m)	gjykatës (m)	[ɟykátəs]
giurati (m)	anëtar jurie (m)	[anətár juríɛ]
processo (m) con giuria	gjyq me juri (m)	[ɟyc mɛ jurí]
giudicare (vt)	gjykoj	[ɟykój]

avvocato (m)	avokat (m)	[avokát]
imputato (m)	pandehur (m)	[pandéhur]
banco (m) degli imputati	bankë e të pandehurit (f)	[bánkə ɛ tə pandéhurit]

| accusa (f) | akuzë (f) | [akúzə] |
| accusato (m) | i akuzuar (m) | [i akuzúar] |

condanna (f)	vendim (m)	[vɛndím]
condannare (vt)	dënoj	[dənój]
colpevole (m)	fajtor (m)	[fajtór]
punire (vt)	ndëshkoj	[ndəʃkój]
punizione (f)	ndëshkim (m)	[ndəʃkím]
multa (f), ammenda (f)	gjobë (f)	[ɉóbə]
ergastolo (m)	burgim i përjetshëm (m)	[burgím i pərjétʃəm]
pena (f) di morte	dënim me vdekje (m)	[dəním mɛ vdékjɛ]
sedia (f) elettrica	karrige elektrike (f)	[karígɛ ɛlɛktríkɛ]
impiccagione (f)	varje (f)	[várjɛ]
giustiziare (vt)	ekzekutoj	[ɛkzɛkutój]
esecuzione (f)	ekzekutim (m)	[ɛkzɛkutím]
prigione (f)	burg (m)	[búrg]
cella (f)	qeli (f)	[cɛlí]
scorta (f)	eskortë (f)	[ɛskórtə]
guardia (f) carceraria	gardian burgu (m)	[gardián búrgu]
prigioniero (m)	i burgosur (m)	[i burgósur]
manette (f pl)	pranga (f)	[práŋa]
mettere le manette	vë prangat	[və práŋat]
fuga (f)	arratisje nga burgu (f)	[aratísjɛ ŋa búrgu]
fuggire (vi)	arratisem	[aratísɛm]
scomparire (vi)	zhduk	[ʒduk]
liberare (vt)	dal nga burgu	[dál ŋa búrgu]
amnistia (f)	amnisti (f)	[amnistí]
polizia (f)	polici (f)	[politsí]
poliziotto (m)	polic (m)	[políts]
commissariato (m)	komisariat (m)	[komisariát]
manganello (m)	shkop gome (m)	[ʃkop gómɛ]
altoparlante (m)	altoparlant (m)	[altoparlánt]
macchina (f) di pattuglia	makinë patrullimi (f)	[makínə patruɫími]
sirena (f)	alarm (m)	[alárm]
mettere la sirena	ndez sirenën	[ndɛz sirénən]
suono (m) della sirena	zhurmë alarmi (f)	[ʒúrmə alármi]
luogo (m) del crimine	skenë krimi (f)	[skénə krími]
testimone (m)	dëshmitar (m)	[dəʃmitár]
libertà (f)	liri (f)	[lirí]
complice (m)	bashkëpunëtor (m)	[baʃkəpunətór]
fuggire (vi)	zhdukem	[ʒdúkɛm]
traccia (f)	gjurmë (f)	[ɉúrmə]

194. Polizia. Legge. Parte 2

ricerca (f) (≈ di un criminale)	kërkim (m)	[kərkím]
cercare (vt)	kërkoj ...	[kərkój ...]

sospetto (m)	dyshim (m)	[dyʃím]
sospetto (agg)	i dyshuar	[i dyʃúar]
fermare (vt)	ndaloj	[ndalój]
arrestare (qn)	mbaj të ndaluar	[mbáj tə ndalúar]

causa (f)	padi (f)	[padí]
inchiesta (f)	hetim (m)	[hɛtím]
detective (m)	detektiv (m)	[dɛtɛktív]
investigatore (m)	hetues (m)	[hɛtúɛs]
versione (f)	hipotezë (f)	[hipotézə]

movente (m)	motiv (m)	[motív]
interrogatorio (m)	marrje në pyetje (f)	[márjɛ nə pýɛtjɛ]
interrogare (sospetto)	marr në pyetje	[mar nə pýɛtjɛ]
interrogare (vicini)	pyes	[pýɛs]
controllo (m) (~ di polizia)	verifikim (m)	[vɛrifikím]

retata (f)	kontroll në grup (m)	[kontróɫ nə grúp]
perquisizione (f)	bastisje (f)	[bastísjɛ]
inseguimento (m)	ndjekje (f)	[ndjékjɛ]
inseguire (vt)	ndjek	[ndjék]
essere sulle tracce	ndjek	[ndjék]

arresto (m)	arrestim (m)	[arɛstím]
arrestare (qn)	arrestoj	[arɛstój]
catturare (~ un ladro)	kap	[kap]
cattura (f)	kapje (f)	[kápjɛ]

documento (m)	dokument (m)	[dokumént]
prova (f), reperto (m)	provë (f)	[próvə]
provare (vt)	dëshmoj	[dəʃmój]
impronta (f) del piede	gjurmë (f)	[ɟúrmə]
impronte (f pl) digitali	shenja gishtash (pl)	[ʃéɲa gíʃtaʃ]
elemento (m) di prova	provë (f)	[próvə]

alibi (m)	alibi (f)	[alibí]
innocente (agg)	i pafajshëm	[i pafájʃəm]
ingiustizia (f)	padrejtësi (f)	[padrɛjtəsí]
ingiusto (agg)	i padrejtë	[i padréjtə]

criminale (agg)	kriminale	[kriminálɛ]
confiscare (vt)	konfiskoj	[konfiskój]
droga (f)	drogë (f)	[drógə]
armi (f pl)	armë (f)	[ármə]
disarmare (vt)	çarmatos	[tʃarmatós]
ordinare (vt)	urdhëroj	[urðərój]
sparire (vi)	zhduk	[ʒduk]

legge (f)	ligj (m)	[liɟ]
legale (agg)	ligjor	[liɟór]
illegale (agg)	i paligjshëm	[i palíɟʃəm]

responsabilità (f)	përgjegjësi (f)	[pərɟɛɟəsí]
responsabile (agg)	përgjegjës	[pərɟéɟəs]

LA NATURA

La Terra. Parte 1

195. L'Universo

cosmo (m)	hapësirë (f)	[hapəsírə]
cosmico, spaziale (agg)	hapësinor	[hapəsinór]
spazio (m) cosmico	kozmos (m)	[kozmós]
mondo (m)	botë (f)	[bótə]
universo (m)	univers	[univérs]
galassia (f)	galaksi (f)	[galaksí]
stella (f)	yll (m)	[yɫ]
costellazione (f)	yllësi (f)	[yɫəsí]
pianeta (m)	planet (m)	[planét]
satellite (m)	satelit (m)	[satɛlít]
meteorite (m)	meteor (m)	[mɛtɛór]
cometa (f)	kometë (f)	[kométə]
asteroide (m)	asteroid (m)	[astɛroíd]
orbita (f)	orbitë (f)	[orbítə]
ruotare (vi)	rrotullohet	[rotuɫóhɛt]
atmosfera (f)	atmosferë (f)	[atmosférə]
il Sole	Dielli (m)	[diéɫi]
sistema (m) solare	sistemi diellor (m)	[sistémi diɛɫór]
eclisse (f) solare	eklips diellor (m)	[ɛklíps diɛɫór]
la Terra	Toka (f)	[tóka]
la Luna	Hëna (f)	[héna]
Marte (m)	Marsi (m)	[mársi]
Venere (f)	Venera (f)	[vɛnéra]
Giove (m)	Jupiteri (m)	[jupitéri]
Saturno (m)	Saturni (m)	[satúrni]
Mercurio (m)	Merkuri (m)	[mɛrkúri]
Urano (m)	Urani (m)	[uráni]
Nettuno (m)	Neptuni (m)	[nɛptúni]
Plutone (m)	Pluto (f)	[plúto]
Via (f) Lattea	Rruga e Qumështit (f)	[rúga ɛ cúməʃtit]
Orsa (f) Maggiore	Arusha e Madhe (f)	[arúʃa ɛ máðɛ]
Stella (f) Polare	ylli i Veriut (m)	[ýɫi i vériut]
marziano (m)	Marsian (m)	[marsián]
extraterrestre (m)	jashtëtokësor (m)	[jaʃtətokəsór]

| alieno (m) | alien (m) | [alién] |
| disco (m) volante | disk fluturues (m) | [dísk fluturúɛs] |

nave (f) spaziale	anije kozmike (f)	[aníjɛ kozmíkɛ]
stazione (f) spaziale	stacion kozmik (m)	[statsión kozmík]
lancio (m)	ngritje (f)	[ŋrítjɛ]

motore (m)	motor (m)	[motór]
ugello (m)	dizë (f)	[dízə]
combustibile (m)	karburant (m)	[karburánt]

cabina (f) di pilotaggio	kabinë pilotimi (f)	[kabínə pilotími]
antenna (f)	antenë (f)	[anténə]
oblò (m)	dritare anësore (f)	[dritárɛ anəsórɛ]
batteria (f) solare	panel solar (m)	[panél solár]
scafandro (m)	veshje astronauti (f)	[véʃjɛ astronáuti]

| imponderabilità (f) | mungesë graviteti (f) | [muŋésə gravitéti] |
| ossigeno (m) | oksigjen (m) | [oksiɟén] |

| aggancio (m) | ndërlidhje në hapësirë (f) | [ndərlíðjɛ nə hapəsírə] |
| agganciarsi (vr) | stacionohem | [statsionóhɛm] |

osservatorio (m)	observator (m)	[obsɛrvatór]
telescopio (m)	teleskop (m)	[tɛlɛskóp]
osservare (vt)	vëzhgoj	[vəʒgój]
esplorare (vt)	eksploroj	[ɛksplorój]

196. La Terra

la Terra	Toka (f)	[tóka]
globo (m) terrestre	globi (f)	[glóbi]
pianeta (m)	planet (m)	[planét]

atmosfera (f)	atmosferë (f)	[atmosférə]
geografia (f)	gjeografi (f)	[ɟeografí]
natura (f)	natyrë (f)	[natýrə]

mappamondo (m)	glob (m)	[glob]
carta (f) geografica	hartë (f)	[hártə]
atlante (m)	atlas (m)	[atlás]

| Europa (f) | Evropa (f) | [ɛvrópa] |
| Asia (f) | Azia (f) | [azía] |

| Africa (f) | Afrika (f) | [afríka] |
| Australia (f) | Australia (f) | [australía] |

America (f)	Amerika (f)	[amɛríka]
America (f) del Nord	Amerika Veriore (f)	[amɛríka vɛriórɛ]
America (f) del Sud	Amerika Jugore (f)	[amɛríka jugórɛ]

| Antartide (f) | Antarktika (f) | [antarktíka] |
| Artico (m) | Arktiku (m) | [arktíku] |

197. Punti cardinali

nord (m)	veri (m)	[vɛrí]
a nord	drejt veriut	[dréjt vériut]
al nord	në veri	[nə vɛrí]
del nord (agg)	verior	[vɛriór]

sud (m)	jug (m)	[jug]
a sud	drejt jugut	[dréjt júgut]
al sud	në jug	[nə jug]
del sud (agg)	jugor	[jugór]

ovest (m)	perëndim (m)	[pɛrəndím]
a ovest	drejt perëndimit	[dréjt pɛrəndímit]
all'ovest	në perëndim	[nə pɛrəndím]
dell'ovest, occidentale	perëndimor	[pɛrəndimór]

est (m)	lindje (f)	[líndjɛ]
a est	drejt lindjes	[dréjt líndjɛs]
all'est	në lindje	[nə líndjɛ]
dell'est, orientale	lindor	[lindór]

198. Mare. Oceano

mare (m)	det (m)	[dét]
oceano (m)	oqean (m)	[ocɛán]
golfo (m)	gji (m)	[ji]
stretto (m)	ngushticë (f)	[ŋuʃtítsə]

| terra (f) (terra firma) | tokë (f) | [tókə] |
| continente (m) | kontinent (m) | [kontinént] |

isola (f)	ishull (m)	[íʃuɫ]
penisola (f)	gadishull (m)	[gadíʃuɫ]
arcipelago (m)	arkipelag (m)	[arkipɛlág]

baia (f)	gji (m)	[ji]
porto (m)	port (m)	[port]
laguna (f)	lagunë (f)	[lagúnə]
capo (m)	kep (m)	[kɛp]

atollo (m)	atol (m)	[atól]
scogliera (f)	shkëmb nënujor (m)	[ʃkəmb nənujór]
corallo (m)	koral (m)	[korál]
barriera (f) corallina	korale nënujorë (f)	[korálɛ nənujórə]

profondo (agg)	i thellë	[i θétə]
profondità (f)	thellësi (f)	[θɛtəsí]
abisso (m)	humnerë (f)	[humnérə]
fossa (f) (~ delle Marianne)	hendek (m)	[hɛndék]

| corrente (f) | rrymë (f) | [rýmə] |
| circondare (vt) | rrethohet | [rɛθóhɛt] |

litorale (m)	breg (m)	[brɛg]
costa (f)	bregdet (m)	[brɛgdét]

alta marea (f)	batica (f)	[batítsa]
bassa marea (f)	zbaticë (f)	[zbatítsə]
banco (m) di sabbia	cekëtinë (f)	[tsɛkətínə]
fondo (m)	fund i detit (m)	[fúnd i détit]

onda (f)	dallgë (f)	[dáɫgə]
cresta (f) dell'onda	kreshtë (f)	[kréʃtə]
schiuma (f)	shkumë (f)	[ʃkúmə]

tempesta (f)	stuhi (f)	[stuhj]
uragano (m)	uragan (m)	[uragán]
tsunami (m)	cunam (m)	[tsunám]
bonaccia (f)	qetësi (f)	[cɛtəsí]
tranquillo (agg)	i qetë	[i cétə]

polo (m)	pol (m)	[pol]
polare (agg)	polar	[polár]

latitudine (f)	gjerësi (f)	[ɟɛrəsí]
longitudine (f)	gjatësi (f)	[ɟatəsí]
parallelo (m)	paralele (f)	[paralélɛ]
equatore (m)	ekuator (m)	[ɛkuatór]

cielo (m)	qiell (m)	[cíɛɫ]
orizzonte (m)	horizont (m)	[horizónt]
aria (f)	ajër (m)	[ájər]

faro (m)	fanar (m)	[fanár]
tuffarsi (vr)	zhytem	[ʒýtɛm]
affondare (andare a fondo)	fundosje	[fundósjɛ]
tesori (m)	thesare (pl)	[θɛsárɛ]

199. Nomi dei mari e degli oceani

Oceano (m) Atlantico	Oqeani Atlantik (m)	[ocɛáni atlantík]
Oceano (m) Indiano	Oqeani Indian (m)	[ocɛáni indián]
Oceano (m) Pacifico	Oqeani Paqësor (m)	[ocɛáni pacəsór]
mar (m) Glaciale Artico	Oqeani Arktik (m)	[ocɛáni arktík]

mar (m) Nero	Deti i Zi (m)	[déti i zí]
mar (m) Rosso	Deti i Kuq (m)	[déti i kúc]
mar (m) Giallo	Deti i Verdhë (m)	[déti i vérðə]
mar (m) Bianco	Deti i Bardhë (m)	[déti i bárðə]

mar (m) Caspio	Deti Kaspik (m)	[déti kaspík]
mar (m) Morto	Deti i Vdekur (m)	[déti i vdékur]
mar (m) Mediterraneo	Deti Mesdhe (m)	[déti mɛsðé]

mar (m) Egeo	Deti Egje (m)	[déti ɛɟé]
mar (m) Adriatico	Deti Adriatik (m)	[déti adriatík]
mar (m) Arabico	Deti Arab (m)	[déti aráb]

mar (m) del Giappone	Deti i Japonisë (m)	[déti i japonísə]
mare (m) di Bering	Deti Bering (m)	[déti bériŋ]
mar (m) Cinese meridionale	Deti i Kinës Jugore (m)	[déti i kínəs jugórɛ]

mar (m) dei Coralli	Deti Koral (m)	[déti korál]
mar (m) di Tasman	Deti Tasman (m)	[déti tasmán]
mar (m) dei Caraibi	Deti i Karaibeve (m)	[déti i karaíbɛvɛ]

mare (m) di Barents	Deti Barents (m)	[déti barénts]
mare (m) di Kara	Deti Kara (m)	[déti kára]

mare (m) del Nord	Deti i Veriut (m)	[déti i vériut]
mar (m) Baltico	Deti Baltik (m)	[déti baltík]
mare (m) di Norvegia	Deti Norvegjez (m)	[déti norvɛɟéz]

200. Montagne

monte (m), montagna (f)	mal (m)	[mal]
catena (f) montuosa	vargmal (m)	[vargmál]
crinale (m)	kresht malor (m)	[kréʃt malór]

cima (f)	majë (f)	[májə]
picco (m)	maja më e lartë (f)	[mája mə ɛ lártə]
piedi (m pl)	rrëza e malit (f)	[rəza ɛ málit]
pendio (m)	shpat (m)	[ʃpat]

vulcano (m)	vullkan (m)	[vuɫkán]
vulcano (m) attivo	vullkan aktiv (m)	[vuɫkán aktív]
vulcano (m) inattivo	vullkan i fjetur (m)	[vuɫkán i fjétur]

eruzione (f)	shpërthim (m)	[ʃpərθím]
cratere (m)	krater (m)	[kratér]
magma (m)	magmë (f)	[mágmə]
lava (f)	llavë (f)	[ɫávə]
fuso (lava ~a)	i shkrirë	[i ʃkrírə]

canyon (m)	kanion (m)	[kanión]
gola (f)	grykë (f)	[grýkə]
crepaccio (m)	çarje (f)	[tʃárjɛ]
precipizio (m)	humnerë (f)	[humnérə]

passo (m), valico (m)	kalim (m)	[kalím]
altopiano (m)	pllajë (f)	[pɫájə]
falesia (f)	shkëmb (m)	[ʃkəmb]
collina (f)	kodër (f)	[kódər]

ghiacciaio (m)	akullnajë (f)	[akuɫnájə]
cascata (f)	ujëvarë (f)	[ujəvárə]
geyser (m)	gejzer (m)	[gɛjzér]
lago (m)	liqen (m)	[licén]

pianura (f)	fushë (f)	[fúʃə]
paesaggio (m)	peizazh (m)	[pɛizáʒ]
eco (f)	jehonë (f)	[jɛhónə]

alpinista (m)	**alpinist** (m)	[alpiníst]
scalatore (m)	**alpinist shkëmbßinjsh** (m)	[alpiníst ʃkəmbiɲʃ]
conquistare (~ una cima)	**pushtoj majën**	[puʃtój májən]
scalata (f)	**ngjitje** (f)	[ɲítjɛ]

201. Nomi delle montagne

Alpi (f pl)	**Alpet** (pl)	[alpét]
Monte (m) Bianco	**Montblanc** (m)	[montblánk]
Pirenei (m pl)	**Pirenejet** (pl)	[pirɛnéjɛt]

Carpazi (m pl)	**Karpatet** (m)	[karpátɛt]
gli Urali (m pl)	**Malet Urale** (pl)	[málɛt urálɛ]
Caucaso (m)	**Malet Kaukaze** (pl)	[málɛt kaukázɛ]
Monte (m) Elbrus	**Mali Elbrus** (m)	[máli ɛlbrús]

Monti (m pl) Altai	**Malet Altai** (pl)	[málɛt altái]
Tien Shan (m)	**Tian Shani** (m)	[tían ʃáni]
Pamir (m)	**Malet e Pamirit** (m)	[málɛt ɛ pamírit]
Himalaia (m)	**Himalajet** (pl)	[himalájɛt]
Everest (m)	**Mali Everest** (m)	[máli ɛvɛrést]

Ande (f pl)	**andet** (pl)	[ándɛt]
Kilimangiaro (m)	**Mali Kilimanxharo** (m)	[máli kilimandʒáro]

202. Fiumi

fiume (m)	**lum** (m)	[lum]
fonte (f) (sorgente)	**burim** (m)	[burím]
letto (m) (~ del fiume)	**shtrat lumi** (m)	[ʃtrat lúmi]
bacino (m)	**basen** (m)	[basén]
sfociare nel ...	**rrjedh ...**	[rjéð ...]

affluente (m)	**derdhje** (f)	[dérðjɛ]
riva (f)	**breg** (m)	[brɛg]

corrente (f)	**rrymë** (f)	[rýmə]
a valle	**rrjedhje e poshtme**	[rjéðjɛ ɛ póʃtmɛ]
a monte	**rrjedhje e sipërme**	[rjéðjɛ ɛ sípərmɛ]

inondazione (f)	**vërshim** (m)	[vərʃím]
piena (f)	**përmbytje** (f)	[pərmbýtjɛ]
straripare (vi)	**vërshon**	[vərʃón]
inondare (vt)	**përmbytet**	[pərmbýtɛt]

secca (f)	**cekëtinë** (f)	[tsɛkətínə]
rapida (f)	**rrjedhë** (f)	[rjéðə]

diga (f)	**digë** (f)	[dígə]
canale (m)	**kanal** (m)	[kanál]
bacino (m) di riserva	**rezervuar** (m)	[rɛzɛrvuár]
chiusa (f)	**pendë ujore** (f)	[péndə ujórɛ]

specchio (m) d'acqua	plan hidrik (m)	[plan hidrík]
palude (f)	kënetë (f)	[kənétə]
pantano (m)	moçal (m)	[motʃ ál]
vortice (m)	vorbull (f)	[vórbuɫ]

ruscello (m)	përrua (f)	[pərúa]
potabile (agg)	i pijshëm	[i píjʃəm]
dolce (di acqua ~)	i freskët	[i fréskət]

ghiaccio (m)	akull (m)	[ákuɫ]
ghiacciarsi (vr)	ngrihet	[ŋríhɛt]

203. Nomi dei fiumi

Senna (f)	Sena (f)	[séna]
Loira (f)	Loire (f)	[luar]

Tamigi (m)	Temza (f)	[témza]
Reno (m)	Rajnë (m)	[rájnə]
Danubio (m)	Danubi (m)	[danúbi]

Volga (m)	Volga (f)	[vólga]
Don (m)	Doni (m)	[dóni]
Lena (f)	Lena (f)	[léna]

Fiume (m) Giallo	Lumi i Verdhë (m)	[lúmi i vérðə]
Fiume (m) Azzurro	Jangce (f)	[jaŋtsé]
Mekong (m)	Mekong (m)	[mɛkóŋ]
Gange (m)	Gang (m)	[gaŋ]

Nilo (m)	Lumi Nil (m)	[lúmi nil]
Congo (m)	Lumi Kongo (m)	[lúmi kóŋo]
Okavango	Lumi Okavango (m)	[lúmi okaváŋo]
Zambesi (m)	Lumi Zambezi (m)	[lúmi zambézi]
Limpopo (m)	Lumi Limpopo (m)	[lúmi limpópo]
Mississippi (m)	Lumi Misisipi (m)	[lúmi misisípi]

204. Foresta

foresta (f)	pyll (m)	[pyɫ]
forestale (agg)	pyjor	[pyjór]

foresta (f) fitta	pyll i ngjeshur (m)	[pyɫ i ɲʝéʃur]
boschetto (m)	zabel (m)	[zabél]
radura (f)	lëndinë (f)	[ləndínə]

roveto (m)	pyllëz (m)	[pýɫəz]
boscaglia (f)	shkurre (f)	[ʃkúrɛ]

sentiero (m)	shteg (m)	[ʃtɛg]
calanco (m)	hon (m)	[hon]
albero (m)	pemë (f)	[pémə]

| foglia (f) | gjeth (m) | [ɟɛθ] |
| fogliame (m) | gjethe (pl) | [ɟéθɛ] |

caduta (f) delle foglie	rënie e gjetheve (f)	[rəníɛ ɛ ɟéθɛvɛ]
cadere (vi)	bien	[bíɛn]
cima (f)	maje (f)	[májɛ]

ramo (m), ramoscello (m)	degë (f)	[dégə]
ramo (m)	degë (f)	[dégə]
gemma (f)	syth (m)	[syθ]
ago (m)	shtiza pishe (f)	[ʃtíza píʃɛ]
pigna (f)	lule pishe (f)	[lúlɛ píʃɛ]

cavità (f)	zgavër (f)	[zgávər]
nido (m)	fole (f)	[folé]
tana (f) (del fox, ecc.)	strofull (f)	[strófuɫ]

tronco (m)	trung (m)	[truŋ]
radice (f)	rrënjë (f)	[réɲə]
corteccia (f)	lëvore (f)	[ləvórɛ]
musco (m)	myshk (m)	[myʃk]

sradicare (vt)	shkul	[ʃkul]
abbattere (~ un albero)	pres	[prɛs]
disboscare (vt)	shpyllëzoj	[ʃpyɫəzój]
ceppo (m)	cung (m)	[tsúŋ]

falò (m)	zjarr kampingu (m)	[zjar kampíɲu]
incendio (m) boschivo	zjarr në pyll (m)	[zjar nə pyɫ]
spegnere (vt)	shuaj	[ʃúaj]

guardia (f) forestale	roje pyjore (f)	[rójɛ pyjórɛ]
protezione (f)	mbrojtje (f)	[mbrójtjɛ]
proteggere (~ la natura)	mbroj	[mbrój]
bracconiere (m)	gjahtar i jashtëligjshëm (m)	[ɟahtár i jaʃtəlíɟʃəm]
tagliola (f) (~ per orsi)	grackë (f)	[grátskə]

| raccogliere (vt) | mbledh | [mbléð] |
| perdersi (vr) | humb rrugën | [húmb rúgən] |

205. Risorse naturali

risorse (f pl) naturali	burime natyrore (pl)	[burímɛ natyrórɛ]
minerali (m pl)	minerale (pl)	[minɛrálɛ]
deposito (m) (~ di carbone)	depozita (pl)	[dɛpozíta]
giacimento (m) (~ petrolifero)	fushë (f)	[fúʃə]

estrarre (vt)	nxjerr	[ndzjér]
estrazione (f)	nxjerrje mineralesh (f)	[ndzjérjɛ minɛrálɛʃ]
minerale (m) grezzo	xehe (f)	[dzéhɛ]
miniera (f)	minierë (f)	[miniérə]
pozzo (m) di miniera	nivel (m)	[nivél]
minatore (m)	minator (m)	[minatór]
gas (m)	gaz (m)	[gaz]

gasdotto (m)	gazsjellës (m)	[gazsjétəs]
petrolio (m)	naftë (f)	[náftə]
oleodotto (m)	naftësjellës (f)	[naftəsjétəs]
torre (f) di estrazione	pus nafte (m)	[pus náftɛ]
torre (f) di trivellazione	burim nafte (m)	[burím náftɛ]
petroliera (f)	anije-cisternë (f)	[aníjɛ-tsistérnə]

sabbia (f)	rërë (f)	[rérə]
calcare (m)	gur gëlqeror (m)	[gur gəlcɛrór]
ghiaia (f)	zhavorr (m)	[ʒavór]
torba (f)	torfë (f)	[tórfə]
argilla (f)	argjilë (f)	[arɟílə]
carbone (m)	qymyr (m)	[cymýr]

ferro (m)	hekur (m)	[hékur]
oro (m)	ar (m)	[ár]
argento (m)	argjend (m)	[arɟénd]
nichel (m)	nikel (m)	[nikél]
rame (m)	bakër (m)	[bákər]

zinco (m)	zink (m)	[zink]
manganese (m)	mangan (m)	[maŋán]
mercurio (m)	merkur (m)	[mɛrkúr]
piombo (m)	plumb (m)	[plúmb]

minerale (m)	mineral (m)	[minɛrál]
cristallo (m)	kristal (m)	[kristál]
marmo (m)	mermer (m)	[mɛrmér]
uranio (m)	uranium (m)	[uraniúm]

La Terra. Parte 2

206. Tempo

tempo (m)	moti (m)	[móti]
previsione (f) del tempo	parashikimi i motit (m)	[paraʃikími i mótit]
temperatura (f)	temperaturë (f)	[tɛmpɛratúrə]
termometro (m)	termometër (m)	[tɛrmométər]
barometro (m)	barometër (m)	[barométər]

| umido (agg) | i lagësht | [i lágəʃt] |
| umidità (f) | lagështi (f) | [lagəʃtí] |

caldo (m), afa (f)	vapë (f)	[vápə]
molto caldo (agg)	shumë nxehtë	[ʃúmə ndzéhtə]
fa molto caldo	është nxehtë	[éʃtə ndzéhtə]

| fa caldo | është ngrohtë | [éʃtə ŋróhtə] |
| caldo, mite (agg) | ngrohtë | [ŋróhtə] |

| fa freddo | bën ftohtë | [bən ftóhtə] |
| freddo (agg) | i ftohtë | [i ftóhtə] |

sole (m)	diell (m)	[díɛɫ]
splendere (vi)	ndriçon	[ndritʃón]
di sole (una giornata ~)	me diell	[mɛ díɛɫ]
sorgere, levarsi (vr)	agon	[agón]
tramontare (vi)	perëndon	[pɛrəndón]

nuvola (f)	re (f)	[rɛ]
nuvoloso (agg)	vranët	[vránət]
nube (f) di pioggia	re shiu (f)	[rɛ ʃíu]
nuvoloso (agg)	vranët	[vránət]

pioggia (f)	shi (m)	[ʃi]
piove	bie shi	[bíɛ ʃi]
piovoso (agg)	me shi	[mɛ ʃi]
piovigginare (vi)	shi i imët	[ʃi i ímət]

pioggia (f) torrenziale	shi litar (m)	[ʃi litár]
acquazzone (m)	stuhi shiu (f)	[stuhí ʃíu]
forte (una ~ pioggia)	i fortë	[i fórtə]

| pozzanghera (f) | brakë (f) | [brákə] |
| bagnarsi (~ sotto la pioggia) | lagem | [lágɛm] |

foschia (f), nebbia (f)	mjegull (f)	[mjéguɫ]
nebbioso (agg)	e mjegullt	[ɛ mjéguɫt]
neve (f)	borë (f)	[bórə]
nevica	bie borë	[bíɛ bórə]

207. Rigide condizioni metereologiche. Disastri naturali

temporale (m)	stuhi (f)	[stuhí]
fulmine (f)	vetëtimë (f)	[vɛtətímə]
lampeggiare (vi)	vetëton	[vɛtətón]
tuono (m)	bubullimë (f)	[bubuɬímə]
tuonare (vi)	bubullon	[bubuɬón]
tuona	bubullon	[bubuɬón]
grandine (f)	breshër (m)	[bréʃər]
grandina	po bie breshër	[po biɛ bréʃər]
inondare (vt)	përmbytet	[pərmbýtɛt]
inondazione (f)	përmbytje (f)	[pərmbýtjɛ]
terremoto (m)	tërmet (m)	[tərmét]
scossa (f)	lëkundje (f)	[ləkúndjɛ]
epicentro (m)	epiqendër (f)	[ɛpicéndər]
eruzione (f)	shpërthim (m)	[ʃpərθím]
lava (f)	llavë (f)	[ɬávə]
tromba (f) d'aria	vorbull (f)	[vórbuɬ]
tornado (m)	tornado (f)	[tornádo]
tifone (m)	tajfun (m)	[tajfún]
uragano (m)	uragan (m)	[uragán]
tempesta (f)	stuhi (f)	[stuhí]
tsunami (m)	cunam (m)	[tsunám]
ciclone (m)	ciklon (m)	[tsiklón]
maltempo (m)	mot i keq (m)	[mot i kɛc]
incendio (m)	zjarr (m)	[zjar]
disastro (m)	fatkeqësi (f)	[fatkɛcəsí]
meteorite (m)	meteor (m)	[mɛtɛór]
valanga (f)	ortek (m)	[orték]
slavina (f)	rrëshqitje bore (f)	[rəʃcítjɛ bórɛ]
tempesta (f) di neve	stuhi bore (f)	[stuhí bórɛ]
bufera (f) di neve	stuhi bore (f)	[stuhí bórɛ]

208. Rumori. Suoni

silenzio (m)	qetësi (f)	[cɛtəsí]
suono (m)	tingull (m)	[tíɲuɬ]
rumore (m)	zhurmë (f)	[ʒúrmə]
far rumore	bëj zhurmë	[bəj ʒúrmə]
rumoroso (agg)	i zhurmshëm	[i ʒúrmʃəm]
ad alta voce (parlare ~)	me zë të lartë	[mɛ zə tə lártə]
alto (voce ~a)	i lartë	[i lártə]
costante (agg)	e përhershme	[ɛ pərhérʃmɛ]

grido (m)	britmë (f)	[brítmə]
gridare (vi)	bërtas	[bərtás]
sussurro (m)	pëshpërimë (f)	[pəʃpərímə]
sussurrare (vi, vt)	pëshpëris	[pəʃpərís]

| abbaiamento (m) | lehje (f) | [léhjɛ] |
| abbaiare (vi) | leh | [lɛh] |

gemito (m) (~ di dolore)	rënkim (m)	[rənkím]
gemere (vi)	rënkoj	[rənkój]
tosse (f)	kollë (f)	[kóɬə]
tossire (vi)	kollitem	[koɬítɛm]

fischio (m)	fishkëllimë (f)	[fiʃkəɬímə]
fischiare (vi)	fishkëlloj	[fiʃkəɬój]
bussata (f)	trokitje (f)	[trokítjɛ]
bussare (vi)	trokas	[trokás]

| crepitare (vi) | çahet | [tʃáhɛt] |
| crepitio (m) | krisje (f) | [krísjɛ] |

sirena (f)	alarm (m)	[alárm]
sirena (f) (di fabbrica)	fishkëllimë (f)	[fiʃkəɬímə]
emettere un fischio	fishkëllen	[fiʃkəɬén]
colpo (m) di clacson	bori (f)	[borí]
clacsonare (vi)	i bie borisë	[i bíɛ borísə]

209. Inverno

inverno (m)	dimër (m)	[dímər]
invernale (agg)	dimëror	[dimərór]
d'inverno	në dimër	[nə dímər]

neve (f)	borë (f)	[bórə]
nevica	bie borë	[bíɛ bórə]
nevicata (f)	reshje bore (f)	[réʃjɛ bórɛ]
mucchio (m) di neve	mal dëbore (m)	[mal dəbórɛ]

fiocco (m) di neve	flok bore (m)	[flók bórɛ]
palla (f) di neve	top bore (m)	[top bórɛ]
pupazzo (m) di neve	dordolec (m)	[dordoléts]
ghiacciolo (m)	akull (m)	[ákuɬ]

dicembre (m)	Dhjetor (m)	[ðjɛtór]
gennaio (m)	Janar (m)	[janár]
febbraio (m)	Shkurt (m)	[ʃkurt]

| gelo (m) | ngricë (f) | [ŋrítsə] |
| gelido (aria ~a) | me ngrica | [mɛ ŋrítsa] |

sotto zero	nën zero	[nən zéro]
primi geli (m pl)	ngrica e parë (f)	[ŋrítsa ɛ párə]
brina (f)	brymë (f)	[brýmə]
freddo (m)	ftohtë (f)	[ftóhtə]

fa freddo	bën ftohtë	[bən ftóhtə]
pelliccia (f)	gëzof (m)	[gəzóf]
manopole (f pl)	doreza (f)	[doréza]
ammalarsi (vr)	sëmurem	[səmúrɛm]
raffreddore (m)	ftohje (f)	[ftóhjɛ]
raffreddarsi (vr)	ftohem	[ftóhɛm]
ghiaccio (m)	akull (m)	[ákuɫ]
ghiaccio (m) trasparente	akull transparent (m)	[ákuɫ transparént]
ghiacciarsi (vr)	ngrihet	[ŋríhɛt]
banco (m) di ghiaccio	bllok akulli (m)	[bɫók ákuɫi]
sci (m pl)	ski (pl)	[ski]
sciatore (m)	skiator (m)	[skiatór]
sciare (vi)	bëj ski	[bəj skí]
pattinare (vi)	bëj patinazh	[bəj patináʒ]

Fauna

210. Mammiferi. Predatori

predatore (m)	grabitqar (m)	[grabitcár]
tigre (f)	tigër (m)	[tígər]
leone (m)	luan (m)	[luán]
lupo (m)	ujk (m)	[ujk]
volpe (m)	dhelpër (f)	[ðélpər]
giaguaro (m)	jaguar (m)	[jaguár]
leopardo (m)	leopard (m)	[lɛopárd]
ghepardo (m)	gepard (m)	[gɛpárd]
pantera (f)	panterë e zezë (f)	[pantérə ɛ zézə]
puma (f)	puma (f)	[púma]
leopardo (m) delle nevi	leopard i borës (m)	[lɛopárd i bórəs]
lince (f)	rrëqebull (m)	[rəcébuɫ]
coyote (m)	kojotë (f)	[kojótə]
sciacallo (m)	çakall (m)	[tʃakáɫ]
iena (f)	hienë (f)	[hiénə]

211. Animali selvatici

animale (m)	kafshë (f)	[káfʃə]
bestia (f)	bishë (f)	[bíʃə]
scoiattolo (m)	ketër (m)	[kétər]
riccio (m)	iriq (m)	[iríc]
lepre (f)	lepur i egër (m)	[lépur i égər]
coniglio (m)	lepur (m)	[lépur]
tasso (m)	vjedull (f)	[vjéduɫ]
procione (f)	rakun (m)	[rakún]
criceto (m)	hamster (m)	[hamstér]
marmotta (f)	marmot (m)	[marmót]
talpa (f)	urith (m)	[uríθ]
topo (m)	mi (m)	[mi]
ratto (m)	mi (m)	[mi]
pipistrello (m)	lakuriq (m)	[lakuríc]
ermellino (m)	herminë (f)	[hɛrmínə]
zibellino (m)	kunadhe (f)	[kunáðɛ]
martora (f)	shqarth (m)	[ʃcarθ]
donnola (f)	nuselalë (f)	[nusɛlálə]
visone (m)	vizon (m)	[vizón]

| castoro (m) | kastor (m) | [kastór] |
| lontra (f) | vidër (f) | [víðər] |

cavallo (m)	kali (m)	[káli]
alce (m)	dre brilopatë (m)	[drɛ brilopátə]
cervo (m)	dre (f)	[drɛ]
cammello (m)	deve (f)	[dévɛ]

bisonte (m) americano	bizon (m)	[bizón]
bisonte (m) europeo	bizon evropian (m)	[bizón ɛvropián]
bufalo (m)	buall (m)	[búaɫ]

zebra (f)	zebër (f)	[zébər]
antilope (f)	antilopë (f)	[antilópə]
capriolo (m)	dre (f)	[drɛ]
daino (m)	dre ugar (m)	[drɛ ugár]
camoscio (m)	kamosh (m)	[kamóʃ]
cinghiale (m)	derr i egër (m)	[dér i égər]

balena (f)	balenë (f)	[balénə]
foca (f)	fokë (f)	[fókə]
tricheco (m)	lopë deti (f)	[lópə déti]
otaria (f)	fokë (f)	[fókə]
delfino (m)	delfin (m)	[dɛlfín]

orso (m)	ari (m)	[arí]
orso (m) bianco	ari polar (m)	[arí polár]
panda (m)	panda (f)	[pánda]

scimmia (f)	majmun (m)	[majmún]
scimpanzè (m)	shimpanze (f)	[ʃimpánzɛ]
orango (m)	orangutan (m)	[oraŋután]
gorilla (m)	gorillë (f)	[goríɫə]
macaco (m)	majmun makao (m)	[majmún makáo]
gibbone (m)	gibon (m)	[gibón]

elefante (m)	elefant (m)	[ɛlɛfánt]
rinoceronte (m)	rinoqeront (m)	[rinocɛrónt]
giraffa (f)	gjirafë (f)	[ɟiráfə]
ippopotamo (m)	hipopotam (m)	[hipopotám]

| canguro (m) | kangur (m) | [kaŋúr] |
| koala (m) | koala (f) | [koála] |

mangusta (f)	mangustë (f)	[maŋústə]
cincillà (f)	çinçila (f)	[tʃintʃíla]
moffetta (f)	qelbës (m)	[célbəs]
istrice (m)	ferrëgjatë (m)	[fɛrəɟátə]

212. Animali domestici

gatta (f)	mace (f)	[mátsɛ]
gatto (m)	maçok (m)	[matʃók]
cane (m)	qen (m)	[cɛn]

cavallo (m)	kali (m)	[káli]
stallone (m)	hamshor (m)	[hamʃór]
giumenta (f)	pelë (f)	[pélə]

mucca (f)	lopë (f)	[lópə]
toro (m)	dem (m)	[dém]
bue (m)	ka (m)	[ka]

pecora (f)	dele (f)	[délɛ]
montone (m)	dash (m)	[daʃ]
capra (f)	dhi (f)	[ði]
caprone (m)	cjap (m)	[tsjáp]

| asino (m) | gomar (m) | [gomár] |
| mulo (m) | mushkë (f) | [múʃkə] |

porco (m)	derr (m)	[dɛr]
porcellino (m)	derrkuc (m)	[dɛrkúts]
coniglio (m)	lepur (m)	[lépur]

| gallina (f) | pulë (f) | [púlə] |
| gallo (m) | gjel (m) | [ɟél] |

anatra (f)	rosë (f)	[rósə]
maschio (m) dell'anatra	rosak (m)	[rosák]
oca (f)	patë (f)	[pátə]

| tacchino (m) | gjel deti i egër (m) | [ɟél déti i égər] |
| tacchina (f) | gjel deti (m) | [ɟél déti] |

animali (m pl) domestici	kafshë shtëpiake (f)	[káfʃə ʃtəpiákɛ]
addomesticato (agg)	i zbutur	[i zbútur]
addomesticare (vt)	zbus	[zbus]
allevare (vt)	rrit	[rit]

fattoria (f)	fermë (f)	[férmə]
pollame (m)	pulari (f)	[pularí]
bestiame (m)	bagëti (f)	[bagətí]
branco (m), mandria (f)	kope (f)	[kopé]

scuderia (f)	stallë (f)	[stáłə]
porcile (m)	stallë e derrave (f)	[stáłə ɛ déravɛ]
stalla (f)	stallë e lopëve (f)	[stáłə ɛ lópəvɛ]
conigliera (f)	kolibe lepujsh (f)	[kolíbɛ lépujʃ]
pollaio (m)	kotec (m)	[kotéts]

213. Cani. Razze canine

cane (m)	qen (m)	[cɛn]
cane (m) da pastore	qen dhensh (m)	[cɛn ðɛnʃ]
pastore (m) tedesco	pastor gjerman (m)	[pastór ɟɛrmán]
barbone (m)	pudël (f)	[púdəl]
bassotto (m)	dakshund (m)	[dákshund]
bulldog (m)	bulldog (m)	[bułdóg]

boxer (m)	bokser (m)	[boksér]
mastino (m)	mastif (m)	[mastíf]
rottweiler (m)	rotvailer (m)	[rotvailér]
dobermann (m)	doberman (m)	[dobɛrmán]

bassotto (m)	baset (m)	[basét]
bobtail (m)	bishtshkurtër (m)	[biʃtʃkúrtər]
dalmata (m)	dalmat (m)	[dalmát]
cocker (m)	koker spaniel (m)	[kokér spaniél]

| terranova (m) | terranova (f) | [tɛranóva] |
| sanbernardo (m) | Seint-Bernard (m) | [séint-bɛrnárd] |

husky (m)	haski (m)	[háski]
chow chow (m)	çau çau (m)	[tʃáu tʃáu]
volpino (m)	dhelpërush (m)	[ðɛlpərúʃ]
carlino (m)	karlino (m)	[karlíno]

214. Versi emessi dagli animali

abbaiamento (m)	lehje (f)	[léhjɛ]
abbaiare (vi)	leh	[lɛh]
miagolare (vi)	mjaullin	[mjauɫín]
fare le fusa	gërhimë	[gərhímə]

muggire (vacca)	bën mu	[bən mú]
muggire (toro)	pëllet	[pəɫét]
ringhiare (vi)	hungërin	[huŋərín]

ululato (m)	hungërimë (f)	[huŋərímə]
ululare (vi)	hungëroj	[huŋerój]
guaire (vi)	angullin	[aŋuɫín]

belare (pecora)	blegërin	[blɛgərín]
grugnire (maiale)	hungërin	[huŋərín]
squittire (vi)	klith	[kliθ]

gracidare (rana)	bën kuak	[bən kuák]
ronzare (insetto)	zukat	[zukát]
frinire (vi)	gumëzhin	[guməʒín]

215. Cuccioli di animali

cucciolo (m)	këlysh (m)	[kəlýʃ]
micino (m)	kotele (f)	[kotélɛ]
topolino (m)	miush (m)	[miúʃ]
cucciolo (m) di cane	këlysh qeni (m)	[kəlýʃ céni]

leprotto (m)	lepurush (m)	[lɛpurúʃ]
coniglietto (m)	lepurush i butë (m)	[lɛpurúʃ i bútə]
cucciolo (m) di lupo	këlysh ujku (m)	[kəlýʃ újku]
cucciolo (m) di volpe	këlysh dhelpre (m)	[kəlýʃ ðélprɛ]

cucciolo (m) di orso	këlysh ariu (m)	[kəlýʃ aríu]
cucciolo (m) di leone	këlysh luani (m)	[kəlýʃ luáni]
cucciolo (m) di tigre	këlysh tigri (m)	[kəlýʃ tígri]
elefantino (m)	këlysh elefanti (m)	[kəlýʃ ɛlɛfánti]

porcellino (m)	derrkuc (m)	[dɛrkúts]
vitello (m)	viç (m)	[vitʃ]
capretto (m)	kec (m)	[kéts]
agnello (m)	qengj (m)	[cɛnɟ]
cerbiatto (m)	kaproll (m)	[kaprółł]
cucciolo (m) di cammello	këlysh deveje (m)	[kəlýʃ dɛvéjɛ]

piccolo (m) di serpente	gjarpër i vogël (m)	[ɟárpər i vógəl]
piccolo (m) di rana	këlysh bretkose (m)	[kəlýʃ brɛtkósɛ]

uccellino (m)	zog i vogël (m)	[zog i vógəl]
pulcino (m)	zog pule (m)	[zog púlɛ]
anatroccolo (m)	zog rose (m)	[zog rósɛ]

216. Uccelli

uccello (m)	zog (m)	[zog]
colombo (m), piccione (m)	pëllumb (m)	[pəłúmb]
passero (m)	harabel (m)	[harabél]
cincia (f)	xhixhimës (m)	[dʒidʒimés]
gazza (f)	laraskë (f)	[laráskə]

corvo (m)	korb (m)	[korb]
cornacchia (f)	sorrë (f)	[sórə]
taccola (f)	galë (f)	[gálə]
corvo (m) nero	sorrë (f)	[sórə]

anatra (f)	rosë (f)	[rósə]
oca (f)	patë (f)	[pátə]
fagiano (m)	fazan (m)	[fazán]

aquila (f)	shqiponjë (f)	[ʃcipóɲə]
astore (m)	gjeraqinë (f)	[ɟɛracínə]
falco (m)	fajkua (f)	[fajkúa]
grifone (m)	hutë (f)	[hútə]
condor (m)	kondor (m)	[kondór]

cigno (m)	mjellmë (f)	[mjéłmə]
gru (f)	lejlek (m)	[lɛjlék]
cicogna (f)	lejlek (m)	[lɛjlék]

pappagallo (m)	papagall (m)	[papagáł]
colibrì (m)	kolibri (m)	[kolíbri]
pavone (m)	pallua (m)	[pałúa]

struzzo (m)	struc (m)	[struts]
airone (m)	çafkë (f)	[tʃáfkə]
fenicottero (m)	flamingo (m)	[flamíɲo]
pellicano (m)	pelikan (m)	[pɛlikán]

| usignolo (m) | bilbil (m) | [bilbíl] |
| rondine (f) | dallëndyshe (f) | [daɫəndýʃɛ] |

tordo (m)	mëllenjë (f)	[məɫéɲə]
tordo (m) sasello	grifsha (f)	[grífʃa]
merlo (m)	mëllenjë (f)	[məɫéɲə]

rondone (m)	dallëndyshe (f)	[daɫəndýʃɛ]
allodola (f)	thëllëzë (f)	[θəɫézə]
quaglia (f)	trumcak (m)	[trumtsák]

picchio (m)	qukapik (m)	[cukapík]
cuculo (m)	kukuvajkë (f)	[kukuvájkə]
civetta (f)	buf (m)	[buf]
gufo (m) reale	buf mbretëror (m)	[buf mbrɛtərór]
urogallo (m)	fazan i pyllit (m)	[fazán i pýɫit]
fagiano (m) di monte	fazan i zi (m)	[fazán i zí]
pernice (f)	thëllëzë (f)	[θəɫézə]

storno (m)	gargull (m)	[gárguɫ]
canarino (m)	kanarinë (f)	[kanarínə]
francolino (m) di monte	fazan mali (m)	[fazán máli]
fringuello (m)	trishtil (m)	[triʃtíl]
ciuffolotto (m)	trishtil dimri (m)	[triʃtíl dímri]

gabbiano (m)	pulëbardhë (f)	[puləbárðə]
albatro (m)	albatros (m)	[albatrós]
pinguino (m)	penguin (m)	[pɛŋuín]

217. Uccelli. Cinguettio e versi

cantare (vi)	këndoj	[kəndój]
gridare (vi)	thërras	[θərás]
cantare (gallo)	kakaris	[kakarís]
chicchirichì (m)	kikiriku	[kikiríku]

chiocciare (gallina)	kakaris	[kakarís]
gracchiare (vi)	krokas	[krokás]
fare qua qua	bën kuak kuak	[bən kuák kuák]
pigolare (vi)	pisket	[piskét]
cinguettare (vi)	cicëroj	[tsitsərój]

218. Pesci. Animali marini

abramide (f)	krapuliq (m)	[krapulíc]
carpa (f)	krap (m)	[krap]
perca (f)	perç (m)	[pɛrtʃ]
pesce (m) gatto	mustak (m)	[musták]
luccio (m)	mlysh (m)	[mlýʃ]

| salmone (m) | salmon (m) | [salmón] |
| storione (m) | bli (m) | [blí] |

aringa (f)	harengë (f)	[harénə]
salmone (m)	salmon Atlantiku (m)	[salmón atlantíku]
scombro (m)	skumbri (m)	[skúmbri]
sogliola (f)	shojzë (f)	[ʃójzə]

lucioperca (f)	troftë (f)	[tróftə]
merluzzo (m)	merluc (m)	[mɛrlúts]
tonno (m)	tunë (f)	[túnə]
trota (f)	troftë (f)	[tróftə]

anguilla (f)	ngjalë (f)	[nɟálə]
torpedine (f)	peshk elektrik (m)	[pɛʃk ɛlɛktrík]
murena (f)	ngjalë morel (f)	[nɟálə morél]
piranha (f)	piranja (f)	[piráɲa]

squalo (m)	peshkaqen (m)	[pɛʃkacén]
delfino (m)	delfin (m)	[dɛlfín]
balena (f)	balenë (f)	[balénə]

granchio (m)	gaforre (f)	[gafórɛ]
medusa (f)	kandil deti (m)	[kandíl déti]
polpo (m)	oktapod (m)	[oktapód]

stella (f) marina	yll deti (m)	[yɫ déti]
riccio (m) di mare	iriq deti (m)	[iríc déti]
cavalluccio (m) marino	kalë deti (m)	[kálə déti]

ostrica (f)	midhje (f)	[míðjɛ]
gamberetto (m)	karkalec (m)	[karkaléts]
astice (m)	karavidhe (f)	[karavíðɛ]
aragosta (f)	karavidhe (f)	[karavíðɛ]

219. Anfibi. Rettili

| serpente (m) | gjarpër (m) | [ɟárpər] |
| velenoso (agg) | helmues | [hɛlmúɛs] |

vipera (f)	nepërka (f)	[nɛpérka]
cobra (m)	kobra (f)	[kóbra]
pitone (m)	piton (m)	[pitón]
boa (m)	boa (f)	[bóa]

biscia (f)	kular (m)	[kulár]
serpente (m) a sonagli	gjarpër me zile (m)	[ɟárpər mɛ zílɛ]
anaconda (f)	anakonda (f)	[anakónda]

lucertola (f)	hardhucë (f)	[harðútsə]
iguana (f)	iguana (f)	[iguána]
varano (m)	varan (m)	[varán]
salamandra (f)	salamandër (f)	[salamándər]
camaleonte (m)	kameleon (m)	[kamɛlɛón]
scorpione (m)	akrep (m)	[akrép]
tartaruga (f)	breshkë (f)	[bréʃkə]
rana (f)	bretkosë (f)	[brɛtkósə]

| rospo (m) | zhabë (f) | [ʒábə] |
| coccodrillo (m) | krokodil (m) | [krokodíl] |

220. Insetti

insetto (m)	insekt (m)	[insékt]
farfalla (f)	flutur (f)	[flútur]
formica (f)	milingonë (f)	[miliŋónə]
mosca (f)	mizë (f)	[mízə]
zanzara (f)	mushkonjë (f)	[muʃkóɲə]
scarabeo (m)	brumbull (m)	[brúmbuɫ]

vespa (f)	grerëz (f)	[grérəz]
ape (f)	bletë (f)	[blétə]
bombo (m)	greth (m)	[grɛθ]
tafano (m)	zekth (m)	[zɛkθ]

| ragno (m) | merimangë (f) | [mɛrimáɲə] |
| ragnatela (f) | rrjetë merimange (f) | [rjétə mɛrimáɲɛ] |

libellula (f)	pilivesë (f)	[pilivésə]
cavalletta (f)	karkalec (m)	[karkaléts]
farfalla (f) notturna	molë (f)	[mólə]

scarafaggio (m)	kacabu (f)	[katsabú]
zecca (f)	rriqër (m)	[ríçər]
pulce (f)	plesht (m)	[plɛʃt]
moscerino (m)	mushicë (f)	[muʃítsə]

locusta (f)	gjinkallë (f)	[ɟinkáɫə]
lumaca (f)	kërmill (m)	[kərmíɫ]
grillo (m)	bulkth (m)	[búlkθ]
lucciola (f)	xixëllonjë (f)	[dzidzəɫóɲə]
coccinella (f)	mollëkuqe (f)	[moɫəkúcɛ]
maggiolino (m)	vizhë (f)	[víʒə]

sanguisuga (f)	shushunjë (f)	[ʃuʃúɲə]
bruco (m)	vemje (f)	[vémjɛ]
verme (m)	krimb toke (m)	[krímb tókɛ]
larva (f)	larvë (f)	[lárvə]

221. Animali. Parti del corpo

becco (m)	sqep (m)	[scɛp]
ali (f pl)	flatra (pl)	[flátra]
zampa (f)	këmbë (f)	[kémbə]
piumaggio (m)	pupla (pl)	[púpla]
penna (f), piuma (f)	pupël (f)	[púpəl]
cresta (f)	kreshtë (f)	[kréʃtə]

| branchia (f) | velëz (f) | [véləz] |
| uova (f pl) | vezë peshku (f) | [vézə péʃku] |

larva (f)	larvë (f)	[lárvə]
pinna (f)	krah (m)	[krah]
squama (f)	luspë (f)	[lúspə]

zanna (f)	dhëmb prerës (m)	[ðəmb prérəs]
zampa (f)	shputë (f)	[ʃpútə]
muso (m)	turi (m)	[turí]
bocca (f)	gojë (f)	[gójə]
coda (f)	bisht (m)	[biʃt]
baffi (m pl)	mustaqe (f)	[mustácɛ]

zoccolo (m)	thundër (f)	[θúndər]
corno (m)	bri (m)	[brí]

carapace (f)	karapaks (m)	[karapáks]
conchiglia (f)	guaskë (f)	[guáskə]
guscio (m) dell'uovo	lëvozhgë veze (f)	[ləvóʒgə vézɛ]

pelo (m)	qime (f)	[címɛ]
pelle (f)	lëkurë kafshe (f)	[ləkúrə káfʃɛ]

222. Azioni degli animali

volare (vi)	fluturoj	[fluturój]
volteggiare (vi)	fluturoj përreth	[fluturój pəréθ]

volare via	fluturoj tutje	[fluturój tútjɛ]
battere le ali	rrah	[rah]

beccare (vi)	qukas	[cukás]
covare (vt)	ngroh vezët	[ŋróh vézət]

sgusciare (vi)	çelin vezët	[tʃélin vézət]
fare il nido	ngre fole	[ŋré folé]

strisciare (vi)	gjarpëroj	[ɟarpərój]
pungere (insetto)	pickoj	[pitskój]
mordere (vt)	kafshoj	[kafʃój]

fiutare (vt)	nuhas	[nuhás]
abbaiare (vi)	leh	[lɛh]
sibilare (vi)	fërshëllej	[fərʃəɫéj]

spaventare (vt)	tremb	[trɛmb]
attaccare (vt)	sulmoj	[sulmój]

rodere (osso, ecc.)	brej	[brɛj]
graffiare (vt)	gërvisht	[gərvíʃt]
nascondersi (vr)	fsheh	[fʃéh]

giocare (vi)	luaj	[lúaj]
cacciare (vt)	dal për gjah	[dál pər ɟáh]
ibernare (vi)	fle gjumë letargjik	[flɛ ɟúmə lɛtarɟík]
estinguersi (vr)	zhdukem	[ʒdúkɛm]

223. Animali. Ambiente naturale

ambiente (m) naturale	banesë (f)	[banésə]
migrazione (f)	migrim (m)	[migrím]
monte (m), montagna (f)	mal (m)	[mal]
scogliera (f)	shkëmb nënujor (m)	[ʃkəmb nənujór]
falesia (f)	shkëmb (m)	[ʃkəmb]
foresta (f)	pyll (m)	[pyɫ]
giungla (f)	xhungël (f)	[dʒúŋəl]
savana (f)	savana (f)	[savána]
tundra (f)	tundra (f)	[túndra]
steppa (f)	stepa (f)	[stépa]
deserto (m)	shkretëtirë (f)	[ʃkrɛtətírə]
oasi (f)	oazë (f)	[oázə]
mare (m)	det (m)	[dét]
lago (m)	liqen (m)	[licén]
oceano (m)	oqean (m)	[ocɛán]
palude (f)	kënetë (f)	[kənétə]
di acqua dolce	ujëra të ëmbla	[újəra tə əmbla]
stagno (m)	pellg (m)	[pɛɫg]
fiume (m)	lum (m)	[lum]
tana (f) (dell'orso)	strofull (f)	[strófuɫ]
nido (m)	fole (f)	[folé]
cavità (f) (~ in un albero)	zgavër (f)	[zgávər]
tana (f) (del fox, ecc.)	strofull (f)	[strófuɫ]
formicaio (m)	mal milingonash (m)	[mal miliŋónaʃ]

224. Cura degli animali

zoo (m)	kopsht zoologjik (m)	[kópʃt zooloɟík]
riserva (f) naturale	rezervat natyror (m)	[rɛzɛrvát natyrór]
allevatore (m)	mbarështues (m)	[mbarəʃtúɛs]
gabbia (f) all'aperto	kafaz i hapur (m)	[kafáz i hápur]
gabbia (f)	kafaz (m)	[kafáz]
canile (m)	kolibe qeni (f)	[kolíbɛ céni]
piccionaia (f)	kafaz pëllumbash (m)	[kafáz pəɫúmbaʃ]
acquario (m)	akuarium (m)	[akuariúm]
delfinario (m)	akuarium për delfinë (m)	[akuariúm pər dɛlfínə]
allevare (vt)	mbarështoj	[mbarəʃtój]
cucciolata (f)	këlysh (m)	[kəlýʃ]
addomesticare (vt)	zbus	[zbus]
ammaestrare (vt)	stërvit	[stərvít]
mangime (m)	ushqim (m)	[uʃcím]
dare da mangiare	ushqej	[uʃcéj]

negozio (m) di animali	**dyqan kafshësh** (m)	[dycán káfʃəʃ]
museruola (f)	**maskë turiri** (f)	[máskə turíri]
collare (m)	**kollare** (f)	[koɬárɛ]
nome (m) (di un cane, ecc.)	**emri** (m)	[émri]
pedigree (m)	**raca** (f)	[rátsa]

225. Animali. Varie

branco (m)	**tufë** (f)	[túfə]
stormo (m)	**tufë** (f)	[túfə]
banco (m)	**grup** (m)	[grup]
mandria (f)	**tufë** (f)	[túfə]

maschio (m)	**mashkull** (m)	[máʃkuɬ]
femmina (f)	**femër** (f)	[fémər]

affamato (agg)	**i uritur**	[i urítur]
selvatico (agg)	**i egër**	[i égər]
pericoloso (agg)	**i rrezikshëm**	[i rɛzíkʃəm]

226. Cavalli

cavallo (m)	**kali** (m)	[káli]
razza (f)	**raca** (f)	[rátsa]

puledro (m)	**mëzi** (m)	[məzi]
giumenta (f)	**pelë** (f)	[pélə]

mustang (m)	**kalë mustang** (m)	[kálə mustáŋ]
pony (m)	**poni** (m)	[póni]
cavallo (m) da tiro pesante	**kalë pune** (f)	[kálə púnɛ]

criniera (f)	**kreshtë** (f)	[kréʃtə]
coda (f)	**bisht** (m)	[biʃt]

zoccolo (m)	**thundër** (f)	[θúndər]
ferro (m) di cavallo	**patkua** (f)	[patkúa]
ferrare (vt)	**mbath**	[mbáθ]
fabbro (m)	**farkëtar** (m)	[farkətár]

sella (f)	**shalë** (f)	[ʃálə]
staffa (f)	**yzengji** (f)	[yzɛnɟí]
briglia (f)	**gojëz** (f)	[gójəz]
redini (m pl)	**frenat** (pl)	[frénat]
frusta (f)	**kamxhik** (m)	[kamdʒík]

fantino (m)	**kalorës** (m)	[kalórəs]
sellare (vt)	**shaloj**	[ʃalój]
montare in sella	**hip në kalë**	[hip nə kálə]

galoppo (m)	**galop** (m)	[galóp]
galoppare (vi)	**ec me galop**	[ɛts mɛ galóp]

trotto (m)	trok (m)	[trok]
al trotto	me trok	[mɛ trók]
andare al trotto	ec me trok	[ɛts mɛ trók]

| cavallo (m) da corsa | kalë garash (m) | [kálǝ gáraʃ] |
| corse (f pl) | garë kuajsh (f) | [gárǝ kúajʃ] |

scuderia (f)	stallë (f)	[státǝ]
dare da mangiare	ushqej	[uʃcéj]
fieno (m)	kashtë (f)	[káʃtǝ]
abbeverare (vt)	i jap ujë	[i jap újǝ]
lavare (~ il cavallo)	laj	[laj]

carro (m)	karrocë me kalë (f)	[karótsǝ mɛ kálǝ]
pascolare (vi)	kullos	[kutós]
nitrire (vi)	hingëlloj	[hiŋǝtój]
dare un calcio	gjuaj me shkelma	[ɲúaj mɛ ʃkélma]

Flora

227. Alberi

albero (m)	pemë (f)	[pémə]
deciduo (agg)	gjethor	[ɟɛθór]
conifero (agg)	halor	[halór]
sempreverde (agg)	përherë të gjelbra	[pərhérə tə ɹélbra]
melo (m)	pemë molle (f)	[pémə móɬɛ]
pero (m)	pemë dardhe (f)	[pémə dárðɛ]
ciliegio (m)	pemë qershie (f)	[pémə cɛrʃíɛ]
amareno (m)	pemë qershi vishnje (f)	[pémə cɛrʃí víʃɲɛ]
prugno (m)	pemë kumbulle (f)	[pémə kúmbuɬɛ]
betulla (f)	mështekna (f)	[məʃtékna]
quercia (f)	lis (m)	[lis]
tiglio (m)	bli (m)	[blí]
pioppo (m) tremolo	plep i egër (m)	[plɛp i égər]
acero (m)	panjë (f)	[páɲə]
abete (m)	bredh (m)	[brɛð]
pino (m)	pishë (f)	[píʃə]
larice (m)	larsh (m)	[lárʃ]
abete (m) bianco	bredh i bardhë (m)	[brɛð i bárðə]
cedro (m)	kedër (m)	[kédər]
pioppo (m)	plep (m)	[plɛp]
sorbo (m)	vadhë (f)	[váðə]
salice (m)	shelg (m)	[ʃɛlg]
alno (m)	verr (m)	[vɛr]
faggio (m)	ah (m)	[ah]
olmo (m)	elm (m)	[élm]
frassino (m)	shelg (m)	[ʃɛlg]
castagno (m)	gështenjë (f)	[gəʃtéɲə]
magnolia (f)	manjolia (f)	[maɲólia]
palma (f)	palma (f)	[pálma]
cipresso (m)	qiparis (m)	[ciparís]
mangrovia (f)	rizoforë (f)	[rizofórə]
baobab (m)	baobab (m)	[baobáb]
eucalipto (m)	eukalipt (m)	[ɛukalípt]
sequoia (f)	sekuojë (f)	[sɛkuójə]

228. Arbusti

cespuglio (m)	shkurre (f)	[ʃkúrɛ]
arbusto (m)	kaçube (f)	[katʃúbɛ]

| vite (f) | hardhi (f) | [harðí] |
| vigneto (m) | vreshtë (f) | [vréʃtə] |

lampone (m)	mjedër (f)	[mjédər]
ribes (m) nero	kaliboba e zezë (f)	[kalibóba ɛ zézə]
ribes (m) rosso	kaliboba e kuqe (f)	[kalibóba ɛ kúcɛ]
uva (f) spina	shkurre kulumbrie (f)	[ʃkúrɛ kulumbríɛ]

acacia (f)	akacie (f)	[akátsiɛ]
crespino (m)	krespinë (f)	[krɛspínə]
gelsomino (m)	jasemin (m)	[jasɛmín]

ginepro (m)	dëllinjë (f)	[dəłíɲə]
roseto (m)	trëndafil (m)	[trəndafíł]
rosa (f) canina	trëndafil i egër (m)	[trəndafíł i égər]

229. Funghi

fungo (m)	kërpudhë (f)	[kərpúðə]
fungo (m) commestibile	kërpudhë ushqyese (f)	[kərpúðə uʃcýɛsɛ]
fungo (m) velenoso	kërpudhë helmuese (f)	[kərpúðə hɛlmúɛsɛ]
cappello (m)	koka e kërpudhës (f)	[kóka ɛ kərpúðəs]
gambo (m)	bishti i kërpudhës (m)	[bíʃti i kərpúðəs]

porcino (m)	porcini (m)	[portsíni]
boleto (m) rufo	kërpudhë kapuç-verdhë (f)	[kərpúðə kapútʃ-vérðə]
porcinello (m)	porcinela (f)	[portsinéla]
gallinaccio (m)	shanterele (f)	[ʃantɛrélɛ]
rossola (f)	rusula (f)	[rúsula]

spugnola (f)	morele (f)	[morélɛ]
ovolaccio (m)	kësulkuqe (f)	[kəsulkúcɛ]
fungo (m) moscario	kërpudha e vdekjes (f)	[kərpúða ɛ vdékjɛs]

230. Frutti. Bacche

| frutto (m) | frut (m) | [frut] |
| frutti (m pl) | fruta (pl) | [frúta] |

mela (f)	mollë (f)	[mółə]
pera (f)	dardhë (f)	[dárðə]
prugna (f)	kumbull (f)	[kúmbuł]

fragola (f)	luleshtrydhe (f)	[lulɛʃtrýðɛ]
amarena (f)	qershi vishnje (f)	[cɛrʃí víʃɲɛ]
ciliegia (f)	qershi (f)	[cɛrʃí]
uva (f)	rrush (m)	[ruʃ]

lampone (m)	mjedër (f)	[mjédər]
ribes (m) nero	kaliboba e zezë (f)	[kalibóba ɛ zézə]
ribes (m) rosso	kaliboba e kuqe (f)	[kalibóba ɛ kúcɛ]
uva (f) spina	kulumbri (f)	[kulumbrí]

mirtillo (m) di palude	**boronica** (f)	[boronítsa]
arancia (f)	**portokall** (m)	[portokáł]
mandarino (m)	**mandarinë** (f)	[mandaríně]
ananas (m)	**ananas** (m)	[ananás]
banana (f)	**banane** (f)	[banánɛ]
dattero (m)	**hurmë** (f)	[húrmə]
limone (m)	**limon** (m)	[limón]
albicocca (f)	**kajsi** (f)	[kajsí]
pesca (f)	**pjeshkë** (f)	[pjéʃkə]
kiwi (m)	**kivi** (m)	[kívi]
pompelmo (m)	**grejpfrut** (m)	[grɛjpfrút]
bacca (f)	**manë** (f)	[mánə]
bacche (f pl)	**mana** (f)	[mána]
mirtillo (m) rosso	**boronicë mirtile** (f)	[boronítsə mirtílɛ]
fragola (f) di bosco	**luleshtrydhe e egër** (f)	[lulɛʃtrýðɛ ɛ égər]
mirtillo (m)	**boronicë** (f)	[boronítsə]

231. Fiori. Piante

fiore (m)	**lule** (f)	[lúlɛ]
mazzo (m) di fiori	**buqetë** (f)	[bucétə]
rosa (f)	**trëndafil** (m)	[trəndafíl]
tulipano (m)	**tulipan** (m)	[tulipán]
garofano (m)	**karafil** (m)	[karafíl]
gladiolo (m)	**gladiolë** (f)	[gladiólə]
fiordaliso (m)	**lule misri** (f)	[lúlɛ mísri]
campanella (f)	**lule këmborë** (f)	[lúlɛ kəmbórə]
soffione (m)	**luleradhiqe** (f)	[lulɛraðícɛ]
camomilla (f)	**kamomil** (m)	[kamomíl]
aloe (m)	**aloe** (f)	[alóɛ]
cactus (m)	**kaktus** (m)	[kaktús]
ficus (m)	**fikus** (m)	[fíkus]
giglio (m)	**zambak** (m)	[zambák]
geranio (m)	**barbarozë** (f)	[barbarózə]
giacinto (m)	**zymbyl** (m)	[zymbýl]
mimosa (f)	**mimoza** (f)	[mimóza]
narciso (m)	**narcis** (m)	[nartsís]
nasturzio (m)	**lule këmbore** (f)	[lúlɛ kəmbórɛ]
orchidea (f)	**orkide** (f)	[orkidé]
peonia (f)	**bozhure** (f)	[boʒúrɛ]
viola (f)	**vjollcë** (f)	[vjółtsə]
viola (f) del pensiero	**lule vjollca** (f)	[lúlɛ vjółtsa]
nontiscordardimé (m)	**mosmëharro** (f)	[mosməharó]
margherita (f)	**margaritë** (f)	[margarítə]
papavero (m)	**lulëkuqe** (f)	[luləkúcɛ]

canapa (f)	kërp (m)	[kérp]
menta (f)	mendër (f)	[méndər]

mughetto (m)	zambak i fushës (m)	[zambák i fúʃəs]
bucaneve (m)	luleborë (f)	[lulɛbórə]

ortica (f)	hithra (f)	[híθra]
acetosa (f)	lëpjeta (f)	[ləpjéta]
ninfea (f)	zambak uji (m)	[zambák új]
felce (f)	fier (m)	[fíɛr]
lichene (m)	likene (f)	[likénɛ]

serra (f)	serrë (f)	[sérə]
prato (m) erboso	lëndinë (f)	[ləndínə]
aiuola (f)	kënd lulishteje (m)	[kənd lulíʃtɛjɛ]

pianta (f)	bimë (f)	[bímə]
erba (f)	bar (m)	[bar]
filo (m) d'erba	fije bari (f)	[fíjɛ bári]

foglia (f)	gjeth (m)	[ɟɛθ]
petalo (m)	petale (f)	[pɛtálɛ]
stelo (m)	bisht (m)	[biʃt]
tubero (m)	zhardhok (m)	[ʒarðók]

germoglio (m)	filiz (m)	[filíz]
spina (f)	gjemb (m)	[ɟémb]

fiorire (vi)	lulëzoj	[luləzój]
appassire (vi)	vyshket	[výʃkɛt]
odore (m), profumo (m)	aromë (f)	[arómə]
tagliare (~ i fiori)	pres lulet	[prɛs lúlɛt]
cogliere (vt)	mbledh lule	[mbléð lúlɛ]

232. Cereali, granaglie

grano (m)	drithë (m)	[dríθə]
cereali (m pl)	drithëra (pl)	[dríθəra]
spiga (f)	kaush (m)	[kaúʃ]

frumento (m)	grurë (f)	[grúrə]
segale (f)	thekër (f)	[θékər]
avena (f)	tërshërë (f)	[tərʃérə]
miglio (m)	mel (m)	[mɛl]
orzo (m)	elb (m)	[ɛlb]
mais (m)	misër (m)	[mísər]
riso (m)	oriz (m)	[oríz]
grano (m) saraceno	hikërr (m)	[híkər]

pisello (m)	bizele (f)	[bizélɛ]
fagiolo (m)	groshë (f)	[gróʃə]
soia (f)	sojë (f)	[sójə]
lenticchie (f pl)	thjerrëz (f)	[θjérəz]
fave (f pl)	fasule (f)	[fasúlɛ]

233. Ortaggi. Verdure

| ortaggi (m pl) | perime (pl) | [pɛrímɛ] |
| verdura (f) | zarzavate (pl) | [zarzavátɛ] |

pomodoro (m)	domate (f)	[domátɛ]
cetriolo (m)	kastravec (m)	[kastravéts]
carota (f)	karotë (f)	[karótə]
patata (f)	patate (f)	[patátɛ]
cipolla (f)	qepë (f)	[cépə]
aglio (m)	hudhër (f)	[húðər]

cavolo (m)	lakër (f)	[lákər]
cavolfiore (m)	lulelakër (f)	[lulɛlákər]
cavoletti (m pl) di Bruxelles	lakër Brukseli (f)	[lákər brukséli]
broccolo (m)	brokoli (m)	[brókoli]

barbabietola (f)	panxhar (m)	[pandʒár]
melanzana (f)	patëllxhan (m)	[patəłdʒán]
zucchina (f)	kungulleshë (m)	[kuɲułéʃə]
zucca (f)	kungull (m)	[kúɲuł]
rapa (f)	rrepë (f)	[répə]

prezzemolo (m)	majdanoz (m)	[majdanóz]
aneto (m)	kopër (f)	[kópər]
lattuga (f)	sallatë jeshile (f)	[sałátə jɛʃílɛ]
sedano (m)	selino (f)	[sɛlíno]
asparago (m)	asparagus (m)	[asparágus]
spinaci (m pl)	spinaq (m)	[spinác]

pisello (m)	bizele (f)	[bizélɛ]
fave (f pl)	fasule (f)	[fasúlɛ]
mais (m)	misër (m)	[mísər]
fagiolo (m)	groshë (f)	[gróʃə]

peperone (m)	spec (m)	[spɛts]
ravanello (m)	rrepkë (f)	[répkə]
carciofo (m)	angjinare (f)	[aɲinárɛ]

GEOGRAFIA REGIONALE

Paesi. Nazionalità

234. Europa occidentale

Europa (f)	Evropa (f)	[εvrópa]
Unione (f) Europea	Bashkimi Evropian (m)	[baʃkími εvropián]
europeo (m)	Evropian (m)	[εvropián]
europeo (agg)	evropian	[εvropián]
Austria (f)	Austri (f)	[austrí]
austriaco (m)	Austriak (m)	[austriák]
austriaca (f)	Austriake (f)	[austriákε]
austriaco (agg)	austriak	[austriák]
Gran Bretagna (f)	Britani e Madhe (f)	[brítani ε máðε]
Inghilterra (f)	Angli (f)	[aŋlí]
britannico (m), inglese (m)	Britanik (m)	[britaník]
britannica (f), inglese (f)	Britanike (f)	[britaníkε]
inglese (agg)	anglez	[aŋléz]
Belgio (m)	Belgjikë (f)	[bεlɟíkə]
belga (m)	Belg (m)	[bεlg]
belga (f)	Belge (f)	[bélgε]
belga (agg)	belg	[bεlg]
Germania (f)	Gjermani (f)	[ɟεrmaní]
tedesco (m)	Gjerman (m)	[ɟεrmán]
tedesca (f)	Gjermane (f)	[ɟεrmánε]
tedesco (agg)	gjerman	[ɟεrmán]
Paesi Bassi (m pl)	Holandë (f)	[holándə]
Olanda (f)	Holandë (f)	[holándə]
olandese (m)	Holandez (m)	[holandéz]
olandese (f)	Holandeze (f)	[holandézε]
olandese (agg)	holandez	[holandéz]
Grecia (f)	Greqi (f)	[grεcí]
greco (m)	Grek (m)	[grεk]
greca (f)	Greke (f)	[grékε]
greco (agg)	grek	[grεk]
Danimarca (f)	Danimarkë (f)	[danimárkə]
danese (m)	Danez (m)	[danéz]
danese (f)	Daneze (f)	[danézε]
danese (agg)	danez	[danéz]
Irlanda (f)	Irlandë (f)	[irlándə]
irlandese (m)	Irlandez (m)	[irlandéz]

| irlandese (f) | Irlandeze (f) | [irlandézɛ] |
| irlandese (agg) | irlandez | [irlandéz] |

Islanda (f)	Islandë (f)	[islándə]
islandese (m)	Islandez (m)	[islandéz]
islandese (f)	Islandeze (f)	[islandézɛ]
islandese (agg)	islandez	[islandéz]

Spagna (f)	Spanjë (f)	[spáɲə]
spagnolo (m)	Spanjoll (m)	[spaɲół]
spagnola (f)	Spanjolle (f)	[spaɲółɛ]
spagnolo (agg)	spanjoll	[spaɲół]

Italia (f)	Itali (f)	[italí]
italiano (m)	Italian (m)	[italián]
italiana (f)	Italiane (f)	[italiánɛ]
italiano (agg)	italian	[italián]

Cipro (m)	Qipro (f)	[cípro]
cipriota (m)	Qipriot (m)	[cipriót]
cipriota (f)	Qipriote (f)	[cipriótɛ]
cipriota (agg)	qipriot	[cipriót]

Malta (f)	Maltë (f)	[máltə]
maltese (m)	Maltez (m)	[maltéz]
maltese (f)	Malteze (f)	[maltézɛ]
maltese (agg)	maltez	[maltéz]

Norvegia (f)	Norvegji (f)	[norvɛɟí]
norvegese (m)	Norvegjez (m)	[norvɛɟéz]
norvegese (f)	Norvegjeze (f)	[norvɛɟézɛ]
norvegese (agg)	norvegjez	[norvɛɟéz]

Portogallo (f)	Portugali (f)	[portugalí]
portoghese (m)	Portugez (m)	[portugéz]
portoghese (f)	Portugeze (f)	[portugézɛ]
portoghese (agg)	portugez	[portugéz]

Finlandia (f)	Finlandë (f)	[finlándə]
finlandese (m)	Finlandez (m)	[finlandéz]
finlandese (f)	Finlandeze (f)	[finlandézɛ]
finlandese (agg)	finlandez	[finlandéz]

Francia (f)	Francë (f)	[frántsə]
francese (m)	Francez (m)	[frantséz]
francese (f)	Franceze (f)	[frantsézɛ]
francese (agg)	francez	[frantséz]

Svezia (f)	Suedi (f)	[suɛdí]
svedese (m)	Suedez (m)	[suɛdéz]
svedese (f)	Suedeze (f)	[suɛdézɛ]
svedese (agg)	suedez	[suɛdéz]

Svizzera (f)	Zvicër (f)	[zvítsər]
svizzero (m)	Zviceran (m)	[zvitsɛrán]
svizzera (f)	Zvicerane (f)	[zvitsɛránɛ]

svizzero (agg)   zviceran   [zvitsɛrán]
Scozia (f)   Skoci (f)   [skotsí]
scozzese (m)   Skocez (m)   [skotséz]
scozzese (f)   Skoceze (f)   [skotsézɛ]
scozzese (agg)   skocez   [skotséz]

Vaticano (m)   Vatikan (m)   [vatikán]
Liechtenstein (m)   Lichtenstein (m)   [litshtɛnstéin]
Lussemburgo (m)   Luksemburg (m)   [luksɛmbúrg]
Monaco (m)   Monako (f)   [monáko]

235. Europa centrale e orientale

Albania (f)   Shqipëri (f)   [ʃcipərí]
albanese (m)   Shqiptar (m)   [ʃciptár]
albanese (f)   Shqiptare (f)   [ʃciptárɛ]
albanese (agg)   shqiptar   [ʃciptár]

Bulgaria (f)   Bullgari (f)   [buɫgarí]
bulgaro (m)   Bullgar (m)   [buɫgár]
bulgara (f)   Bullgare (f)   [buɫgárɛ]
bulgaro (agg)   bullgar   [buɫgár]

Ungheria (f)   Hungari (f)   [huŋarí]
ungherese (m)   Hungarez (m)   [huŋaréz]
ungherese (f)   Hungareze (f)   [huŋarézɛ]
ungherese (agg)   hungarez   [huŋaréz]

Lettonia (f)   Letoni (f)   [lɛtoní]
lettone (m)   Letonez (m)   [lɛtonéz]
lettone (f)   Letoneze (f)   [lɛtonézɛ]
lettone (agg)   letonez   [lɛtonéz]

Lituania (f)   Lituani (f)   [lituaní]
lituano (m)   Lituanez (m)   [lituanéz]
lituana (f)   Lituaneze (f)   [lituanézɛ]
lituano (agg)   lituanez   [lituanéz]

Polonia (f)   Poloni (f)   [poloní]
polacco (m)   Polak (m)   [polák]
polacca (f)   Polake (f)   [polákɛ]
polacco (agg)   polak   [polák]

Romania (f)   Rumani (f)   [rumaní]
rumeno (m)   Rumun (m)   [rumún]
rumena (f)   Rumune (f)   [rumúnɛ]
rumeno (agg)   rumun   [rumún]

Serbia (f)   Serbi (f)   [sɛrbí]
serbo (m)   Serb (m)   [sɛrb]
serba (f)   Serbe (f)   [sérbɛ]
serbo (agg)   serb   [sɛrb]
Slovacchia (f)   Sllovaki (f)   [sɫovakí]
slovacco (m)   Sllovak (m)   [sɫovák]

slovacca (f)	Sllovake (f)	[słováke]
slovacco (agg)	sllovak	[słovák]

Croazia (f)	Kroaci (f)	[kroatsí]
croato (m)	Kroat (m)	[kroát]
croata (f)	Kroate (f)	[kroáte]
croato (agg)	kroat	[kroát]

Repubblica (f) Ceca	Republika Çeke (f)	[rɛpublíka tʃékɛ]
ceco (m)	Çek (m)	[tʃɛk]
ceca (f)	Çeke (f)	[tʃékɛ]
ceco (agg)	çek	[tʃɛk]

Estonia (f)	Estoni (f)	[ɛstoní]
estone (m)	Estonez (m)	[ɛstonéz]
estone (f)	Estoneze (f)	[ɛstonézɛ]
estone (agg)	estonez	[ɛstonéz]

Bosnia-Erzegovina (f)	Bosnje Herzegovina (f)	[bósɲɛ hɛrzɛgovína]
Macedonia (f)	Maqedonia (f)	[macɛdonía]
Slovenia (f)	Sllovenia (f)	[słovɛnía]
Montenegro (m)	Mali i Zi (m)	[máli i zí]

236. Paesi dell'ex Unione Sovietica

Azerbaigian (m)	Azerbajxhan (m)	[azɛrbajdʒán]
azerbaigiano (m)	Azerbajxhanas (m)	[azɛrbajdʒánas]
azerbaigiana (f)	Azerbajxhanase (f)	[azɛrbajdʒánasɛ]
azerbaigiano (agg)	azerbajxhanas	[azɛrbajdʒánas]

Armenia (f)	Armeni (f)	[armɛní]
armeno (m)	Armen (m)	[armén]
armena (f)	Armene (f)	[arménɛ]
armeno (agg)	armen	[armén]

Bielorussia (f)	Bjellorusi (f)	[bjɛłorusí]
bielorusso (m)	Bjellorus (m)	[bjɛłorús]
bielorussa (f)	Bjelloruse (f)	[bjɛłorúsɛ]
bielorusso (agg)	bjellorus	[bjɛłorús]

Georgia (f)	Gjeorgji (f)	[ɟeoɾɟí]
georgiano (m)	Gjeorgjian (m)	[ɟeoɾɟián]
georgiana (f)	Gjeorgjiane (f)	[ɟeoɾɟiánɛ]
georgiano (agg)	gjeorgjian	[ɟeoɾɟián]

Kazakistan (m)	Kazakistan (m)	[kazakistán]
kazaco (m)	Kazakistanez (m)	[kazakistanéz]
kazaca (f)	Kazakistaneze (f)	[kazakistanézɛ]
kazaco (agg)	kazakistanez	[kazakistanéz]

Kirghizistan (m)	Kirgistan (m)	[kirgistán]
kirghiso (m)	Kirgistanez (m)	[kirgistanéz]
kirghisa (f)	Kirgistaneze (f)	[kirgistanézɛ]
kirghiso (agg)	kirgistanez	[kirgistanéz]

Moldavia (f)	Moldavi (f)	[moldaví]
moldavo (m)	Moldav (m)	[moldáv]
moldava (f)	Moldave (f)	[moldávɛ]
moldavo (agg)	moldav	[moldáv]

Russia (f)	Rusi (f)	[rusí]
russo (m)	Rus (m)	[rus]
russa (f)	Ruse (f)	[rúsɛ]
russo (agg)	rus	[rus]

Tagikistan (m)	Taxhikistan (m)	[tadʒikistán]
tagico (m)	Taxhikistanez (m)	[tadʒikistanéz]
tagica (f)	Taxhikistaneze (f)	[tadʒikistanézɛ]
tagico (agg)	taxhikistanez	[tadʒikistanéz]

Turkmenistan (m)	Turkmenistan (m)	[turkmɛnistán]
turkmeno (m)	Turkmen (m)	[turkmén]
turkmena (f)	Turkmene (f)	[turkménɛ]
turkmeno (agg)	Turkmen	[turkmén]

Uzbekistan (m)	Uzbekistan (m)	[uzbɛkistán]
usbeco (m)	Uzbek (m)	[uzbék]
usbeca (f)	Uzbeke (f)	[uzbékɛ]
usbeco (agg)	uzbek	[uzbék]

Ucraina (f)	Ukrainë (f)	[ukraínə]
ucraino (m)	Ukrainas (m)	[ukraínas]
ucraina (f)	Ukrainase (f)	[ukraínasɛ]
ucraino (agg)	ukrainas	[ukraínas]

237. Asia

Asia (f)	Azia (f)	[azía]
asiatico (agg)	Aziatik	[aziatík]

Vietnam (m)	Vietnam (m)	[viɛtnám]
vietnamita (m)	Vietnamez (m)	[viɛtnaméz]
vietnamita (f)	Vietnameze (f)	[viɛtnamézɛ]
vietnamita (agg)	vietnamez	[viɛtnaméz]

India (f)	Indi (f)	[indí]
indiano (m)	Indian (m)	[indián]
indiana (f)	Indiane (f)	[indiánɛ]
indiano (agg)	indian	[indián]

Israele (m)	Izrael (m)	[izraél]
israeliano (m)	Izaelit (m)	[izaɛlít]
israeliana (f)	Izraelite (f)	[izraɛlítɛ]
israeliano (agg)	izraelit	[izraɛlít]

ebreo (m)	hebre (m)	[hɛbré]
ebrea (f)	hebre (f)	[hɛbré]
ebraico (agg)	hebraike	[hɛbraíkɛ]
Cina (f)	Kinë (f)	[kínə]

cinese (m)	Kinez (m)	[kinéz]
cinese (f)	Kineze (f)	[kinézɛ]
cinese (agg)	kinez	[kinéz]

coreano (m)	Korean (m)	[korɛán]
coreana (f)	Koreane (f)	[korɛánɛ]
coreano (agg)	korean	[korɛán]

Libano (m)	Liban (m)	[libán]
libanese (m)	Libanez (m)	[libanéz]
libanese (f)	Libaneze (f)	[libanézɛ]
libanese (agg)	libanez	[libanéz]

Mongolia (f)	Mongoli (f)	[moŋolí]
mongolo (m)	Mongol (m)	[moŋól]
mongola (f)	Mongole (f)	[moŋólɛ]
mongolo (agg)	mongol	[moŋól]

Malesia (f)	Malajzi (f)	[malajzí]
malese (m)	Malajzian (m)	[malajzián]
malese (f)	Malajziane (f)	[malajziánɛ]
malese (agg)	malajzian	[malajzián]

Pakistan (m)	Pakistan (m)	[pakistán]
pakistano (m)	Pakistanez (m)	[pakistanéz]
pakistana (f)	Pakistaneze (f)	[pakistanézɛ]
pakistano (agg)	pakistanez	[pakistanéz]

Arabia Saudita (f)	Arabia Saudite (f)	[arabía saudítɛ]
arabo (m), saudita (m)	Arab (m)	[aráb]
araba (f), saudita (f)	Arabe (f)	[arábɛ]
arabo (agg)	arabik	[arabík]

Tailandia (f)	Tajlandë (f)	[tajlándə]
tailandese (m)	Tajlandez (m)	[tajlandéz]
tailandese (f)	Tajlandeze (f)	[tajlandézɛ]
tailandese (agg)	tajlandez	[tajlandéz]

Taiwan (m)	Tajvan (m)	[tajván]
taiwanese (m)	Tajvanez (m)	[tajvanéz]
taiwanese (f)	Tajvaneze (f)	[tajvanézɛ]
taiwanese (agg)	tajvanez	[tajvanéz]

Turchia (f)	Turqi (f)	[turcí]
turco (m)	Turk (m)	[turk]
turca (f)	Turke (f)	[túrkɛ]
turco (agg)	turk	[turk]

Giappone (m)	Japoni (f)	[japoní]
giapponese (m)	Japonez (m)	[japonéz]
giapponese (f)	Japoneze (f)	[japonézɛ]
giapponese (agg)	japonez	[japonéz]

Afghanistan (m)	Afganistan (m)	[afganistán]
Bangladesh (m)	Bangladesh (m)	[baŋladéʃ]
Indonesia (f)	Indonezi (f)	[indonɛzí]

Giordania (f)	Jordani (f)	[jordaní]
Iraq (m)	Irak (m)	[irak]
Iran (m)	Iran (m)	[irán]
Cambogia (f)	Kamboxhia (f)	[kambódʒia]
Kuwait (m)	Kuvajt (m)	[kuvájt]

Laos (m)	Laos (m)	[láos]
Birmania (f)	Mianmar (m)	[mianmár]
Nepal (m)	Nepal (m)	[nɛpál]
Emirati (m pl) Arabi	Emiratet e Bashkuara Arabe (pl)	[ɛmirátɛt ɛ baʃkúara arábɛ]

Siria (f)	Siri (f)	[sirí]
Palestina (f)	Palestinë (f)	[palɛstínə]
Corea (f) del Sud	Korea e Jugut (f)	[koréa ɛ júgut]
Corea (f) del Nord	Korea e Veriut (f)	[koréa ɛ vériut]

238. America del Nord

Stati (m pl) Uniti d'America	Shtetet e Bashkuara të Amerikës	[ʃtétɛt ɛ baʃkúara tə amɛríkəs]
americano (m)	Amerikan (m)	[amɛrikán]
americana (f)	Amerikane (f)	[amɛrikánɛ]
americano (agg)	amerikan	[amɛrikán]

Canada (m)	Kanada (f)	[kanadá]
canadese (m)	Kanadez (m)	[kanadéz]
canadese (f)	Kanadeze (f)	[kanadézɛ]
canadese (agg)	kanadez	[kanadéz]

Messico (m)	Meksikë (f)	[mɛksíkə]
messicano (m)	Meksikan (m)	[mɛksikán]
messicana (f)	Meksikane (f)	[mɛksikánɛ]
messicano (agg)	meksikan	[mɛksikán]

239. America centrale e America del Sud

Argentina (f)	Argjentinë (f)	[arɟɛntínə]
argentino (m)	Argjentinas (m)	[arɟɛntínas]
argentina (f)	Argjentinase (f)	[arɟɛntínasɛ]
argentino (agg)	argjentinas	[arɟɛntínas]

Brasile (m)	Brazil (m)	[brazíl]
brasiliano (m)	Brazilian (m)	[brazilián]
brasiliana (f)	Braziliane (f)	[braziliánɛ]
brasiliano (agg)	brazilian	[brazilián]

Colombia (f)	Kolumbi (f)	[kolumbí]
colombiano (m)	Kolumbian (m)	[kolumbián]
colombiana (f)	Kolumbiane (f)	[kolumbiánɛ]
colombiano (agg)	kolumbian	[kolumbián]
Cuba (f)	Kuba (f)	[kúba]

cubano (m)	**Kuban** (m)	[kubán]
cubana (f)	**Kubane** (f)	[kubánɛ]
cubano (agg)	**kuban**	[kubán]

Cile (m)	**Kili** (m)	[kíli]
cileno (m)	**Kilian** (m)	[kilián]
cilena (f)	**Kiliane** (f)	[kiliánɛ]
cileno (agg)	**kilian**	[kilián]

Bolivia (f)	**Bolivi** (f)	[bolivÍ]
Venezuela (f)	**Venezuelë** (f)	[vɛnɛzuélə]
Paraguay (m)	**Paraguai** (m)	[paraguái]
Perù (m)	**Peru** (f)	[pɛrú]
Suriname (m)	**Surinam** (m)	[surinám]
Uruguay (m)	**Uruguai** (m)	[uruguái]
Ecuador (m)	**Ekuador** (m)	[ɛkuadór]

Le Bahamas	**Bahamas** (m)	[bahámas]
Haiti (m)	**Haiti** (m)	[haíti]
Repubblica (f) Dominicana	**Republika Dominikane** (f)	[rɛpublíka dominikánɛ]
Panama (m)	**Panama** (f)	[panamá]
Giamaica (f)	**Xhamajka** (f)	[dʒamájka]

240. Africa

Egitto (m)	**Egjipt** (m)	[ɛʝípt]
egiziano (m)	**Egjiptian** (m)	[ɛʝiptián]
egiziana (f)	**Egjiptiane** (f)	[ɛʝiptiánɛ]
egiziano (agg)	**egjiptian**	[ɛʝiptián]

Marocco (m)	**Marok** (m)	[marók]
marocchino (m)	**Maroken** (m)	[marokén]
marocchina (f)	**Marokene** (f)	[marokénɛ]
marocchino (agg)	**maroken**	[marokén]

Tunisia (f)	**Tunizi** (f)	[tunizÍ]
tunisino (m)	**Tunizian** (m)	[tunizián]
tunisina (f)	**Tuniziane** (f)	[tuniziánɛ]
tunisino (agg)	**tunizian**	[tunizián]

Ghana (m)	**Gana** (f)	[gána]
Zanzibar	**Zanzibar** (m)	[zanzibár]
Kenya (m)	**Kenia** (f)	[kénia]
Libia (f)	**Libia** (f)	[libía]
Madagascar (m)	**Madagaskar** (m)	[madagaskár]

Namibia (f)	**Namibia** (f)	[namíbia]
Senegal (m)	**Senegal** (m)	[sɛnɛgál]
Tanzania (f)	**Tanzani** (f)	[tanzanÍ]
Repubblica (f) Sudafricana	**Afrika e Jugut** (f)	[afríka ɛ júgut]

africano (m)	**Afrikan** (m)	[afrikán]
africana (f)	**Afrikane** (f)	[afrikánɛ]
africano (agg)	**Afrikan**	[afrikán]

241. Australia. Oceania

Australia (f)	Australia (f)	[australía]
australiano (m)	Australian (m)	[australián]
australiana (f)	Australiane (f)	[australiánɛ]
australiano (agg)	australian	[australián]
Nuova Zelanda (f)	Zelandë e Re (f)	[zɛlándə ɛ ré]
neozelandese (m)	Zelandez (m)	[zɛlandéz]
neozelandese (f)	Zelandeze (f)	[zɛlandézɛ]
neozelandese (agg)	zelandez	[zɛlandéz]
Tasmania (f)	Tasmani (f)	[tasmaní]
Polinesia (f) Francese	Polinezia Franceze (f)	[polinɛzía frantsézɛ]

242. Città

L'Aia	Hagë (f)	[hágə]
Amburgo	Hamburg (m)	[hambúrg]
Amsterdam	Amsterdam (m)	[amstɛrdám]
Ankara	Ankara (f)	[ankará]
Atene	Athinë (f)	[aθínə]
L'Avana	Havana (f)	[havána]
Baghdad	Bagdad (m)	[bagdád]
Bangkok	Bangkok (m)	[baŋkók]
Barcellona	Barcelonë (f)	[bartsɛlónə]
Beirut	Bejrut (m)	[bɛjrút]
Berlino	Berlin (m)	[bɛrlín]
Bombay, Mumbai	Mumbai (m)	[mumbái]
Bonn	Bon (m)	[bon]
Bordeaux	Bordo (f)	[bordó]
Bratislava	Bratislavë (f)	[bratislávə]
Bruxelles	Bruksel (m)	[bruksél]
Bucarest	Bukuresht (m)	[bukuréʃt]
Budapest	Budapest (m)	[budapést]
Il Cairo	Kajro (f)	[kájro]
Calcutta	Kalkutë (f)	[kalkútə]
Chicago	Çikago (f)	[tʃikágo]
Città del Messico	Meksiko Siti (m)	[méksiko síti]
Copenaghen	Kopenhagen (m)	[kopɛnhágɛn]
Dar es Salaam	Dar es Salam (m)	[dar ɛs salám]
Delhi	Delhi (f)	[délhi]
Dubai	Dubai (m)	[dubái]
Dublino	Dublin (m)	[dúblin]
Düsseldorf	Dyseldorf (m)	[dysɛldórf]
Firenze	Firence (f)	[firéntsɛ]
Francoforte	Frankfurt (m)	[frankfúrt]
Gerusalemme	Jerusalem (m)	[jɛrusalém]

Ginevra	Gjenevë (f)	[ɟɛnévə]
Hanoi	Hanoi (m)	[hanói]
Helsinki	Helsinki (m)	[hɛlsínki]
Hiroshima	Hiroshimë (f)	[hiroʃímə]
Hong Kong	Hong Kong (m)	[hoŋ kóŋ]
Istanbul	Stamboll (m)	[stambóɫ]
Kiev	Kiev (m)	[kíɛv]
Kuala Lumpur	Kuala Lumpur (m)	[kuála lumpúr]

Lione	Lion (m)	[lión]
Lisbona	Lisbonë (f)	[lisbónə]
Londra	Londër (f)	[lóndər]
Los Angeles	Los Anxhelos (m)	[lós andʒɛlós]

Madrid	Madrid (m)	[madríd]
Marsiglia	Marsejë (f)	[marséjə]
Miami	Majami (m)	[majámi]
Monaco di Baviera	Munih (m)	[muníh]
Montreal	Montreal (m)	[montrɛál]
Mosca	Moskë (f)	[móskə]

Nairobi	Najrobi (m)	[najróbi]
Napoli	Napoli (m)	[nápoli]
New York	Nju Jork (m)	[ɲu jork]
Nizza	Nisë (m)	[nísə]

Oslo	oslo (f)	[óslo]
Ottawa	Otava (f)	[otáva]
Parigi	Paris (m)	[parís]
Pechino	Pekin (m)	[pɛkín]
Praga	Pragë (f)	[prágə]
Rio de Janeiro	Rio de Zhaneiro (m)	[río dɛ ʒanéiro]
Roma	Romë (f)	[rómə]

San Pietroburgo	Shën Petersburg (m)	[ʃən pɛtɛrsbúrg]
Seoul	Seul (m)	[sɛúl]
Shanghai	Shangai (m)	[ʃaŋái]
Sidney	Sidney (m)	[sidnéy]
Singapore	Singapor (m)	[siŋapór]
Stoccolma	Stokholm (m)	[stokhólm]

Taipei	Taipei (m)	[taipéi]
Tokio	Tokio (f)	[tókio]
Toronto	Toronto (f)	[torónto]

Varsavia	Varshavë (f)	[varʃávə]
Venezia	Venecia (f)	[vɛnétsia]
Vienna	Vjenë (f)	[vjénə]
Washington	Uashington (m)	[vaʃiŋtón]

243. Politica. Governo. Parte 1

| politica (f) | politikë (f) | [politíkə] |
| politico (agg) | politike | [politíkɛ] |

politico (m)	politikan (m)	[politikán]
stato (m) (nazione, paese)	shtet (m)	[ʃtɛt]
cittadino (m)	nënshtetas (m)	[nənʃtétas]
cittadinanza (f)	nënshtetësi (f)	[nənʃtɛtəsí]

| emblema (m) nazionale | simbol kombëtar (m) | [simból kombətár] |
| inno (m) nazionale | himni kombëtar (m) | [hímni kombətár] |

governo (m)	qeveri (f)	[cɛvɛrí]
capo (m) di Stato	kreu i shtetit (m)	[kréu i ʃtétit]
parlamento (m)	parlament (m)	[parlamént]
partito (m)	parti (f)	[partí]

| capitalismo (m) | kapitalizëm (m) | [kapitalízəm] |
| capitalistico (agg) | kapitalist | [kapitalíst] |

| socialismo (m) | socializëm (m) | [sotsialízəm] |
| socialista (agg) | socialist | [sotsialíst] |

comunismo (m)	komunizëm (m)	[komunízəm]
comunista (agg)	komunist	[komuníst]
comunista (m)	komunist (m)	[komuníst]

democrazia (f)	demokraci (f)	[dɛmokratsí]
democratico (m)	demokrat (m)	[dɛmokrát]
democratico (agg)	demokratik	[dɛmokratík]
partito (m) democratico	parti demokratike (f)	[partí dɛmokratíkɛ]

| liberale (m) | liberal (m) | [libɛrál] |
| liberale (agg) | liberal | [libɛrál] |

| conservatore (m) | konservativ (m) | [konsɛrvatív] |
| conservatore (agg) | konservativ | [konsɛrvatív] |

repubblica (f)	republikë (f)	[rɛpublíkə]
repubblicano (m)	republikan (m)	[rɛpublikán]
partito (m) repubblicano	parti republikane (f)	[partí rɛpublikánɛ]

elezioni (f pl)	zgjedhje (f)	[zɟéðjɛ]
eleggere (vt)	zgjedh	[zɟɛð]
elettore (m)	zgjedhës (m)	[zɟéðəs]
campagna (f) elettorale	fushatë zgjedhore (f)	[fuʃátə zɟɛðórɛ]

votazione (f)	votim (m)	[votím]
votare (vi)	votoj	[votój]
diritto (m) di voto	e drejta e votës (f)	[ɛ dréjta ɛ vótəs]

candidato (m)	kandidat (m)	[kandidát]
candidarsi (vr)	jam kandidat	[jam kandidát]
campagna (f)	fushatë (f)	[fuʃátə]

| d'opposizione (agg) | opozitar | [opozitár] |
| opposizione (f) | opozitë (f) | [opozítə] |

| visita (f) | vizitë (f) | [vizítə] |
| visita (f) ufficiale | vizitë zyrtare (f) | [vizítə zyrtárɛ] |

internazionale (agg)	ndërkombëtar	[ndərkombətár]
trattative (f pl)	negociata (f)	[nɛgotsiáta]
negoziare (vi)	negocioj	[nɛgotsiój]

244. Politica. Governo. Parte 2

società (f)	shoqëri (f)	[ʃocərí]
costituzione (f)	kushtetutë (f)	[kuʃtɛtútə]
potere (m) (~ politico)	pushtet (m)	[puʃtét]
corruzione (f)	korrupsion (m)	[korupsión]

| legge (f) | ligj (m) | [liɟ] |
| legittimo (agg) | ligjor | [liɟór] |

| giustizia (f) | drejtësi (f) | [drɛjtəsí] |
| giusto (imparziale) | e drejtë | [ɛ dréjtə] |

comitato (m)	komitet (m)	[komitét]
disegno (m) di legge	projektligj (m)	[projɛktlíɟ]
bilancio (m)	buxhet (m)	[budʒét]
politica (f)	politikë (f)	[politíkə]
riforma (f)	reformë (f)	[rɛfórmə]
radicale (agg)	radikal	[radikál]

forza (f) (potenza)	fuqi (f)	[fucí]
potente (agg)	i fuqishëm	[i fucíʃəm]
sostenitore (m)	mbështetës (m)	[mbəʃtétəs]
influenza (f)	ndikim (m)	[ndikím]

regime (m) (~ militare)	regjim (m)	[rɛɟím]
conflitto (m)	konflikt (m)	[konflíkt]
complotto (m)	komplot (m)	[komplót]
provocazione (f)	provokim (m)	[provokím]

rovesciare (~ un regime)	rrëzoj	[rəzój]
rovesciamento (m)	rrëzim (m)	[rəzím]
rivoluzione (f)	revolucion (m)	[rɛvolutsión]

| colpo (m) di Stato | grusht shteti (m) | [grúʃt ʃtéti] |
| golpe (m) militare | puç ushtarak (m) | [putʃ uʃtarák] |

crisi (f)	krizë (f)	[krízə]
recessione (f) economica	recesion ekonomik (m)	[rɛtsɛsión ɛkonomík]
manifestante (m)	protestues (m)	[protɛstúɛs]
manifestazione (f)	protestë (f)	[protéstə]
legge (f) marziale	ligj ushtarak (m)	[liɟ uʃtarák]
base (f) militare	bazë ushtarake (f)	[bázə uʃtarákɛ]

| stabilità (f) | stabilitet (m) | [stabilitét] |
| stabile (agg) | stabil | [stabíl] |

sfruttamento (m)	shfrytëzim (m)	[ʃfrytəzím]
sfruttare (~ i lavoratori)	shfrytëzoj	[ʃfrytəzój]
razzismo (m)	racizëm (m)	[ratsízəm]

razzista (m)	racist (m)	[ratsíst]
fascismo (m)	fashizëm (m)	[faʃízəm]
fascista (m)	fashist (m)	[faʃíst]

245. Paesi. Varie

straniero (m)	i huaj (m)	[i húaj]
straniero (agg)	huaj	[húaj]
all'estero	jashtë shteti	[jáʃtə ʃtéti]

emigrato (m)	emigrant (m)	[ɛmigránt]
emigrazione (f)	emigracion (m)	[ɛmigratsión]
emigrare (vi)	emigroj	[ɛmigrój]

Ovest (m)	Perëndimi (m)	[pɛrəndími]
Est (m)	Lindja (f)	[líndja]
Estremo Oriente (m)	Lindja e Largët (f)	[líndja ɛ lárgət]
civiltà (f)	civilizim (m)	[tsivilizím]
umanità (f)	njerëzia (f)	[ɲɛrəzía]
mondo (m)	bota (f)	[bóta]
pace (f)	paqe (f)	[pácɛ]
mondiale (agg)	botëror	[botərór]

patria (f)	atdhe (f)	[atðé]
popolo (m)	njerëz (m)	[ɲérəz]
popolazione (f)	popullsi (f)	[popuɫsí]
gente (f)	njerëz (m)	[ɲérəz]
nazione (f)	komb (m)	[komb]
generazione (f)	brez (m)	[brɛz]
territorio (m)	zonë (f)	[zónə]
regione (f)	rajon (m)	[rajón]
stato (m)	shtet (m)	[ʃtɛt]

tradizione (f)	traditë (f)	[tradítə]
costume (m)	zakon (m)	[zakón]
ecologia (f)	ekologjia (f)	[ɛkoloɟía]

indiano (m)	Indian të Amerikës (m)	[indián tə amɛríkəs]
zingaro (m)	jevg (m)	[jɛvg]
zingara (f)	jevge (f)	[jévgɛ]
di zingaro	jevg	[jɛvg]

impero (m)	perandori (f)	[pɛrandorí]
colonia (f)	koloni (f)	[koloní]
schiavitù (f)	skllevëri (m)	[skɫɛvərí]
invasione (f)	pushtim (m)	[puʃtím]
carestia (f)	uria (f)	[uría]

246. Principali gruppi religiosi. Credi religiosi

| religione (f) | religjion (m) | [rɛliɟión] |
| religioso (agg) | religjioz | [rɛliɟióz] |

fede (f)	fe, besim (m)	[fé], [bɛsím]
credere (vi)	besoj	[bɛsój]
credente (m)	besimtar (m)	[bɛsimtár]

ateismo (m)	ateizëm (m)	[atɛízəm]
ateo (m)	ateist (m)	[atɛíst]

cristianesimo (m)	Krishterimi (m)	[kriʃtɛrími]
cristiano (m)	i krishterë (m)	[i kriʃtérə]
cristiano (agg)	krishterë	[kriʃtérə]

cattolicesimo (m)	Katolicizëm (m)	[katolitsízəm]
cattolico (m)	Katolik (m)	[katolík]
cattolico (agg)	katolik	[katolík]

Protestantesimo (m)	Protestantizëm (m)	[protɛstantízəm]
Chiesa (f) protestante	Kishë Protestante (f)	[kíʃə protɛstántɛ]
protestante (m)	Protestant (m)	[protɛstánt]

Ortodossia (f)	Ortodoksia (f)	[ortodoksía]
Chiesa (f) ortodossa	Kishë Ortodokse (f)	[kíʃə ortodóksɛ]
ortodosso (m)	Ortodoks (m)	[ortodóks]

Presbiterianesimo (m)	Presbiterian (m)	[prɛsbitɛrián]
Chiesa (f) presbiteriana	Kishë Presbiteriane (f)	[kíʃə prɛsbitɛriánɛ]
presbiteriano (m)	Presbiterian (m)	[prɛsbitɛrián]

Luteranesimo (m)	Luterianizëm (m)	[lutɛrianízəm]
luterano (m)	Luterian (m)	[lutɛrián]

confessione (f) battista	Kishë Baptiste (f)	[kíʃə baptístɛ]
battista (m)	Baptist (m)	[baptíst]

Chiesa (f) anglicana	Kishë Anglikane (f)	[kíʃə aŋlikánɛ]
anglicano (m)	Anglikan (m)	[aŋlikán]

mormonismo (m)	Mormonizëm (m)	[mormonízəm]
mormone (m)	Mormon (m)	[mormón]

giudaismo (m)	Judaizëm (m)	[judaízəm]
ebreo (m)	çifut (m)	[tʃifút]

buddismo (m)	Budizëm (m)	[budízəm]
buddista (m)	Budist (m)	[budíst]

Induismo (m)	Hinduizëm (m)	[hinduízəm]
induista (m)	Hindu (m)	[híndu]

Islam (m)	Islam (m)	[islám]
musulmano (m)	Mysliman (m)	[myslimán]
musulmano (agg)	Mysliman	[myslimán]

sciismo (m)	Islami Shia (m)	[islámi ʃía]
sciita (m)	Shiitë (f)	[ʃíitə]
sunnismo (m)	Islami Suni (m)	[islámi súni]
sunnita (m)	Sunit (m)	[sunít]

247. Religioni. Sacerdoti

| prete (m) | prift (m) | [prift] |
| Papa (m) | Papa (f) | [pápa] |

monaco (m)	murg, frat (m)	[murg], [frat]
monaca (f)	murgeshë (f)	[murgéʃə]
pastore (m)	pastor (m)	[pastór]

abate (m)	abat (m)	[abát]
vicario (m)	famullitar (m)	[famuɬitár]
vescovo (m)	peshkop (m)	[pɛʃkóp]
cardinale (m)	kardinal (m)	[kardinál]

predicatore (m)	predikues (m)	[prɛdikúɛs]
predica (f)	predikim (m)	[prɛdikím]
parrocchiani (m)	faullistë (f)	[fauɬístə]

| credente (m) | besimtar (m) | [bɛsimtár] |
| ateo (m) | ateist (m) | [atɛíst] |

248. Fede. Cristianesimo. Islam

| Adamo | Adam (m) | [adám] |
| Eva | eva (f) | [éva] |

Dio (m)	Zot (m)	[zot]
Signore (m)	Zoti (m)	[zóti]
Onnipotente (m)	i Plotfuqishmi (m)	[i plotfucíʃmi]

peccato (m)	mëkat (m)	[məkát]
peccare (vi)	mëkatoj	[məkatój]
peccatore (m)	mëkatar (m)	[məkatár]
peccatrice (f)	mëkatare (f)	[məkatárɛ]

| inferno (m) | ferr (m) | [fɛr] |
| paradiso (m) | parajsë (f) | [parájsə] |

| Gesù | Jezus (m) | [jézus] |
| Gesù Cristo | Jezu Krishti (m) | [jézu kríʃti] |

Spirito (m) Santo	Shpirti i Shenjtë (m)	[ʃpírti i ʃéɲtə]
Salvatore (m)	Shpëtimtar (m)	[ʃpətimtár]
Madonna	e Virgjëra Meri (f)	[ɛ vírɟəra méri]

Diavolo (m)	Djalli (m)	[djáɬi]
del diavolo	i djallit	[i djáɬit]
Satana (m)	Satani (m)	[satáni]
satanico (agg)	satanik	[sataník]

angelo (m)	engjëll (m)	[éɲɟəɬ]
angelo (m) custode	engjëlli mbrojtës (m)	[éɲɟəɬi mbrójtəs]
angelico (agg)	engjëllor	[ɛɲɟəɬór]

apostolo (m)	apostull (m)	[apóstuɫ]
arcangelo (m)	kryeengjëll (m)	[kryɛénɟəɫ]
Anticristo (m)	Antikrishti (m)	[antikríʃti]

Chiesa (f)	Kishë (f)	[kíʃə]
Bibbia (f)	Bibla (f)	[bíbla]
biblico (agg)	biblik	[biblík]

Vecchio Testamento (m)	Dhiata e Vjetër (f)	[ðiáta ɛ vjétər]
Nuovo Testamento (m)	Dhiata e Re (f)	[ðiáta ɛ ré]
Vangelo (m)	ungjill (m)	[unɟíɫ]
Sacra Scrittura (f)	Libri i Shenjtë (m)	[líbri i ʃéɲtə]
Il Regno dei Cieli	parajsa (f)	[parájsa]

comandamento (m)	urdhëresë (f)	[urðərésə]
profeta (m)	profet (m)	[profét]
profezia (f)	profeci (f)	[profɛtsí]

Allah	Allah (m)	[aɫáh]
Maometto	Muhamed (m)	[muhaméd]
Corano (m)	Kurani (m)	[kuráni]

moschea (f)	xhami (f)	[dʒamí]
mullah (m)	hoxhë (m)	[hódʒə]
preghiera (f)	lutje (f)	[lútjɛ]
pregare (vi, vt)	lutem	[lútɛm]

pellegrinaggio (m)	pelegrinazh (m)	[pɛlɛgrináʒ]
pellegrino (m)	pelegrin (m)	[pɛlɛgrín]
La Mecca (f)	Mekë (f)	[mékə]

chiesa (f)	kishë (f)	[kíʃə]
tempio (m)	tempull (m)	[témpuɫ]
cattedrale (f)	katedrale (f)	[katɛdrálɛ]
gotico (agg)	Gotik	[gotík]
sinagoga (f)	sinagogë (f)	[sinagógə]
moschea (f)	xhami (f)	[dʒamí]

cappella (f)	kishëz (m)	[kíʃəz]
abbazia (f)	abaci (f)	[ábatsi]
monastero (m)	manastir (m)	[manastír]

campana (f)	kambanë (f)	[kambánə]
campanile (m)	kulla e kambanës (f)	[kúɫa ɛ kambánəs]
suonare (campane)	bien	[bíɛn]

croce (f)	kryq (m)	[kryc]
cupola (f)	kupola (f)	[kupóla]
icona (f)	ikona (f)	[ikóna]

anima (f)	shpirt (m)	[ʃpirt]
destino (m), sorte (f)	fat (m)	[fat]
male (m)	e keqe (f)	[ɛ kécɛ]
bene (m)	e mirë (f)	[ɛ mírə]
vampiro (m)	vampir (m)	[vampír]
strega (f)	shtrigë (f)	[ʃtrígə]

demone (m)	djall (m)	[djáɫ]
spirito (m)	shpirt (m)	[ʃpirt]
redenzione (f)	shëlbim (m)	[ʃəlbím]
redimere (vt)	shëlbej	[ʃəlbéj]
messa (f)	meshë (f)	[méʃə]
dire la messa	lus meshë	[lús méʃə]
confessione (f)	rrëfim (m)	[rəfím]
confessarsi (vr)	rrëfej	[rəféj]
santo (m)	shenjt (m)	[ʃɛɲt]
sacro (agg)	i shenjtë	[i ʃéɲtə]
acqua (f) santa	ujë i bekuar (m)	[újə i bɛkúar]
rito (m)	ritual (m)	[rituál]
rituale (agg)	ritual	[rituál]
sacrificio (m) (offerta)	sakrificë (f)	[sakrifítsə]
superstizione (f)	besëtytni (f)	[bɛsətytní]
superstizioso (agg)	supersticioz	[supɛrstitsióz]
vita (f) dell'oltretomba	jeta e përtejme (f)	[jéta ɛ pərtéjmɛ]
vita (f) eterna	përjetësia (f)	[pərjɛtəsía]

VARIE

249. Varie parole utili

aiuto (m)	ndihmë (f)	[ndíhmə]
barriera (f) (ostacolo)	pengesë (f)	[pɛŋésə]
base (f)	bazë (f)	[bázə]
bilancio (m) (equilibrio)	ekuilibër (m)	[ɛkuilíbər]
categoria (f)	kategori (f)	[katɛgorí]
causa (f) (ragione)	shkak (m)	[ʃkak]
coincidenza (f)	rastësi (f)	[rastəsí]
comodo (agg)	i rehatshëm	[i rɛhátʃəm]
compenso (m)	shpërblim (m)	[ʃpərblím]
confronto (m)	krahasim (m)	[krahasím]
cosa (f) (oggetto, articolo)	gjë (f)	[ɟə]
crescita (f)	rritje (f)	[rítjɛ]
differenza (f)	ndryshim (m)	[ndryʃím]
effetto (m)	efekt (m)	[ɛfékt]
elemento (m)	element (m)	[ɛlɛmént]
errore (m)	gabim (m)	[gabím]
esempio (m)	shembull (m)	[ʃémbuɫ]
fatto (m)	fakt (m)	[fakt]
forma (f) (aspetto)	formë (f)	[fórmə]
frequente (agg)	i shpeshtë	[i ʃpéʃtə]
genere (m) (tipo, sorta)	lloj (m)	[ɫoj]
grado (m) (livello)	nivel (m)	[nivél]
ideale (m)	ideal (m)	[idɛál]
inizio (m)	fillim (m)	[fiɫím]
labirinto (m)	labirint (m)	[labirínt]
modo (m) (maniera)	rrugëzgjidhje (f)	[rugəzɟíðjɛ]
momento (m)	moment (m)	[momént]
oggetto (m) (cosa)	objekt (m)	[objékt]
originale (m) (non è una copia)	origjinal (m)	[oriɟinál]
ostacolo (m)	pengesë (f)	[pɛŋésə]
parte (f) (~ di qc)	pjesë (f)	[pjésə]
particella (f)	grimcë (f)	[grímtsə]
pausa (f)	pauzë (f)	[paúzə]
pausa (f) (sosta)	pushim (m)	[puʃím]
posizione (f)	pozicion (m)	[pozitsión]
principio (m)	parim (m)	[parím]
problema (m)	problem (m)	[problém]
processo (m)	proces (m)	[protsés]
progresso (m)	ecje përpara (f)	[étsjɛ pərpára]

proprietà (f) (qualità)	cilësi (f)	[tsiləsí]
reazione (f)	reagim (m)	[rɛagím]

rischio (m)	rrezik (m)	[rɛzík]
ritmo (m)	ritëm (m)	[rítəm]
scelta (f)	zgjedhje (f)	[zɟéðjɛ]
segreto (m)	sekret (m)	[sɛkrét]
serie (f)	seri (f)	[sɛrí]

sfondo (m)	sfond (m)	[sfónd]
sforzo (m) (fatica)	përpjekje (f)	[pərpjékjɛ]
sistema (m)	sistem (m)	[sistém]
situazione (f)	situatë (f)	[situátə]
soluzione (f)	zgjidhje (f)	[zɟíðjɛ]

standard (agg)	standard	[standárd]
standard (m)	standard (m)	[standárd]
stile (m)	stil (m)	[stil]
sviluppo (m)	zhvillim (m)	[ʒviɬím]
tabella (f) (delle calorie, ecc.)	tabelë (f)	[tabélə]

termine (m)	fund (m)	[fund]
termine (m) (parola)	term (m)	[tɛrm]
tipo (m)	tip (m)	[tip]
turno (m) (aspettare il proprio ~)	kthesë (f)	[kθésə]
urgente (agg)	urgjent	[urɟént]

urgentemente	urgjentisht	[urɟɛntíʃt]
utilità (f)	vegël (f)	[végəl]
variante (f)	variant (m)	[variánt]
verità (f)	e vërtetë (f)	[ɛ vərtétə]
zona (f)	zonë (f)	[zónə]

250. Modificatori. Aggettivi. Parte 1

a buon mercato	i lirë	[i lírə]
abbronzato (agg)	i nxirë	[i ndzírə]
acido, agro (sapore)	i hidhur	[i híður]
affamato (agg)	i uritur	[i uritur]
affilato (coltello ~)	i mprehtë	[i mpréhtə]

allegro (agg)	i gëzuar	[i gəzúar]
alto (voce ~a)	i lartë	[i lártə]
amaro (sapore)	i hidhur	[i híður]
antico (civiltà, ecc.)	i lashtë	[i láʃtə]
aperto (agg)	i hapur	[i hápur]

artificiale (agg)	artificial	[artifitsiál]
bagnato (vestiti ~i)	i lagur	[i lágur]
basso (~a voce)	i ulët	[i úlət]
bello (agg)	i bukur	[i búkur]
breve (di breve durata)	jetëshkurtër	[jɛtəʃkúrtər]
bruno (agg)	zeshkan	[zɛʃkán]

buio, scuro (stanza ~a)	i errët	[i érət]
buono (un libro, ecc.)	i mirë	[i mírə]
buono, gentile	i mirë	[i mírə]
buono, gustoso	i shijshëm	[i ʃíjʃəm]
caldo (agg)	i nxehtë	[i ndzéhtə]
calmo (agg)	i qetë	[i cétə]
caro (agg)	i shtrenjtë	[i ʃtréɲtə]
cattivo (agg)	i keq	[i kéc]
centrale (agg)	qendror	[cɛndrór]
chiaro (un significato ~)	i qartë	[i cártə]
chiaro, tenue (un colore ~)	i çelët	[i tʃélət]
chiuso (agg)	i mbyllur	[i mbýɫur]
cieco (agg)	i verbër	[i vérbər]
civile (società ~)	civil	[tsivíl]
clandestino (agg)	klandestin	[klandɛstín]
collegiale (decisione ~)	i përbashkët	[i pərbáʃkət]
compatibile (agg)	i përshtatshëm	[i pərʃtátʃəm]
complicato (progetto, ecc.)	i vështirë	[i vəʃtírə]
contento (agg)	i kënaqur	[i kənácur]
continuo (agg)	i zgjatur	[i zɟátur]
continuo (ininterrotto)	i vazhdueshëm	[i vaʒdúɛʃəm]
cortese (gentile)	i mirë	[i mírə]
corto (non lungo)	i shkurtër	[i ʃkúrtər]
crudo (non cotto)	i gjallë	[i ɟáɫə]
denso (fumo ~)	i dendur	[i déndur]
destro (lato ~)	djathtë	[djáθtə]
di seconda mano	i përdorur	[i pərdórur]
di sole (una giornata ~)	me diell	[mɛ díɛɫ]
differente (agg)	i ndryshëm	[i ndrýʃəm]
difficile (decisione)	i vështirë	[i vəʃtírə]
distante (agg)	larg	[larg]
diverso (agg)	i ndryshëm	[i ndrýʃəm]
dolce (acqua ~)	i freskët	[i fréskət]
dolce (gusto)	i ëmbël	[i émbəl]
dolce, tenero	i ndjeshëm	[i ndjéʃəm]
dritto (linea, strada ~a)	i drejtë	[i dréjtə]
duro (non morbido)	i fortë	[i fórtə]
eccellente (agg)	i shkëlqyer	[i ʃkəlcýɛr]
eccessivo (esagerato)	i tepërt	[i tépərt]
enorme (agg)	i madh	[i máð]
esterno (agg)	i jashtëm	[i jáʃtəm]
facile (agg)	i lehtë	[i léhtə]
faticoso (agg)	i mundimshëm	[i mundímʃəm]
felice (agg)	i lumtur	[i lúmtur]
fertile (terreno)	pjellore	[pjɛɫórɛ]
fioco, soffuso (luce ~a)	i zbehtë	[i zbéhtə]
fitto (nebbia ~a)	i trashë	[i tráʃə]

forte (una persona ~)	i fortë	[i fórtə]
fosco (oscuro)	i vrazhdë	[i vráʒdə]
fragile (porcellana, vetro)	delikat	[dɛlikát]
freddo (bevanda, tempo)	i ftohtë	[i ftóhtə]

fresco (freddo moderato)	i ftohtë	[i ftóhtə]
fresco (pane ~)	i freskët	[i fréskət]
gentile (agg)	i sjellshëm	[i sjétʃəm]
giovane (agg)	i ri	[i rí]
giusto (corretto)	i saktë	[i sáktə]

gradevole (voce ~)	i bukur	[i búkur]
grande (agg)	i madh	[i máð]
grasso (cibo ~)	i yndyrshëm	[i yndýrʃəm]
grato (agg)	mirënjohës	[mirəɲóhəs]

gratuito (agg)	falas	[fálas]
idoneo (adatto)	i përshtatshëm	[i pərʃtátʃəm]
il più alto	më i larti	[mə i lárti]
il più importante	më i rëndësishmi	[mə i rəndəsíʃmi]
il più vicino	më i afërti	[mə i áfərti]

immobile (agg)	i palëvizshëm	[i paləvízʃəm]
importante (agg)	i rëndësishëm	[i rəndəsíʃəm]
impossibile (agg)	i pamundur	[i pamúndur]
incomprensibile (agg)	i pakuptueshëm	[i pakuptúɛʃəm]
indispensabile	i pazëvendësueshëm	[i pazəvɛndəsúɛʃəm]

inesperto (agg)	i papërvojë	[i papərvójə]
insignificante (agg)	i parëndësishëm	[i parəndəsíʃəm]
intelligente (agg)	i zgjuar	[i zɟúar]
interno (agg)	i brendshëm	[i bréndʃəm]

intero (agg)	i plotë	[i plótə]
largo (strada ~a)	i gjerë	[i ɟérə]
legale (agg)	ligjor	[liɟór]
leggero (che pesa poco)	i lehtë	[i léhtə]
libero (agg)	i lirë	[i lírə]

limitato (agg)	i kufizuar	[i kufizúar]
liquido (agg)	i lëngët	[i léŋət]
liscio (superficie ~a)	i lëmuar	[iləmúar]
lontano (agg)	i largët	[i lárgət]
lungo (~a strada, ecc.)	i gjatë	[i ɟátə]

251. Modificatori. Aggettivi. Parte 2

magnifico (agg)	i bukur	[i búkur]
magro (uomo ~)	i dobët	[i dóbət]
malato (agg)	i sëmurë	[i səmúrə]
maturo (un frutto ~)	i pjekur	[i pjékur]
meticoloso, accurato	i hollësishëm	[i hoɫəsíʃəm]
miope (agg)	miop	[mióp]
misterioso (agg)	misterioz	[mistɛrióz]

molto magro (agg)	i hollë	[i hótə]
molto povero (agg)	i mjerë	[i mjérə]
morbido (~ al tatto)	i butë	[i bútə]

morto (agg)	i vdekur	[i vdékur]
nativo (paese ~)	autokton	[autoktón]
necessario (agg)	i nevojshëm	[i nɛvójʃəm]
negativo (agg)	negativ	[nɛgatív]
nervoso (agg)	nervoz	[nɛrvóz]

non difficile	jo i vështirë	[jo i vəʃtírə]
non molto grande	jo i madh	[jo i máð]
noncurante (negligente)	i pakujdesshëm	[i pakujdésʃəm]
normale (agg)	normal	[normál]
notevole (agg)	i rëndësishëm	[i rəndəsíʃəm]

nuovo (agg)	i ri	[i rí]
obbligatorio (agg)	i detyrueshëm	[i dɛtyrúɛʃəm]
opaco (colore)	mat	[mat]
opposto (agg)	i kundërt	[i kúndərt]

ordinario (comune)	i zakonshëm	[i zakónʃəm]
originale (agg)	origjinal	[oriɟinál]
ostile (agg)	armiqësor	[armicəsór]
passato (agg)	kaluar	[kalúar]
per bambini	i fëmijëve	[i fəmíjəvɛ]

perfetto (agg)	i përsosur	[i pərsósur]
pericoloso (agg)	i rrezikshëm	[i rɛzíkʃəm]
permanente (agg)	i përhershëm	[i pərhérʃəm]
personale (agg)	personal	[pɛrsonál]
pesante (agg)	i rëndë	[i réndə]

piatto (schermo ~)	i sheshtë	[i ʃéʃtə]
piatto, piano (superficie ~a)	i barabartë	[i barabártə]
piccolo (agg)	i vogël	[i vógəl]
pieno (bicchiere, ecc.)	i mbushur	[i mbúʃur]

poco chiaro (agg)	i paqartë	[i pacártə]
poco profondo (agg)	i cekët	[i tsékət]
possibile (agg)	i mundur	[i múndur]
posteriore (agg)	i pasmë	[i pásmə]
povero (agg)	i varfër	[i várfər]

precedente (agg)	i mëparshëm	[i məpárʃəm]
preciso, esatto	i saktë	[i sáktə]
premuroso (agg)	i dashur	[i dáʃur]
presente (agg)	i pranishëm	[i praníʃəm]

principale (più importante)	kryesor	[kryɛsór]
principale (primario)	kryesor	[kryɛsór]
privato (agg)	privat	[prívat]
probabile (agg)	i mundshëm	[i múndʃəm]
prossimo (spazio)	i afërt	[i áfərt]
pubblico (agg)	publik	[publík]
pulito (agg)	i pastër	[i pástər]

puntuale (una persona ~)	i përpiktë	[i pərpíktə]
raro (non comune)	i rrallë	[i rátə]
rischioso (agg)	i rrezikshëm	[i rɛzíkʃəm]

salato (cibo)	kripur	[krípur]
scorso (il mese ~)	i fundit	[i fúndit]
secco (asciutto)	i thatë	[i θátə]
semplice (agg)	i thjeshtë	[i θjéʃtə]

sereno (agg)	pa re	[pa rɛ]
sicuro (non pericoloso)	i sigurt	[i sígurt]
simile (agg)	i ngjashëm	[i ɲʝáʃəm]
sinistro (agg)	majtë	[májtə]

soddisfatto (agg)	i kënaqur	[i kənácur]
solido (parete ~a)	i ngjeshur	[i ɲʝéʃur]
spazioso (stanza ~a)	i bollshëm	[i bótʃəm]
speciale (agg)	i veçantë	[i vɛtʃántə]
spesso (un muro ~)	i trashë	[i tráʃə]

sporco (agg)	i pistë	[i pístə]
stanco (esausto)	i lodhur	[i lóður]
straniero (studente ~)	huaj	[húaj]
stretto (scarpe ~e)	ngushtë	[ɲúʃtə]
stretto (un vicolo ~)	i ngushtë	[i ɲúʃtə]

stupido (agg)	budalla	[budałá]
successivo, prossimo	tjetër	[tjétər]
supplementare (agg)	shtesë	[ʃtésə]
surgelato (cibo ~)	i ngrirë	[i ɲrírə]

tiepido (agg)	ngrohtë	[ɲróhtə]
tranquillo (agg)	i qetë	[i cétə]
trasparente (agg)	i tejdukshëm	[i tɛjdúkʃəm]
triste (infelice)	i mërzitur	[i mərzítur]

triste, mesto	i mërzitur	[i mərzítur]
uguale (identico)	i njëjtë	[i ɲéjtə]
ultimo (agg)	i fundit	[i fúndit]
umido (agg)	i lagësht	[i lágəʃt]
unico (situazione ~a)	unik	[uník]

vecchio (una casa ~a)	i vjetër	[i vjétər]
veloce, rapido	i shpejtë	[i ʃpéjtə]
vicino, accanto (avv)	pranë	[pránə]
vicino, prossimo	fqinj	[fcíɲ]
vuoto (un bicchiere ~)	zbrazët	[zbrázət]

I 500 VERBI PRINCIPALI

252. Verbi A-C

abbagliare (vt)	zë rrugën	[zə rúgən]
abbassare (vt)	ul	[ul]
abbracciare (vt)	përqafoj	[pərcafój]
abitare (vi)	jetoj	[jɛtój]

accarezzare (vt)	përkëdhel	[pərkəðél]
accendere (~ la tv, ecc.)	ndez	[ndɛz]
accendere (con una fiamma)	ndez	[ndɛz]
accompagnare (vt)	shoqëroj	[ʃocərój]

accorgersi (vr)	vërej	[vəréj]
accusare (vt)	akuzoj	[akuzój]
aderire a ...	i bashkohem	[i baʃkóhɛm]
adulare (vt)	lajkatoj	[lajkatój]

affermare (vt)	pohoj	[pohój]
afferrare (la palla, ecc.)	kap	[kap]
affittare (dare in affitto)	marr me qira	[mar mɛ cirá]
aggiungere (vt)	shtoj	[ʃtoj]

agire (Come intendi ~?)	veproj	[vɛprój]
agitare (scuotere)	tund	[tund]
agitare la mano	bëj me dorë	[bəj mɛ dórə]
aiutare (vt)	ndihmoj	[ndihmój]

alleggerire (~ la vita)	lehtësoj	[lɛhtəsój]
allenare (vt)	stërvit	[stərvít]
allenarsi (vr)	stërvitem	[stərvítɛm]
alludere (vi)	nënkuptoj	[nənkuptój]

alzarsi (dal letto)	ngrihem	[ŋríhɛm]
amare (qn)	dashuroj	[daʃurój]
ammaestrare (vt)	stërvit	[stərvít]
ammettere (~ qc)	pranoj	[pranój]

ammirare (vi)	admiroj	[admirój]
amputare (vt)	amputoj	[amputój]
andare (in macchina)	shkoj	[ʃkoj]
andare a letto	shtrihem	[ʃtríhɛm]

annegare (vi)	mbytem	[mbýtɛm]
annoiarsi (vr)	mërzitem	[mərzítɛm]
annotare (vt)	mbaj shënim	[mbáj ʃəním]
annullare (vt)	anuloj	[anulój]
apparire (vi)	shfaq	[ʃfac]
appartenere (vi)	përkas ...	[pərkás ...]

appendere (~ le tende)	var	[var]
applaudire (vi, vt)	duartrokas	[duartrokás]
aprire (vt)	hap	[hap]
arrendersi (vr)	tërhiqem	[tərhícɛm]
arrivare (di un treno)	arrij	[aríj]
arrossire (vi)	skuqem	[skúcɛm]
asciugare (~ i capelli)	thaj	[θaj]
ascoltare (vi)	dëgjoj	[dəɟój]
aspettare (vt)	pres	[prɛs]
aspettarsi (vr)	pres	[prɛs]
aspirare (vi)	synoj ...	[synój ...]
assistere (vt)	ndihmoj	[ndihmój]
assomigliare a ...	ngjasoj	[ɲasój]
assumere (~ personale)	punësoj	[punəsój]
attaccare (vt)	sulmoj	[sulmój]
aumentare (vi)	shtoj	[ʃtoj]
aumentare (vt)	rritem	[rítɛm]
autorizzare (vt)	lejoj	[lɛjój]
avanzare (vi)	ec përpara	[ɛts pərpára]
avere (vt)	kam	[kam]
avere fretta	nxitoj	[ndzitój]
avere paura	kam frikë	[kam fríkə]
avvertire (vt)	paralajmëroj	[paralajmərój]
avviare (un progetto)	nis	[nis]
avvicinarsi (vr)	afrohem	[afróhɛm]
basarsi su ...	bazuar	[bazúaɾ]
bastare (vi)	mjafton	[mjaftón]
battersi (~ contro il nemico)	luftoj	[luftój]
bere (vi, vt)	pi	[pi]
bruciare (vt)	djeg	[djég]
bussare (alla porta)	trokas	[trokás]
cacciare (vt)	dal për gjah	[dál pər ɟáh]
cacciare via	largoj	[largój]
calmare (vt)	qetësoj	[cɛtəsój]
cambiare (~ opinione)	ndryshoj	[ndryʃój]
camminare (vi)	ec në këmbë	[ɛts nə kémbə]
cancellare (gomma per ~)	fshij	[fʃíj]
canzonare (vt)	tallem	[táɫɛm]
capeggiare (vt)	drejtoj	[drɛjtój]
capire (vt)	kuptoj	[kuptój]
capovolgere (~ qc)	kthej	[kθɛj]
caricare (~ un camion)	ngarkoj	[ŋarkój]
caricare (~ una pistola)	mbush	[mbúʃ]
cenare (vi)	ha darkë	[ha dárkə]
cercare (vt)	kërkoj ...	[kərkój ...]
cessare (vt)	ndaloj	[ndalój]

chiamare (nominare)	emërtoj	[ɛmərtój]
chiamare (rivolgersi a)	thërras	[θərás]
chiedere (~ aiuto)	thërras	[θərás]
chiedere (domandare)	pyes	[pýɛs]
chiudere (~ la finestra)	mbyll	[mbyɫ]
citare (vt)	citoj	[tsitój]
cogliere (fiori, ecc.)	këpus	[kəpús]
collaborare (vi)	bashkëpunoj	[baʃkəpunój]
collocare (vt)	vendos	[vɛndós]
coltivare (vt)	rris	[ris]
combattere (vi)	luftoj	[luftój]
cominciare (vt)	filloj	[fiɫój]
compensare (vt)	kompensoj	[kompɛnsój]
competere (vi)	konkurroj	[konkurój]
compilare (vt)	përgatis	[pərgatís]
complicare (vt)	komplikoj	[komplikój]
comporre (~ un brano musicale)	kompozoj	[kompozój]
comportarsi (vr)	sillem	[síɫɛm]
comprare (vt)	blej	[blɛj]
compromettere (vt)	komprometoj	[kompromɛtój]
concentrarsi (vr)	përqendrohem	[pərcɛndróhɛm]
condannare (vt)	dënoj	[dənój]
confessarsi (vr)	rrëfehem	[rəféhɛm]
confondere (vt)	ngatërroj	[ŋatərój]
confrontare (vt)	krahasoj	[krahasój]
congratularsi (con qn per qc)	përgëzoj	[pərgəzój]
conoscere (qn)	njoh	[ɲóh]
consigliare (vt)	këshilloj	[kəʃiɫój]
consultare (medico, ecc.)	konsultohem	[konsultóhɛm]
contagiare (vt)	ndot	[ndot]
contagiarsi (vr)	infektohem ...	[infɛktóhɛm ...]
contare (calcolare)	numëroj	[numərój]
contare su ...	mbështetem ...	[mbəʃtétɛm ...]
continuare (vt)	vazhdoj	[vaʒdój]
controllare (vt)	kontrolloj	[kontroɫój]
convincere (vt)	bind	[bínd]
convincersi (vr)	bindem	[bíndɛm]
coordinare (vt)	koordinoj	[koordinój]
correggere (vt)	korrigjoj	[koriɟój]
correre (vi)	vrapoj	[vrapój]
costare (vt)	kushton	[kuʃtón]
costringere (vt)	detyroj	[dɛtyrój]
creare (vt)	krijoj	[krijój]
credere (vt)	besoj	[bɛsój]
curare (vt)	kuroj	[kurój]

253. Verbi D-G

dare (vt)	jap	[jap]
dare da mangiare	ushqej	[uʃcéj]
dare istruzioni	udhëzoj	[uðəzój]
decidere (~ di fare qc)	vendos	[vɛndós]

decollare (vi)	nisem	[nísɛm]
decorare (adornare)	zbukuroj	[zbukurój]
decorare (qn)	dekoroj	[dɛkorój]
dedicare (~ un libro)	dedikoj	[dɛdikój]

denunciare (vt)	denoncoj	[dɛnontsój]
desiderare (vt)	dëshiroj	[dəʃirój]
difendere (~ un paese)	mbroj	[mbrój]
difendersi (vr)	mbrohem	[mbróhɛm]

dimenticare (vt)	harroj	[harój]
dipendere da ...	varem nga ...	[várɛm ŋa ...]
dire (~ la verità)	them	[θɛm]
dirigere (~ un'azienda)	drejtoj	[drɛjtój]

discutere (vt)	diskutoj	[diskutój]
disprezzare (vt)	përbuz	[pərbúz]
distribuire (~ volantini, ecc.)	shpërndaj	[ʃpərndáj]
distribuire (vt)	shpërndaj	[ʃpərndáj]

distruggere (~ documenti)	shkatërroj	[ʃkatərój]
disturbare (vt)	shqetësoj	[ʃcɛtəsój]
diventare pensieroso	humbas në mendime	[humbás nə mɛndímɛ]
diventare, divenire	bëhem	[béhɛm]
divertire (vt)	argëtoj	[argətój]

divertirsi (vr)	kënaqem	[kənácɛm]
dividere (vt)	pjesëtoj	[pjɛsətój]
dovere (v aus)	duhet	[dúhɛt]
dubitare (vi)	dyshoj	[dyʃój]
eliminare (un ostacolo)	largoj	[largój]

emanare (~ odori)	emetoj	[ɛmɛtój]
emanare odore	mban erë	[mbán érə]
emergere (sommergibile)	dal në sipërfaqe	[dál nə sipərfácɛ]
entrare (vi)	hyj	[hyj]

equipaggiare (vt)	pajis	[pajís]
ereditare (vt)	trashëgoj	[traʃəgój]
esaminare (~ una proposta)	ekzaminoj	[ɛkzaminój]
escludere (vt)	përjashtohem	[pərjaʃtóhɛm]
esigere (vt)	kërkoj	[kərkój]

esistere (vi)	ekzistoj	[ɛkzistój]
esprimere (vt)	shpreh	[ʃprɛh]
essere (vi)	jam	[jam]
essere arrabbiato con ...	revoltohem	[rɛvoltóhɛm]
essere causa di ...	shkaktoj ...	[ʃkaktój ...]

essere conservato	ruhem	[rúhɛm]
essere d'accordo	bie dakord	[bíɛ dakórd]
essere diverso da ...	ndryshoj	[ndryʃój]
essere in guerra	në luftë	[nə lúftə]
essere necessario	nevojitet	[nɛvojítɛt]
essere perplesso	jam në mëdyshje	[jam nə mədýʃjɛ]

essere preoccupato	shqetësohem	[ʃcɛtəsóhɛm]
essere sdraiato	shtrihem	[ʃtríhɛm]
estinguere (~ un incendio)	shuaj	[ʃúaj]
evitare (vt)	shmang	[ʃmaŋ]
far arrabbiare	zemëroj	[zɛmərój]

far conoscere	prezantoj	[prɛzantój]
far fare il bagno	lahem	[láhɛm]
fare (vt)	bëj	[bəj]
fare colazione	ha mëngjes	[ha mənɟés]
fare copie	shumëfishoj	[ʃuməfiʃój]

fare foto	bëj foto	[bəj fóto]
fare il bagno	notoj	[notój]
fare il bucato	laj rroba	[laj róba]
fare la conoscenza di ...	njihem me	[ɲíhɛm mɛ]

fare le pulizie	rregulloj	[rɛguɫój]
fare un bagno	lahem	[láhɛm]
fare un rapporto	raportoj	[raportój]
fare un tentativo	përpiqem	[pərpícɛm]

fare, preparare	përgatis	[pərgatís]
fermarsi (vr)	ndaloj	[ndalój]
fidarsi (vt)	besoj	[bɛsój]
finire, terminare (vt)	përfundoj	[pərfundój]

firmare (~ un documento)	nënshkruaj	[nənʃkrúaj]
formare (vt)	formoj	[formój]
garantire (vt)	garantoj	[garantój]
gettare (~ il sasso, ecc.)	hedh	[hɛð]
giocare (vi)	luaj	[lúaj]

girare (~ a destra)	kthej	[kθɛj]
girare lo sguardo	largohem	[largóhɛm]
gradire (vt)	më pëlqen	[mə pəlcén]
graffiare (vt)	gërvisht	[gərvíʃt]

gridare (vi)	bërtas	[bərtás]
guardare (~ fisso, ecc.)	shikoj	[ʃikój]
guarire (vi)	shërohem	[ʃəróhɛm]
guidare (~ un veicolo)	ngas makinën	[ŋas makínən]

254. Verbi I-O

illuminare (vt)	ndriçoj	[ndritʃój]
imballare (vt)	mbështjell	[mbəʃtjéɫ]

imitare (vt)	imitoj	[imitój]
immaginare (vt)	imagjinoj	[imaɟinój]
importare (vt)	importoj	[importój]
incantare (vt)	tërheq	[tərhéc]
indicare (~ la strada)	tregoj	[trɛgój]
indignarsi (vr)	zemërohem	[zɛməróhɛm]
indirizzare (vt)	drejtoj	[drɛjtój]
indovinare (vt)	hamendësoj	[hamɛndəsój]
influire (vt)	ndikoj	[ndikój]
informare (vt)	informoj	[informój]
informare di ...	njoftoj	[ɲoftój]
ingannare (vt)	mashtroj	[maʃtrój]
innaffiare (vt)	ujis	[ujís]
innamorarsi di ...	bie në dashuri	[bíɛ nə daʃurí]
insegnare (qn)	mësoj	[məsój]
inserire (vt)	fus	[fus]
insistere (vi)	këmbëngul	[kəmbəɳúl]
insultare (vt)	fyej	[fýɛj]
interessare (vt)	interesohem	[intɛrɛsóhɛm]
interessarsi di ...	interesohem ...	[intɛrɛsóhɛm ...]
intervenire (vi)	ndërhyj	[ndərhýj]
intraprendere (vt)	ndërmarr	[ndərmár]
intravedere (vt)	hedh një sy	[hɛð ɲə sý]
inventare (vt)	shpik	[ʃpik]
inviare (~ una lettera)	dërgoj	[dərgój]
invidiare (vt)	xhelozoj	[dʒɛlozój]
invitare (vt)	ftoj	[ftoj]
irritare (vt)	acaroj	[atsarój]
irritarsi (vr)	acarohem	[atsaróhɛm]
iscrivere (su una lista)	përfshij	[pərfʃíj]
isolare (vt)	izoloj	[izolój]
ispirare (vt)	frymëzoj	[fryməzój]
lamentarsi (vr)	ankohem	[ankóhɛm]
lasciar cadere	lëshoj	[ləʃój]
lasciare (abbandonare)	lë	[lə]
lasciare (ombrello, ecc.)	harroj	[harój]
lavare (vt)	laj	[laj]
lavorare (vi)	punoj	[punój]
legare (~ qn a un albero)	lidh ...	[lið ...]
legare (~ un prigioniero)	prangos	[praɳós]
leggere (vi, vt)	lexoj	[lɛdzój]
liberare (vt)	çliroj	[tʃlirój]
liberarsi (~ di qn, qc)	heq qafe ...	[hɛc cáfɛ ...]
limitare (vt)	kufizoj	[kufizój]
lottare (sport)	ndeshem	[ndéʃɛm]
mancare le lezioni	humbas	[humbás]

mangiare (vi, vt)	ha	[ha]
memorizzare (vt)	mbaj mend	[mbáj ménd]
mentire (vi)	gënjej	[gəɲéj]

menzionare (vt)	përmend	[pərménd]
meritare (vt)	meritoj	[mɛritój]
mescolare (vt)	përziej	[pərzíɛj]
mettere fretta a ...	nxitoj	[ndzitój]
mettere in ordine	rregulloj	[rɛguɫój]

mettere via	largoj	[largój]
mettere, collocare	vendos	[vɛndós]
minacciare (vt)	kërcënoj	[kərtsənój]
mirare, puntare su ...	vë në shënjestër	[və nə ʃəɲéstər]
moltiplicare (vt)	shumëzoj	[ʃuməzój]

mostrare (vt)	tregoj	[trɛgój]
nascondere (vt)	fsheh	[fʃéh]
negare (vt)	mohoj	[mohój]
negoziare (vi)	negocioj	[nɛgotsiój]

noleggiare (~ una barca)	marr me qira	[mar mɛ cirá]
nominare (incaricare)	caktoj	[tsaktój]
nuotare (vi)	notoj	[notój]
obbedire (vi)	bindem	[bíndɛm]

obiettare (vt)	kundërshtoj	[kundərʃtój]
occorrere (vi)	kërkohet	[kərkóhɛt]
odorare (sentire odore)	nuhas	[nuhás]
offendere (qn)	ofendoj	[ofɛndój]

omettere (vt)	heq	[hɛc]
ordinare (~ il pranzo)	porosis	[porosís]
ordinare (mil.)	urdhëroj	[urðərój]
organizzare (vt)	organizoj	[organizój]

origliare (vi)	dëgjoj fshehurazi	[dəɟój fʃéhurazi]
ormeggiarsi (vr)	ankoroj	[ankorój]
osare (vt)	guxoj	[gudzój]
osservare (vt)	vëzhgoj	[vəʒgój]

255. Verbi P-R

pagare (vi, vt)	paguaj	[pagúaj]
parlare con ...	bisedoj ...	[bisɛdój ...]
partecipare (vi)	marr pjesë	[mar pjésə]
partire (vi)	largohem	[largóhɛm]

peccare (vi)	mëkatoj	[məkatój]
penetrare (vi)	depërtoj	[dɛpərtój]
pensare (credere)	besoj	[bɛsój]
pensare (vi, vt)	mendoj	[mɛndój]
perdere (ombrello, ecc.)	humb	[húmb]
perdonare (vt)	fal	[fal]

| permettere (vt) | lejoj | [lɛjój] |
| pesare (~ molto) | peshoj | [pɛʃój] |

pescare (vi)	peshkoj	[pɛʃkój]
pettinarsi (vr)	kreh flokët	[kréh flókət]
piacere (vi)	pëlqej	[pəlcéj]
piangere (vi)	qaj	[caj]

pianificare (~ di fare qc)	planifikoj	[planifikój]
picchiare (vt)	rrah	[rah]
picchiarsi (vr)	luftoj	[luftój]
portare (qc a qn)	sjell	[sjɛɬ]

portare via	heq	[hɛc]
possedere (vt)	zotëroj	[zotərój]
potere (vi)	mund	[mund]
pranzare (vi)	ha drekë	[ha drékə]

preferire (vt)	preferoj	[prɛfɛrój]
pregare (vi, vt)	lutem	[lútɛm]
prendere (vt)	marr	[mar]
prendere in prestito	marr borxh	[mar bórdʒ]

prendere nota	shënoj	[ʃənój]
prenotare (~ un tavolo)	rezervoj	[rɛzɛrvój]
preoccupare (vt)	preokupoj	[prɛokupój]
preoccuparsi (vr)	shqetësohem	[ʃcɛtəsóhɛm]

preparare (~ un piano)	përgatis	[pərgatís]
presentare (~ qn)	prezantoj	[prɛzantój]
preservare (~ la pace)	ruaj	[rúaj]
prevalere (vi)	mbizotëroj	[mbizotərój]

prevedere (vt)	parashikoj	[paraʃikój]
privare (vt)	heq	[hɛc]
progettare (edificio, ecc.)	projektoj	[projɛktój]
promettere (vt)	premtoj	[prɛmtój]

pronunciare (vt)	shqiptoj	[ʃciptój]
proporre (vt)	propozoj	[propozój]
proteggere (vt)	mbroj	[mbrój]
protestare (vi)	protestoj	[protɛstój]

provare (vt)	dëshmoj	[dəʃmój]
provocare (vt)	provokoj	[provokój]
pubblicizzare (vt)	reklamoj	[rɛklamój]
pulire (vt)	pastroj	[pastrój]

pulirsi (vr)	pastroj	[pastrój]
punire (vt)	ndëshkoj	[ndəʃkój]
raccomandare (vt)	rekomandoj	[rɛkomandój]
raccontare (~ una storia)	tregoj	[trɛgój]
raddoppiare (vt)	dyfishoj	[dyfiʃój]

| rafforzare (vt) | përforcoj | [pərfortsój] |
| raggiungere (arrivare a) | arrij | [aríj] |

raggiungere (obiettivo)	**arrij**	[aríj]
rammaricarsi (vr)	**pendohem**	[pɛndóhɛm]

rasarsi (vr)	**rruhem**	[rúhɛm]
realizzare (vt)	**përmbush**	[pərmbúʃ]
recitare (~ un ruolo)	**luaj**	[lúaj]
regolare (~ un conflitto)	**zgjidh**	[zɟið]

respirare (vi)	**marr frymë**	[mar frýmə]
riconoscere (~ qn)	**njoh**	[ɲóh]
ricordare (a qn di fare qc)	**më kujton ...**	[mə kujtón ...]
ricordare (vt)	**kujtoj**	[kujtój]
ricordarsi di (~ qn)	**kujtohem**	[kujtóhɛm]

ridere (vi)	**qesh**	[cɛʃ]
ridurre (vt)	**ul**	[ul]
riempire (vt)	**mbush**	[mbúʃ]
rifare (vt)	**ribëj**	[ribéj]

rifiutare (vt)	**refuzoj**	[rɛfuzój]
rimandare (vt)	**kthej mbrapsht**	[kθɛj mbrápʃt]
rimproverare (vt)	**qortoj**	[cortój]
rimuovere (~ una macchia)	**heq**	[hɛc]

ringraziare (vt)	**falënderoj**	[faləndɛrój]
riparare (vt)	**riparoj**	[riparój]
ripetere (ridire)	**përsëris**	[pərsərís]
riposarsi (vr)	**pushoj**	[puʃój]
risalire a (data, periodo)	**daton ...**	[datón ...]

rischiare (vi, vt)	**rrezikoj**	[rɛzikój]
risolvere (~ un problema)	**zgjidh**	[zɟið]
rispondere (vi, vt)	**përgjigjem**	[pərɟiɟɛm]
ritornare (vi)	**kthehem**	[kθéhɛm]

rivolgersi a ...	**i drejtohem**	[i drɛjtóhɛm]
rompere (~ un oggetto)	**thyej**	[θýɛj]
rovesciare (~ il vino, ecc.)	**derdh**	[dérð]
rubare (~ qc)	**vjedh**	[vjɛð]

256. Verbi S-V

salpare (vi)	**hedh poshtë**	[hɛð póʃtə]
salutare (vt)	**përshëndes**	[pərʃəndés]
salvare (~ la vita a qn)	**shpëtoj**	[ʃpətój]
sapere (qc)	**di**	[di]

sbagliare (vi)	**gaboj**	[gabój]
scaldare (vt)	**ngroh**	[ŋróh]
scambiare (vt)	**shkëmbej**	[ʃkəmbéj]
scambiarsi (vr)	**shkëmbej**	[ʃkəmbéj]

scavare (~ un tunnel)	**gërmoj**	[gərmój]
scegliere (vt)	**zgjedh**	[zɟɛð]

| scendere (~ per le scale) | zbres | [zbrɛs] |
| scherzare (vi) | bëj shaka | [bəj ʃaká] |

schiacciare (~ un insetto)	shtyp	[ʃtyp]
scoppiare (vi)	këpus	[kəpús]
scoprire (vt)	pyes për	[pýɛs pər]
scoprire (vt)	zbuloj	[zbulój]

screpolarsi (vr)	plasarit	[plasarít]
scrivere (vi, vt)	shkruaj	[ʃkrúaj]
scusare (vt)	fal	[fal]
scusarsi (vr)	kërkoj falje	[kərkój fáljɛ]
sedere (vi)	ulem	[úlɛm]

sedersi (vr)	ulem	[úlɛm]
segnare (~ con una croce)	shënjoj	[ʃəɲój]
seguire (vt)	ndjek ...	[ndjék ...]
selezionare (vt)	zgjedh	[zɟɛð]
seminare (vt)	mbjell	[mbjéɫ]

semplificare (vt)	thjeshtoj	[θjɛʃtój]
sentire (percepire)	parandiej	[parandíɛj]
servire (~ al tavolo)	shërbej	[ʃərbéj]
sgridare (vt)	qortoj	[cortój]

significare (vt)	nënkuptoj	[nənkuptój]
slegare (vt)	zgjidh	[zɟið]
smettere di parlare	ndaloj së foluri	[ndalój sə fóluri]
soddisfare (vt)	kënaq	[kənác]

soffiare (vento, ecc.)	fryn	[fryn]
soffrire (provare dolore)	vuaj	[vúaj]
sognare (fantasticare)	ëndërroj	[əndərój]
sognare (fare sogni)	ëndërroj	[əndərój]

sopportare (~ il freddo)	duroj	[durój]
sopravvalutare (vt)	mbivlerësoj	[mbivlɛrəsój]
sorpassare (vt)	kaloj	[kalój]
sorprendere (stupire)	befasoj	[bɛfasój]
sorridere (vi)	buzëqesh	[buzəcéʃ]

sospettare (vt)	dyshoj	[dyʃój]
sospirare (vi)	psherëtij	[pʃɛrətíj]
sostenere (~ una causa)	mbështes	[mbəʃtés]
sottolineare (vt)	nënvijëzoj	[nənvijəzój]

sottovalutare (vt)	nënvlerësoj	[nənvlɛrəsój]
sovrastare (vi)	ngrihem mbi	[ŋríhɛm mbi]
sparare (vi)	qëlloj	[cəɫój]
spargersi (zucchero, ecc.)	derdh	[dérð]

sparire (vi)	zhduk	[ʒduk]
spegnere (~ la luce)	fik	[fik]
sperare (vi, vt)	shpresoj	[ʃprɛsój]
spiare (vt)	spiunoj	[spiunój]
spiegare (vt)	shpjegoj	[ʃpjɛgój]

spingere (~ la porta)	**shtyj**	[ʃtyj]
splendere (vi)	**shkëlqej**	[ʃkəlcéj]
sporcarsi (vr)	**bëhem pis**	[bə́hɛm pis]
sposarsi (vr)	**martohem**	[martóhɛm]
spostare (~ i mobili)	**lëviz**	[ləvíz]
sputare (vi)	**pështyj**	[pəʃtýj]
staccare (vt)	**këpus**	[kəpús]
stancare (vt)	**lodh**	[loð]
stancarsi (vr)	**lodhem**	[lóðɛm]
stare (sul tavolo)	**shtrihem**	[ʃtríhɛm]
stare bene (vestito)	**më rri mirë**	[mə ri mírə]
stirare (con ferro da stiro)	**hekuros**	[hɛkurós]
strappare (vt)	**gris**	[gris]
studiare (vt)	**studioj**	[studiój]
stupirsi (vr)	**çuditem**	[tʃudítɛm]
supplicare (vt)	**përgjërohem**	[pərɟəróhɛm]
supporre (vt)	**supozoj**	[supozój]
sussultare (vi)	**rrëqethem**	[rəcéθɛm]
svegliare (vt)	**zgjoj**	[zɟoj]
tacere (vi)	**hesht**	[hɛʃt]
tagliare (vt)	**pres**	[prɛs]
tenere (conservare)	**mbaj**	[mbáj]
tentare (vt)	**përpiqem**	[pərpícɛm]
tirare (~ la corda)	**tërheq**	[tərhéc]
toccare (~ il braccio)	**prek**	[prɛk]
togliere (rimuovere)	**heq**	[hɛc]
tradurre (vt)	**përkthej**	[pərkθéj]
trarre una conclusione	**nxjerr konkluzion**	[ndzjér konkluzión]
trasformare (vt)	**shndërrohem**	[ʃndəróhɛm]
trattenere (vt)	**ruhem**	[rúhɛm]
tremare (~ dal freddo)	**dridhem**	[dríðɛm]
trovare (vt)	**gjej**	[ɟéj]
tuffarsi (vr)	**zhytem**	[ʒýtɛm]
uccidere (vt)	**vras**	[vras]
udire (percepire suoni)	**dëgjoj**	[dəɟój]
unire (vt)	**bashkoj**	[baʃkój]
usare (vt)	**përdor**	[pərdór]
uscire (andare fuori)	**dal**	[dal]
uscire (libro)	**del**	[dɛl]
utilizzare (vt)	**përdor**	[pərdór]
vaccinare (vt)	**vaksinoj**	[vaksinój]
vantarsi (vr)	**mburrem**	[mbúrɛm]
vendere (vt)	**shes**	[ʃɛs]
vendicare (vt)	**hakmerrem**	[hakmérɛm]
versare (~ l'acqua, ecc.)	**derdh**	[dérð]

vietare (vt)	**ndaloj**	[ndalój]
vivere (vi)	**jetoj**	[jɛtój]
volare (vi)	**fluturoj**	[fluturój]
voler dire (significare)	**nënkuptoj**	[nənkuptój]
volere (desiderare)	**dëshiroj**	[dəʃirój]
votare (vi)	**votoj**	[votój]